人文武术精品书系

勿使前辈之遗珍失于我手
勿使国术之精神止于我身

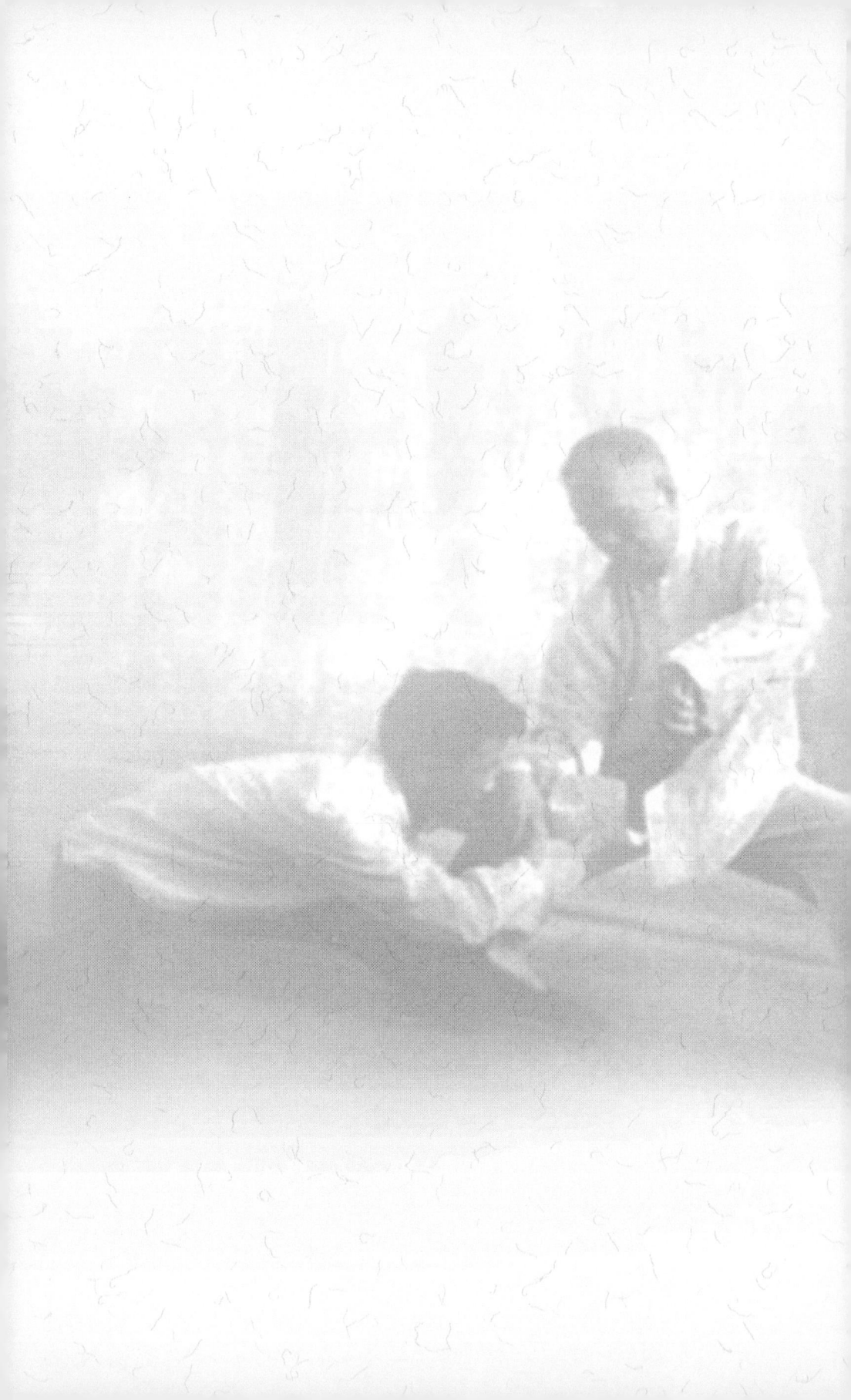

百家功夫

第二路——炮捶

陈式太极拳

顾留馨 著

北京科学技术出版社

图书在版编目（CIP）数据

陈式太极拳第二路：炮捶／顾留馨著. — 北京：北京科学
技术出版社，2020.8
（百家功夫丛书）
ISBN 978 – 7 – 5714 – 0820 – 6

Ⅰ.①陈…　Ⅱ.①顾…　Ⅲ.①陈式太极拳 – 套路（武术）
Ⅳ.①G852.111.9

中国版本图书馆 CIP 数据核字（2020）第 036604 号

陈式太极拳第二路——炮捶

作　　者：顾留馨
策划编辑：王跃平
责任编辑：苑博洋
责任校对：贾　荣
责任印制：张　良
封面设计：何　瑛
版式设计：名宸书韵
出 版 人：曾庆宇
出版发行：北京科学技术出版社
社　　址：北京西直门南大街 16 号
邮政编码：100035
电话传真：0086 – 10 – 66135495（总编室）
　　　　　0086 – 10 – 66113227（发行部）　　0086 – 10 – 66161952（发行部传真）
电子信箱：bjkj@ bjkjpress. com
网　　址：www. bkydw. cn
经　　销：新华书店
印　　刷：保定市中画美凯印刷有限公司
开　　本：710mm×1000mm　　1/16
字　　数：308 千字
印　　张：23
插　　页：1
版　　次：2020 年 8 月第 1 版
印　　次：2020 年 8 月第 1 次印刷
ISBN 978 – 7 – 5714 – 0820 – 6

定　　价：86.00 元

陈发科（1887—1957 年）

陈发科示范演手红捶拿法，
时年 60 岁。1947 年摄

陈发科（右）与田秀臣（左）推手

陈发科次子陈照奎（右）习练推手

北京冯志强，陈发科学生

济南洪均生，陈发科学生

新版序

　　2020 年是顾留馨先生逝世 30 周年，北京科学技术出版社重新出版顾先生的著作《炮捶》一书，具有纪念意义。顾留馨是值得纪念的，他是研究中国武术史不可忽略的人物，他一生为中国武术鞠躬尽瘁，是中国武术史上的一座丰碑。

　　1958 年，顾留馨正式调往上海市体育宫，受国家体委和人民体育出版社的委托主编陈、杨、吴、武、孙五式太极拳书籍。唐豪去世后，国家体委又委托他完成唐、顾合著的《太极拳研究》一书，使唐豪主张的陈王廷创太极拳的观点得以发扬。

　　20 世纪五六十年代，陈家沟已几乎没有人练拳，南北习练陈式拳的人寥若晨星，陈式太极拳岌岌可危。1960 年，顾留馨为编写《陈式太极拳》，从京借调陈照奎来沪教拳，陈式太极拳开始在上海生根。顾留馨与沈家桢通过编撰《陈式太极拳》，巧妙地把沈家桢体悟的杨式太极拳理论以及推手技法，融进陈式拳中，使陈式拳继陈鑫之后有了更丰厚的理论，陈式拳也更"太极化"了。顾留馨又通过《怎样练习太极拳》一书，把缠丝劲作为各派太极拳的普遍理论。1964 年，全国太极拳界开展了缠丝劲的大辩论，顾留馨的《陈式太极拳》《太极拳研究》《怎样练习太极拳》书中的一些观点受到质疑。但这场大辩论引起了国内外武术爱好者对太极拳的关注，也为陈式太极拳做了一次大宣传，影响遍及世界各地。顾留馨的著作也成为具有新时代影响力的武术名著，一书难求，多次出现盗版，黑市价格飙涨。"国外太极拳爱好者愈来愈多，国内更是迫切要求"的消息，鼓舞了顾留馨，在这种形势下，他决心以精益求精的态度，筹备重新修订《陈式太极拳》等书，并编写《炮捶》。

中日建交后文化交流日益频繁。1975年10月，三浦英夫率日本太极拳协会来上海访问，顾留馨接待并详细介绍了太极拳历史和理论，又有周元龙、李福妹、丁金友、潘锦生、苏黎献等武术家做了精彩的武艺表演。日本友人第一次看到陈式拳，震脚使地板轰轰作响，爆发力令人震撼。他们回国后写了详细报告，引起了日本武术界对陈式拳的好奇与向往，一时间学习陈式拳成了日本的时尚运动，日本学习团体与个人接二连三前来中国学拳。1977年、1980年，顾留馨两次应邀赴日本讲演推介中国太极拳，使日本刮起了一股太极拳"风暴"。之后，顾留馨不断接到日本及欧洲爱好者的来信，他热情地帮助他们解决问题，满足他们的要求，成为陈式太极拳的中外交流代言人。由于日本武术爱好者迫切需要太极拳书籍，1981年3月，日本太极拳协会会长园田直与三浦英夫联名发信："请求顾老师出版容易懂的陈式书。日本群众想出版容易懂的陈式书……使陈式炮捶真相早与日本爱好者见面。"国际友人对陈式太极拳书籍的需求，鼓舞了顾留馨，他认真修订了《陈式太极拳》，并着手撰写《炮捶》，结合技术要领、技击作用、行气发声方法，多加过程动作图，使读者容易看懂。1983年2月，高质量的《炮捶》正式出版，代表了当时太极拳图书的最高水平。

1981年3月，顾留馨曾力劝三浦英夫访问邯郸与陈家沟。当时的陈家沟十分闭塞落后，没有一条公路。为更好地接待日本访问团，温县政府拨款修路，开办陈式太极拳培训学校，建校舍、操场，陈式拳也顺势走上发展之路。多年来，顾留馨邀请陈照奎、冯志强等来沪教拳，力推洪均生，又鼓励陈立清、陈小旺、丁金友、万文德等继承陈式太极拳。他呕心沥血为陈式拳培养了大批人才，为陈式拳的兴盛开辟了路径，对于陈式太极拳在海内外的发展，功不可没；对中国武术走向世界，厥功至伟！

唐才良

2020年5月

序

留馨写《陈式太极拳第二路——炮捶》，即将出版，征序于我。我不惯为人作序，但留馨要我为他的书作序，我是很高兴而且认为是很应该的。

说来已是55年前的事情了。那是1925年，我和留馨都在上海文治大学读书，我们是同系同级还同宿舍，在当时同学中也是最相得的。我还记得留馨读《庄子》入了迷。他买了一部《庄子集解》，晚上有空就诵读起来，并多次就庄子的观点跟我抬杠，非要把我说得无言可答，他才得意洋洋收场。还记得有一次，他读书入了迷，随手把一根火柴丢在纸篓里，碎纸立刻燃烧起来，有的同学吓得大叫，留馨却从容地放下书本，从床上拿起毯子往篓子上一盖，火头立刻压了下去。这两件事，一直到今天还给我留下深刻的印象。

文治大学是个规模很小的私立学校，但聘请了很好的教师。如蔡和森先生教社会发展史、杨贤江先生教中国外交史、陈去病先生教词、胡朴安先生教文字学、顾实先生教汉书艺文志。我和留馨都很喜欢听胡先生的课，但留馨对胡先生更有兴趣的不是胡先生讲课的内容，而是胡先生的健步，因为胡先生坚持练武功。逢周六，胡先生是在晚上教课，下课后一直从苏州河畔戈登路（今江宁路）步行到赫德路（今常德路）、新闸路回家。留馨总是跟在胡先生后面走。他在回到宿舍后不止一次地说："胡先生走得嘎快，我啊，差弗多跟不上伊啊！"

提起这件事，我是想说明留馨早年就对身体锻炼是怎样地有兴趣。

他那时正练铁砂掌，在一个钵里盛了很多铁砂，他用手指一个劲地向里面戳，把手指都练得变形了。他看我身体不好，特意在早晨教我练拳。可惜我当时不能坚持，学了几天就不干了。不久，上海有致柔拳社教太极拳，胡先生加入了拳社，后来留馨也加入其中，常常恭敬地和胡先生推手。

20多年来，留馨以其长期的实践和体会，培育后学，特别致力于太极拳法和推手的理论研究、推广，先后著《陈式太极拳》《太极拳研究》《怎样练习太极拳》等书，为国内外太极拳爱好者所称道。这部《陈式太极拳第二路——炮捶》，由浅入深，图文并茂，发其奥秘，拾其坠绪，为陈式太极拳的研究开拓门径，是中国武术挖掘、研究、整理方面的新成果。

留馨曾草《中国武术史纲要》，因各种牵扯，中断了10多年。我相信他能在不太久的将来完成此书。他早年还学过松溪派内家拳，希望他也花些时间，把这一古老的著名拳种的拳理拳法整理出来，使之得以更好地传承。

留馨初名顾刘兴，是我建议改为今名。现在留馨出其多年所得，著书立说，嘉惠后学，真可谓名实相符也。

白寿彝
1981年10月序于北京师范大学史学研究所

自 序

挖掘、抢救、继承、整理中国传统武术，现在已到坐而言不如起而行的时候了。对武术的热爱和一种责任心，又有出版社约稿的鼓励，促使我写成这本书。年已七十有三，还常常深夜写稿，颇有谈迁写《国榷》时"残编催白发，犹事数行书"的感触。

20世纪40年代初，赵朴初居士常约我到佛教净业社听讲经，他也曾学过杨式太极拳，并能坚持锻炼。我研究太极拳历史，认为创造人陈王廷很有可能也吸收了少林寺拳法。我请赵朴初老为本书题字，含有太极拳与佛门武僧拳法的渊源之意。

我写过几本太极拳书，这次请大学同学白寿彝作序，他是中国伊斯兰教代表人物。中国回族拳种也很多，与太极拳有异曲同工之妙。我早年也练过回族拳种潭腿、查拳。我请他作序，不是自以为这本书有什么学术性创见，而是太极拳是真正的武术，才请白寿彝教授为一本讲拳技之勇的书作序。

陶仁祥君从我学拳和推手有20年，本书动作稿经他细看校阅，指其疏漏，还为拳照画动作方向示意箭头，设计画炮捶路线示意图等。姜金章先生摄彩色拳照，戴英先生摄全套拳照。俱在此表示感谢。我业余练拳，功夫不深，年老拳架偏高，年轻力壮者练拳，应将架势放低。老年尚能练拳，与青壮年推手为乐，这是太极拳运动的特点。

陈发科老师授徒颇多，其中对我有启迪切磋者沈家桢、李剑华、朱瑞川、唐豪、陈照奎等，俱已物故。现存者在北京有田秀臣、冯志强、雷蒙尼等，在济南有洪均生，在北戴河有李经梧。因交稿迫促，不及分别征求意见为憾。

陈发科老师是陈式太极拳老架系统的代表人物，其祖上五代都是陈家沟著名拳家，六代相传，理精法密，但未有著述。1963 年，沈家桢和我合著《陈式太极拳》，因各种牵扯，至今未能出修订本。今年我专写了《陈式太极拳第二路——炮捶》，限于水平，未能完整阐发陈发科老师所授拳技，切盼各方赐予纠谬、评正。

陈发科老师的儿子照旭、照奎都是有希望成为七代家传的名拳家，可惜都因故不得享高寿。照旭子小旺，年富力强，今在河南郑州专职教授陈式太极拳和推手，我屡勉其勤学苦练，以继祖业而慰众望。陈发科老师一生为人厚道，有武德，自古以来，有道德者必有遗泽。太极拳和其他拳种都应有真实功夫的代表人物，各拳种的挖掘、研究、整理，都是为了继承有人，不仅为了"家宝"，也是为了"国光"。

顾留馨

1981 年 10 月于上海

目 录

太极拳的起源和演变

太极拳的起源

太极拳从清初（17世纪60年代前后）创立到现在，已经有300多年的历史。辛亥革命（1911年）前后，太极拳名家的技击功夫在北京享有很高声誉，并且盛传有疗病、保健、延年作用，在当时北京几十种著名拳种中很突出。于是有人就假托仙传，捏造历史。1921年，北京出版的当时教育部体育专科系主事许禹生所著《太极拳势图解》（杨式太极拳雏形）中，据了解其源流部分是关百益提供的。其书糅合有几种起源说：

1. 14世纪的元末明初，云游四方的武当山道士张三丰。[1]

2. 12世纪宋徽宗时代（1101—1126年）武当山丹士张三峰。[2]

3. 8世纪中期的唐代许宣平[3]（大诗人李白曾走访这位仙人，也未曾见到）。

4. 将清代乾隆年间人山右王宗岳说成是内家拳家关中王宗。王宗是明初内家拳家的传人，但他是关中（陕西）人。而王宗岳则是山西人。明明是张冠李戴，企图以此证明太极拳即内家拳，并在明初就有传习。又有人认为陈氏太极拳系得自蒋发，而蒋发又得自王宗岳。[4]

5. 将清初雍正七年（1709年）被浙江总督诱捕的"炼气粗劲，武艺高强，各处闻名，声气颇广"的南京人甘凤池[5]也当作内家拳家、南派太极拳家。

许氏提倡武术，不遗余力。也练过杨式、陈式太极拳，但疏于考证，人云亦云。其后出版的某些太极拳书，大都遂以元末明初的张三丰为太极拳创造人。

陈鑫谓太极拳创自明初其陈家沟陈氏初祖陈卜，其说亦无据。[6]20世纪60年代，又有陈王庭即明末巡按御史兼监军御史之陈王庭，亦为误合。[7]

早在20世纪30年代，经武术考据家唐豪等考证，太极拳是明末清初战将、河南温县陈王廷所创造。其论证是：

1. 戚继光《拳经三十二势》吸收民间十六家拳法，未曾讲到太极拳。

2. 温县陈王廷编造的太极拳五路，长拳一百〇八势一路、炮捶一路，采取戚氏《拳经三十二势》中的二十九势。[8]

3.《拳经三十二势》开头是"懒扎衣""单鞭"两式。太极拳五路，长拳、炮捶共七套的开头也都是这两式。

4. 温县陈家沟的《陈氏家谱》在其九世祖陈王庭姓名旁注："王庭，又名奏庭，明末武庠生，清初文庠生。武术在山东名手。扫荡群匪千余人。陈氏拳手刀枪创始之人也。天生豪杰，有战大刀可考。"（见《陈氏家谱》第十二页，原谱现存于北京。族谱、墓碑、《温县志》均作陈王廷，故应作陈王廷。）

5. 陈王廷的《拳经总歌》歌辞采取戚氏《拳经》歌辞。[9]

6. 陈王廷的《拳经总歌》开头两句："从放屈伸人莫知，诸靠缠绕我皆依。"这是太极拳推手的技术特点。明代后期俞大猷、戚继光、唐顺之、程冲斗等人的武术著作中都没有这种特点。

7. 陈家沟陈氏世代传习陈王廷所传拳套和推手。经五传至陈长兴（1771—1853年）教了河北永年人杨露禅（1799—1872年）而演变成杨式，后来派生吴式；永年人武禹襄（1812—1880年）得杨露禅陈式老架之传，又得陈青萍陈式赵堡架之传，演变成武式，后来派生孙式。这是世人熟知的五式传统太极拳套路。杨、吴、武、孙四式是直接或间接来自陈式第一路太极拳，一脉相承，历历可数。

8. 戚继光生于 1528 年，卒于 1587 年，太极拳只能是晚出于戚氏拳经的拳种，并且是以戚氏拳经三十二势为基础的新创拳种。

当时的结论是太极拳创始于明末清初，创造人为明末战将、河南温县陈家沟的陈王廷。

到 20 世纪 60 年代，由于史料续有发现，陈王廷创造太极拳的正确年代应为 1644 年明王朝灭亡后的二十年前后，即在 17 世纪 60 年代前后的清初。其论证是：据《温县志》《怀庆府志》《安平县志》考证，明亡前三年（1641 年），陈王廷是温县的"乡兵守备"，是一个官职不大的身先乡兵的武将，曾率乡兵随县长吴从诲击退攻城"土寇"。[10] 为风雨飘摇的明王朝立有战功。明亡后，陈王廷消极隐居，思想上受道家影响，他的遗词有："叹当年，披坚执锐，扫荡群氛，几次颠险，蒙恩赐，枉徒然！到而今，年老残喘，只落得，黄庭一卷随身伴。闷来时造拳，忙来时耕田。趁余闲，教下些弟子儿孙，成龙成虎任方便。欠官粮早完，要私债即还，骄谄勿用，忍让为先。人人道我憨，人人道我颠；常洗耳，不弹冠，笑杀那万户诸侯，兢兢业业，不如俺心中常舒泰，名利总不贪。参透几关，识破邯郸，陶情于渔水，盘醒乎山川，成也无干，败也无干，谁是神仙，我是神仙。"

据上述史料，明亡（1644 年）前三年，陈王廷披坚执锐，正当壮年。明亡后，陈王廷隐居消极，思想上受道家影响，到"年老残喘"还能够耕余"造拳""教下些弟子儿孙"，故可断定太极拳的编造是在 17 世纪 60 年代前后的清初。

太极拳的三个来源

1. 综合明末各家拳法中踢、打、跌、拿各种攻防方法的拳式，以戚继光训练士卒、活动身手的《拳经三十二势》为基础。戚继光自述其《拳经三十二势》的拳击作用是"势势相承，遇敌制胜，变化无穷"。这是中国武术传统套路结构的特点，不同于舞蹈、体操、五禽戏、保健功等。陈王廷在《拳经总歌》中概述太极拳技击特点后说："教师不识其中理，难将武艺论高低。"可见在当时的环境下，太极拳也和其他拳种一样，技击性是强烈的，而不是以治病健身为目的。但戚氏三十二势是长拳类型，陈王廷所造长拳一百○八势已失传，是否都是长拳类型不得而知。太极拳五路及炮捶，虽长拳短打，兼收并蓄，但以短打为主体，成为中国武术中长拳、短打两大系统中的短打拳种之一。

2. 融会古代的"导引""吐纳"（即现代所称的"气功"）。[11]陈王廷遗词中有"黄庭一卷随身伴"之句，《黄庭经》是道家"导引""吐纳"之术。其气功导引内容有"上有黄庭，下有关元，前有幽门，后有命门，嘘吸庐外，出入丹田。""心为国主五脏王，受意动静气得行。""常能行之不知老，像龟引气致灵根。"[12]太极拳结合导引、吐纳，采用腹式逆呼吸法，"以意行气，以气运身""气遍身驱"，讲究开合虚实，伸缩升降，动作弧形螺旋，从而能加强内脏活动，通任、督，练带、冲，使气与力合，着重在内壮，以加强身体抗击力和爆发力的技击作用，成为"内功拳"的一个流派，它与内家拳、南拳、花拳、形意拳、八卦掌等都属于中国武术中长拳、短打两大系统中的短打系统拳种。

3. 吸取古典哲学的阴阳学说和以阴阳学说为基础理论的中医经络学说，确立了锻炼原则：由松入柔，积柔成刚，刚复归柔。以弧形螺旋的缠丝劲为灵魂，而以内劲为统驭，使能"气迈身躯"，畅通经络，达到内外兼练，增强体质，提高技术的目的。哲学理论和经络学说的吸取，使太极拳成为多种学科的综合性武术。

意识、呼吸、动作三者的密切结合，是太极拳运动的特点。导引、吐纳和经络学说的采用，当初是为了着重内壮，加大爆发力，纯粹是为了技击作用，但也成为到 19 世纪后期太极拳逐渐应用在治病健身、延年益寿方面的潜在因素。

太极拳在继承创新上的成就

1. 把武术和导引、吐纳结合起来，成为整体性、内外统一性的内功拳运动，使意识、呼吸和动作三者（亦即练意、练气、练身）密切结合。

2. 螺旋式的弧形动作，由松入柔、松紧交替，畅通气血，柔刚相济，能够增强肢体的抗击力量和加大爆发力量，成为一动内外俱动的武术运动。

3. 创造了双人推手的竞技运动，以黏随、不丢不顶为原则，练习皮肤触觉和内体感觉的灵敏度。在中国武术踢、打、摔、跌、拿五种技击方法中，增加了一种缠绕黏随的推法。解决了不用护具、服装、场地设备也能练习技击方法的问题，减少和避免伤害性事故的发生。这是划时代的创造性成就。

4. 创造了黏随不脱、蓄发相变的刺枪术基本练法，解决了不用护具也可提高刺枪技术的问题，这是又一个创造性的成就。

5. 结合阴阳学说和中医经络学说，使太极拳的理论深化，从而发展了戚继光拳经理论，从外形的武术技巧，提高到"劲由内换""内气潜转""人不知我，我独知人"，皮肤触觉和内体感觉极为灵敏的高级技巧。

附注：

①张三丰，懿州（今湖南芷江县）人，名全，一名君宝，字三丰。是元末明初道教首领，行游四方，曾在湖北太和山（即武当山）结庐修行。根据《明史》和历经纂修的《太和山志》，都只字未提及张三丰会拳术；即使是公元1723年住在四川的圆通道人汪锡龄编的《三丰全书》稿本，以及到公元1844年被长乙山人李涵虚重编出版的《三丰全书》中，他们虽然都宣称见过14世纪的张三丰，但也未曾捏造张三丰会拳术或创造太极拳。太极拳创始于张三丰的谎言，出现在19世纪末到20世纪初太极拳在北京享有盛誉之时这个事实，至此已可证实。因此，说太

极拳的创始人为张三丰，是不真实的。但明初张三丰何以名闻遐迩？我们如果研究一下《明史》的"胡濙传""郑和传""姚广孝传"和"方伎传"中张三丰事迹，把有关史料加以参证，就能清楚看出张三丰这个被当时人们津津乐道的神化人物，原来是明太祖死后，明代王朝宫廷争夺皇位的副产品。

其历史真相是：明太祖朱元璋死后，因太子早亡，就由皇孙朱允炆继皇位改元建文，但皇太子之弟朱棣，于建文四年以"靖难"名义，从燕京（北京）杀奔明朝首都南京，夺了皇位，改元永乐。由于传说建文帝未死于战火，永乐帝不放心，遂派亲信胡濙，配上认识建文帝面貌的内侍朱祥，以寻访道士张三丰（邋遢）为名，从陆路迤访各州、郡、乡、邑，去查访建文帝下落，有四年之久。永乐二年，又有谣传建文帝逃亡海外，永乐帝又派郑和（世称三保太监）等领兵涉海，远巡西洋，也未查到建文帝下落。永乐十七年，又派胡濙出巡江苏、浙江、湖南、湖北和江西等地，去查访建文帝下落，又查了四年。永乐帝用前后长达21年在国内外对建文帝下落秘密查访，才放下心事。但是皇帝派胡尚书（胡濙）寻访张邋遢道人的新闻已传遍民间。永乐帝为了掩盖劳师动众的真相，欺骗人民，他遂下令工部侍郎郭琏等带领丁夫30万人，大兴土木，在武当山营建武当宫观，耗资白银几百万两。从此以后，武当山的张三丰就成为人民传说中的时髦人物。到五百年后的清末民初，张三丰又被封建文人附会作为太极拳的创始人。

②清康熙八年（1669年）黄梨洲所作《王征南墓志铭》中说："少林以拳勇名天下，然主于搏人，人亦得以乘之；有所谓内家者，以静制动，犯者应手即仆，故别外林为外家，盖起于宋之张三峰。三峰为武当丹士，徽宗召之，道梗不得进，夜梦元帝授之拳法，厥明，以单丁杀贼百余。"梨洲此铭系据高辰四撰王征南言行求为墓志铭，未考宋张三峰会武术之于史无据，"夜梦元帝授之拳法"之荒诞。清康熙十五年，梨洲子百家为其师王征南所传内家拳写有《内家拳法》，则又持张三峰兼精少林

之说:"自外家至少林,其术精矣;张三峰既精于少林,复从而翻之,是名内家。"《宁波府志》采黄氏之说。迨入民国,张三峰或张三丰造拳之历史更为众说纷纭,但宋张三峰道士既已为内家拳奉为祖师爷,而黄氏父子已明言张三峰所创者为内家拳,于是某些太极拳书遂放弃宋张三峰创太极拳之说,而以元末明初之武当山张三丰道士为太极拳创造人。

③有人认为太极拳创始于唐代许宣平,并以《八字歌》《心会论》《周身大用论》《十六关要论》和《功用歌》等列为许宣平的论著。单从这几篇文章的风格来判断,就可肯定它们绝非唐代文辞。再参阅宋代计有功的《唐诗纪事本末》中许宣平事迹,仅记载许宣平"辟谷不食。行如奔马,唐时每负薪卖于市中。"大诗人李白访之不遇,为题诗于望仙桥。因此,这种祖师爷越古越好的假托,也正是清末封建文人所弄的玄虚。

④此说源自河北永年人李亦畲(1832—1892年)的《太极拳小序》:"太极拳不知始自何人,其精微巧妙,王宗岳论详且尽矣。后传至河南陈家沟陈姓,神而明者,代不数人。"今考王宗岳的生平(见王宗岳《阴符枪谱》佚名氏序),公元1791年他在洛阳,公元1795年他又在开封,以设馆教书为职业。此一时期,适为温县陈家沟陈长兴(1771—1853年)上一代太极拳家鼎盛时期。温县与洛阳、开封,仅隔一黄河,因之适足以推定王宗岳之太极拳乃得于陈氏。蒋发为陈王廷好友武举李际遇的部将。际遇举兵反抗明皇朝逼粮纳税于登封嵩山少林寺前的御砦(见景日昣的《说嵩》《刘禋传》和温睿临的《南疆逸史》卷二列传九"陈潜夫传")。后降清,被借故族诛,蒋发投奔陈王廷处为仆。陈氏家祠藏有陈王廷遗像,旁立一人持大刀者即为蒋发(陈子明《陈氏世传太极拳术》)。蒋发前于王宗岳约百年,所谓王宗岳传蒋发之说,显为讹言。

《清史稿》有"王来咸(征南)传",误以关中王宗为山右王宗岳,但关中王宗为陕西人,山右王宗岳为山西人。撰此传者显系采自许禹生先生《太极拳势图解》和陈微明先生《清史馆编修》《太极拳术》两书中误以王宗岳为明代内家拳家王宗。清代遗老大多已无乾嘉学派［乾隆嘉庆年间（1736—1820 年）讲究训诂考据的经学派系］考据之学问，故有此误。于是后来有人便以《清史稿》"王来咸传"为根据，认为太极拳创始于明代。

⑤《东华录》载甘凤池以反清案被捕。有《花拳总讲法》抄本流传，其中跌法式名就有八十八个，第一式为"吕布头带紫盔"，第八十八式为"鸭摆翅跌"。与甘凤池同时代的同乡人吴敬梓（1701—1754 年）在《儒林外史》中描述凤四爹的武功，据金和跋，即是甘凤池的原型。鲁迅先生（1881—1936 年）在《中国小说史略》中称道金和跋文指出《儒林外史》中人物大都有其人其事而易其姓名。

⑥这一观点来自唐豪（1897—1959 年），余早年学六合拳之同学，后又同学陈式太极拳。唐有志于中国武术史的探讨，1932 年 1 月 2 日，陈家沟拳家陈子明返乡探亲，唐随去调查太极拳史实。行前一日，余与叶良先生为二人饯行于上海梁园饭馆。唐豪此行，所获颇多，遂得考订太极拳创于陈王廷，并否定陈鑫（1849—1929 年）所谓太极拳创自陈卜之说。唐豪著有《行健斋随笔》（1937 年 2 月上海中国武术学会发行），中有"陈卜非太极拳祖"，录之如后：

予于张三丰为太极拳鼻祖，尝辟其妄。游陈沟时，获见陈品三《引蒙入路》及《太极拳图画讲义》稿本——《太极拳图画讲义》，今易名为《陈氏太极拳图说》，已出版矣——自序，谓太极拳系其始祖卜所发明。其说如左："洪武七年，始祖卜，耕读之余，而以阴阳开合运转周身者教子孙，以消化饮食之法，理根太极，故名曰太极拳。"

太极拳之传，出自陈家沟，今陈卜发明太极拳之说，出自其子孙，宜可取信于世矣，而实则不然。今从陈卜墓碑考之，碑云："温邑东十里许陈家沟，由来久矣。相传我祖讳卜，洪武初年，来自洪洞，定居于兹，迄今已十三世。凡我同姓，绳绳不绝，或贸易为务，或耕耘为业，实繁有徒，其脍炙人口、炳炳足称者，独诗书传家，诵读不辍，子若孙入乡学者有人，入国学者有人，应一命受一职享天家之赐，建功于民社者又有人。藉非吾始祖积德于前，植基孔固，我辈安能有此今日乎！木本水源之思，畴得无情，因以为序，勒之于石，永垂不朽。"

右碑立于康熙五十年辛卯（1711 年），系其十世孙庚所撰。其绍述先人者，只"相传我祖讳卜，洪武初年，来自洪洞，定居于兹"。寥寥十八字，且亦出诸传说，则陈氏始祖之事迹，文献实无足征也。品三后于卜者十六世，自序所云，不徒墓碑所未载，族谱亦未录，自出杜撰。

⑦陈王廷，家谱作陈王庭，族谱、墓碑及《温县志》均作陈王廷。余昔年因掌握史料不全，以为创造太极拳的陈王廷与巡按御史兼监军御史陈王庭，在时间、武职、蒙恩赐上有三同，遂于 1963 年、1964 年在《陈式太极拳》《太极拳研究》两书上误合为一人。1964 年有读者写文纠正：巡按御史陈王庭为卢龙县人，1630 年清兵陷广平府，王庭服董未死。清兵退，明廷逮王庭入狱，绝粒而死。温县陈王廷为乡兵守备，明末随县长率乡兵击退攻城"土寇"时身亡，陈王庭已死有十多年。我很感谢读者的纠正。

⑧陈王廷所造拳共有七套，长拳一百〇八势就由不同的拳式组成的，除了吸收戚氏《拳经三十二式》中之二十九式外，从其他拳种吸收了哪些势式及哪些式是他的创见，今已不可考。根据《陈氏拳械谱》，拳法方面还有"散手"和"短打"的式名很多（包括了攻击和破解的方法），也有擒拿法的"金刚十八拿法"式名。可见当时太极拳的技击方法是很全面的。值得注意的是传习于少林寺的"红拳"，也见于《陈氏拳械谱》，该旧谱上有"小四套"（亦名红拳）拳谱，其第一式为"太祖立势最高强"，末两句为"要知此拳出何处？名为太祖下南唐"。另有"盘罗棒诀语"则说"古刹登出（出字疑为封字之误，少林寺在登封）少林寺，堂上又有五百僧。……要知此棒出何处？盘罗留传在邵陵"（邵陵是少林的音转）。少林寺拳棒在隋唐时即已著名，在明代抗倭战争中，少林寺僧很多献身于卫国战争。温县在黄河之北，登封嵩山少林寺在黄河之

南，仅一河之隔。这是太极拳与少林寺拳法可能有渊源的理由之一。另据陈王廷好友、武学李际遇以地主武装结寨于嵩山少林寺之前的御砦，反抗明王朝的逼粮纳税，陈王廷只身入寨，劝说李际遇勿叛明王朝的史料来看，陈王廷可能早先也到过少林寺。这是太极拳与少林寺拳法可能有渊源的理由之二。明清之际的少林寺拳法著作，今所存者有上海螺隐庐影印本《拳经拳法备要》一书，上海国技学社于1927年间石印的称为《玄机秘授穴道拳诀》一书，唐豪也收藏有旧抄本（今存北京），余早年曾向唐借抄录副本。余取三本合观，虽互有详略，实同出一本。其中理法及身、手、步法，与陈氏太极拳精要处颇为吻合。这是太极拳与少林寺拳法可能有渊源的理由之三。陈王廷既然博采各家拳法，对距离不远的少林寺拳法不会不加采纳，这是太极拳与少林寺拳法可能有渊源的理由之四。此外，戚继光所采取的古今十六家拳法，与陈王廷相距约半个世纪，这些著名拳种在民间一定还有传习，陈王廷也有可能采集这些拳种。这些都是合理的推测，姑且作为附注供参考。

⑨陈王廷的《拳经总歌》七言二十二句，是太极拳的原始拳论，是总结古代技击术（踢、打、摔、跌、拿）的一篇拳论，它阐述了攻击与防御的战略和战术，可以说是太极拳7个套路的概括性拳论。歌辞采取戚氏《拳经》图诀之处举例对照如下：戚氏《拳经》有"怎当我闪惊取巧""上惊下取一跌""倒骑龙佯输诈走""一条鞭横直披砍""挨步逼上下提笼""进攻退闪弱生强"。而在陈王廷《拳经总歌》中则有"闪惊巧取有谁知""佯输诈走谁云败""横直劈砍奇更奇""上笼下提君须记""进攻退闪莫迟迟"。这样一对照，就不难看出陈王廷在拳论方面是吸取了前辈所归纳总结的精华。但陈王廷是在融会贯通的基础上做了一系列创造性的发挥，他在《拳经总歌》开头的两句"纵放屈伸人莫知，诸靠缠绕我皆依"，就是他创造双人推手的理论概括。

⑩王其华辑《温县志》卷十一，吴从诲府判署县事，值河南土寇猖獗，沿河而上，直抵温城。从诲亲冒矢石，率众御之，寇不得渡。从诲

曰：“水战利火攻，命乡兵守备陈王廷，千总郭忠等纵火焚船，贼溺水者无数，遂遁去。忠中流矢死。”

河北省《安平县志》卷之七，“人物志”载：“吴从诲，……崇祯庚午（1630 年）四应南宫不售。……遂谒选倅（倅，副职也）怀庆，怀当南北冲，河南诸郡邑，寇攻陷殆尽。庚辰（1640 年）冬，贼骑将乘冻渡河，守御河干，贼不得渡。明年，帅刘超叛，盗乘间蜂起，拥众剽掠，悉设计擒之。行河上，适寇至，率乡兵登陴（陴，城上女墙），亲冒矢石，焚贼舟二十七，溺死不可胜计。贼败，自是不敢窥河北矣。……当事者材君，俾摄河内，再摄温县，所至有能声，擢曹州守。”

⑪中国源远流长的养生法——俯仰屈伸、呼吸行气的导引术和吐纳术，在公元前四世纪已见于老子、庄子、孟子、屈原等著作中，郭沫若在《奴隶制社会》中考证的《玉佩铭》呼吸行气方法，也相当于这一时期。西汉淮南王刘安（前 179—122 年）所编的“六禽戏”和汉末伟大的医学家华佗据以改编的“五禽戏”，都是以呼吸运动结合仿效禽兽的动摇、屈伸、顾盼、跳跃等动作的健身方法。

长沙马王堆三号汉墓出土的帛画“导引图”，埋葬年代在公元前 168 年汉文帝时期。西方学者认为中国是“医疗体育的国家”。

唐代德宗时有梁肃作《导引图序》（见王应麟《汉艺文志考证》）。

宋代民间亦有练习导引、吐纳者，参见洪迈（1123—1202 年）《夷坚志》。

⑫《云笈七签》解释《黄庭经》说：“黄者，中央之色也。庭者，四方之中也。指脑中、心中、脾中。故曰黄庭。”相传晋代王羲之（331—379 年）于永和十二年（356 年）写过《黄庭经》。清代何绍基（1799—1873 年）于 1844 年也写过《黄庭经》（1907 年上海商务印书馆印行），全文 1223 字，连书名共 1226 字。

一百多年来太极拳的演变

一百多年前，由于火器的演进，武术在战场上的作用日益缩小，促使练太极拳的知识分子首先提出练拳的目的性问题。有篇《行工歌诀》（据沈家桢说是中过进士的杨露禅的学生北通州人姚翰臣写的），其中提出了"想推用意终何在？益寿延年不老春"。这是一百多年前太极拳开始从技击应用于保健延年的启蒙思想。

陈王廷创造的七套拳架，经五传到其后代陈长兴（1771—1853 年）、陈有本这一代，原来一百〇八势的长拳和太极拳第二路至第五路，在陈家沟已无人练习，陈氏拳家已专精于具有柔、缓、稳特点的太极拳第一路和具有刚、快、脆特点的"炮捶"（今称陈式第二路），以及双人推手、双人粘枪的功夫。

陈有本创造了新架，架式和陈王廷旧传的老架一样宽大，扬弃了一些难度动作。陈家沟人称之为"略"。随后，有本的学生、族侄青萍也创造了小巧紧凑、动作缓慢和逐步加圈的小架式，因为青萍赘婿于距陈家沟约 20 里的赵堡镇，定居教拳，人们称作"赵堡架"，陈家沟人称之为"圈"。

陈王廷旧传的老架，经陈长兴传给河北永年人杨露禅（1799—1872 年），杨大约于 1852 年去北京传习，演变成杨式大架太极拳，经其孙杨澄甫定型，今流传国内外。

杨露禅和其子班侯（1837—1892 年）教了满族人全佑一套小架子，经全佑子吴鉴泉（1870—1942 年）传习，遂称吴式。在国内外流传之广，仅次于杨式大架。

永年人武禹襄（1812—1880 年），从杨露禅学陈式老架，又从陈青萍学赵堡架，后来演变为武式，架式紧凑，着重身法。

武传李亦畬（1832—1892 年），李传郝为真（1849—1920 年），郝传孙禄堂（1861—1932 年）。孙为形意、八卦名家，在北京享有盛名，学太极拳时年已 50 岁。后来，他另创一套架高步活的拳套，现称孙式太极拳。至于陈王廷所传老架系统，经陈长兴的曾孙陈发科（1887—1957 年）于 1928 年 10 月去北平传习，为爱好技击者所赏识，逐渐推行到各大城市。

陈长兴是陈家沟陈氏名拳师，其祖父、父亲是陈氏太极拳好手，陈长兴之子、孙、曾孙，也是陈氏太极拳好手，六代相传，故其拳理拳法极为细密高深。

清末，杨露禅去北京教太极拳，子班侯、健侯俱以武技高妙享有盛誉，露禅和班侯被称为"杨无敌"，但传授较少。露禅子、孙三代，为适应医疗保健需要，修订拳式发展为杨式太极拳，于是流传较普遍。武术诗人，八卦掌、岳氏散手名家湘潭人杨敞（1886—1965 年）诗云："当初谁知太极拳，谭公（延闿）疗疾始流传。""功令推行太极拳，于今武术莫能先，谁知豫北陈家技，却赖冀南杨氏传。"盖纪实也。

辛亥革命（1911 年）前后，杨式太极拳（大架。杨式原有小架，后由吴氏传习，人称吴式）以疗效显著逐渐向各大城市传播。陈家沟陈发科于 1928 年 10 月应邀去北平传习陈式太极拳，功夫纯厚，推手时拿、跌、掷、放，兼施并用，陈氏太极拳的本来面貌始为外间所认识。杨敞诗云："都门太极旧尊杨，迟缓柔和擅胜场，不意陈君标异帜，缠丝劲势特刚强。"［原注云：杨露禅在陈家沟学习太极拳，即来京师传习，清末已极流行，故习太极者盛尊杨家，迨民国十五年后，陈福生（发科）来京，人始知杨家之外尚有陈家。陈身法、手法均与杨迥异，讲缠丝劲甚精到，发劲脆快无此。惜其人木讷寡言，短于接纳，故其名不彰，弟子沈家桢（维周）对师说多所发明，将来或能发扬光大之。］

太极拳在现代蓬勃发展

1925 年有杨澄甫学生陈微明（清史馆编修）从北京到上海设致柔拳社，公开收费教学杨式太极拳，以医疗保健作用为号召，从学者渐众，其后各式太极拳名家都来上海传习。太极拳发源地在河南温县陈家沟，1852 年前后经杨氏在北京传习，1925 年又流传至上海，其后传播到全国各大城市。

1956 年起，北京先后编印《简化太极拳》（二十四式）、《八十八式太极拳》，1979 年又编印《四十八式太极拳》，以普及为主，大力推行。而保持技击作用和呼吸行气的传统太极拳，在民间也有不同程度的开展，并在医疗保健上做出贡献。

当前，太极拳有成为国际性医疗保健项目之趋势。各式前辈太极拳家的锻炼经验，有待于更进一步的挖掘、研究、整理，使这一民族文化遗产不致失传。同时，也应利用现代科学技术，进行科学的测定，以利于进一步提高锻炼效果。太极拳的推手现已逐渐受到男女老少的爱好，可以预期，它必将成为一项竞技项目。

参考书目

1. 《明史》卷 299，张三丰传（并参阅惠帝纪、胡滢传、姚广孝传）

2. 景日畛《说嵩》

3. 王其华《温县志》

4. 《太和山志》

5. 曹秉仁《宁波府志》（1735 年编）

6. 《永年县志》（1877 年修）

7. 《东华录》雍正朱批谕旨。

8. 吴敬梓《儒林外史》

9. 《黄庭经》

10. 戚继光《纪效新书》

11. 俞大猷《正气堂文集》

12. 唐顺之《荆川文集》

13. 唐顺之《武编》

14. 黄梨洲《王征南墓志铭》

15. 黄百家《南雷文定·内家拳法》

16. 温睿临《南疆逸史》

17. 计有功（宋）《唐诗纪事本末》

18. 陈槐三家藏《陈氏家谱》写本（唐豪藏书，现存北京）

19. 陈鑫《陈氏家乘》稿本（唐豪藏书，现存北京）

20. 董榕辑《周子全书》

21. 汪锡龄编《三丰全书》

22. 郝和藏本，李亦畬手抄老三本之一《太极拳谱》

23. 马同文抄本《李亦畬：太极拳谱》（唐豪藏书，现存北京）

24. 唐豪考释《李廉让堂本太极拳谱》（1964 年版《太极拳研究》）

25. 徐震《太极拳考信录》，1937 年版

26. 徐震《太极拳谱理董辨伪录》，1937 年版

27. 唐豪《王宗岳太极拳经、阴符枪谱》，1936 年版

28. 唐豪《戚继光拳经》，1936 年版

29. 唐豪《少林武当考》，1930 年版

30. 唐豪《内家拳》，1935 年版

31. 唐豪《中国武艺图籍考》及《补编》，1940 年版

32. 唐豪《中国民族体育图籍考》，1940 年版

33. 唐豪《少林拳术秘诀考证》，1941 年版

34. 唐豪《行健斋随笔》，1937 年版

35. 许禹生《太极拳势图解》，1921 年版

36. 许禹生《太极拳》（陈氏太极拳第五路），1939 年版

37. 陈鑫《陈氏太极拳图说》，1933 年版

38. 陈绩甫（照丕）《陈氏太极拳汇宗》，1935 年版

39. 陈子明《陈氏世传太极拳术》，1932 年版

40. 《太极拳运动》，北京，1962 年版

41. 唐豪、顾留馨编著《太极拳研究》，1964 年版

42. 顾留馨《武术史上的甘凤池》（见 1958 年 8 月《中国体育史参考资料》第五辑）

43. 沈家桢、顾留馨合著《陈式太极拳》，1963 年版

44. 顾留馨著《太极拳术》，1982 年 9 月版

注：为呈现作者的原文内容和原书格式，此"参考书目"未采用参考文献标准格式。

陈家沟陈氏拳家世系简表

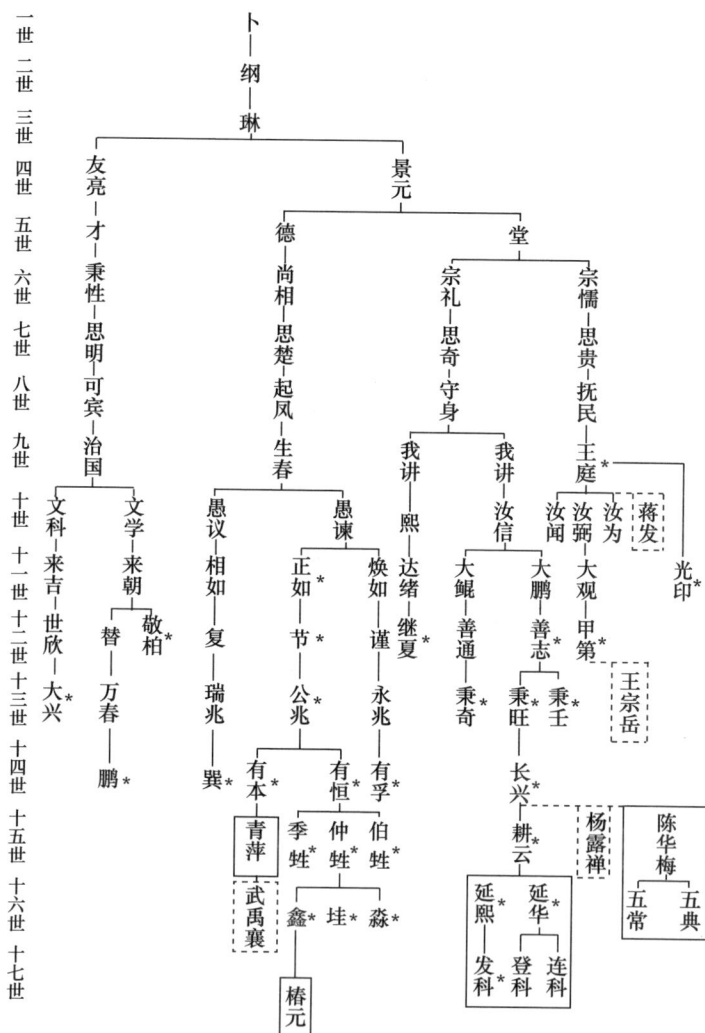

世代：一世　二世　三世　四世　五世　六世　七世　八世　九世　十世　十一世　十二世　十三世　十四世　十五世　十六世　十七世

一世　卜
二世　纲
三世　琳

四世　友亮　｜　景元

友亮支
五世　才
六世　秉性
七世　思明
八世　可宾
九世　治国
十世　文科　｜　文学
十一世　来吉（文科）；来朝（文学）
十二世　世欣（来吉）；敬柏*（来朝）
十三世　大兴（世欣）；替、万春（敬柏）
十四世　鹏*（万春）

景元—德支
五世　德
六世　尚相
七世　思楚
八世　起凤
九世　生春
十世　愚议　｜　愚谏
十一世　相如、复（愚议）；正如、焕如（愚谏）
十二世　瑞兆（复）；节*（正如）；谨*（焕如）
十三世　巽*（瑞兆）；公兆*（节）；永兆（谨）
十四世　有本、有恒、有孚*（公兆）
　　　　青萍*　武禹襄*（有本支，方框）
十五世　季甡*、仲甡*、伯甡*（有恒）
十六世　鑫*（仲甡）；垚*、淼*（伯甡）
十七世　椿元（鑫）

景元—堂—宗礼支
五世　堂　｜　宗礼、宗懦
六世　宗礼
七世　思奇
八世　守身
九世　我讲　｜　我讲
十世　熙（我讲）；汝信（我讲）
十一世　达绪、继夏（熙）；大鲲、大鹏（汝信）
十二世　善通（大鲲）；善志（大鹏）
十三世　秉奇（善通）；秉旺、秉壬（善志）
　　　　王宗岳*（方框）
十四世　长兴*（秉旺）
　　　　杨露禅*（方框）
　　　　陈华梅　五常、五典（方框）
十五世　耕云*（长兴）
十六世　延熙、延华（耕云）
十七世　发科*（延熙）；登科*、连科*（延华）

景元—堂—宗懦支
六世　宗懦
七世　思贵
八世　抚民
九世　王庭*
十世　汝弼、汝为、汝闻、大观、甲第
　　　蒋发*（方框）
　　　光印*

1. 本表自一世祖陈卜起，至十六世陈鑫止，根据十六世陈森（字槐三陈季甡子）家藏本《陈氏家谱》编列。原谱系亡友唐豪（1897—1959年）于1932年1月2日约同陈子明去陈家沟调查太极拳历史时，连同陈鑫《陈氏家乘》稿本携归上海，今藏北京。

2. 本表称"陈家沟陈氏拳家世系简表"，以陈氏后裔浩繁，自陈王廷创造太极拳后，族人历代习其拳，无分男女，谱中凡拳技著名者，始旁注拳手、拳师、拳手可师、拳最好等字样，本表注以 * 符号。本表旨在查考陈氏太极拳传人，故以陈氏拳家为主，借以考明太极拳发展史。

3. 原谱骑缝注十六页"十一世提起"以前有："至此，以上乾隆十九年（1754年）谱序，以下道光二年（1822年）接修"字样。封面题"同治十年（1873年）癸酉新正颍川氏宗派"。

4. 表内人名有方框者，家谱未载，根据调查确实而列入。杨露禅、武禹襄为直接从陈氏拳式创造流派的代表人物，故列于表内，以明源流。并以虚线方框区别之。

5. 杨露禅之主人陈德瑚，官翰林院待诏，系陈氏十五世，子备三、孙承五，以非拳家，俱未列表内。

6. 陈复元为十七世，学拳于老架陈耕云，新架陈仲甡。陈复元子陈子明，幼承家学，复从陈鑫学拳，著《陈氏世传太极拳术》。陈登科子照丕为十八世，学拳于从祖延熙、鑫及族叔发科，著有《陈氏太极拳汇宗》，采入陈鑫著作。复元、子明、照丕未载入家谱。

7. 家谱陈仲甡有三子：淼、垚、鑫。《陈氏世传太极拳术》以陈淼为陈季甡长子。查《中州文献辑志·义行传·陈仲甡传》，陈仲甡以陈淼为犹子，是也。

8. 陈椿元为陈森子，陈鑫老而无嗣，以椿元为嗣子。

9. 十一世光印旁注"拳手可师"，其上不可考，十世汝为子为宏印，汝弼子有光绪，光印不知为谁之子。但可推断为王廷之孙。

10. 为制此表，借抄《陈氏家谱》及陈鑫《陈氏家乘》稿本，编成本表，聊供考订之资。

11. 登科子照丕（1892—1973 年），发科子照旭（1960 年卒）、照奎（1981 年卒），家谱未载。

《陈氏家谱》 中陈氏拳手史料

《陈氏家谱》有旁注，自始祖起至十九世止，凡配偶、子嗣、流迁、仕宦，均有记载。

九世祖王庭旁注："又名奏庭，明末武庠生，清初文庠生。在山东名手，扫荡群匪千余人。陈氏拳手刀枪创始之人也。天生豪杰，有战大刀可考。"

十二世善志旁注：拳头可师。

十二世继夏旁注：拳手可师。

十一世光印旁注：拳手可师。

十二世甲第旁注：拳手可师。

十一世正如旁注：拳师最好。

十二世节旁注：拳最好。

十二世敬柏旁注：拳手可师。

十三世公兆旁注：拳师最好。

十三世大兴旁注：拳可师，大家。

十三世秉壬、秉旺旁注：拳手可师。

十四世长兴旁注：拳师。

十五世耕云旁注：拳手。

十四世有恒旁注：拳手大家。

十四世有本旁注：拳手最高，教侄出众。

十五世伯甡、仲甡、季甡旁注：此三人拳术最优，仲甡、季甡旁合注"神手"二字。

十四世巽旁注：拳手可师。

十四世鹏旁注：拳手可师。医道最盛。

十五世仲甡旁注：武生，文武皆全；季甡旁注：拳手神妙；二人名下又合注拳师神妙。

十六世垚旁注：武生。淼、垚下旁合注：拳师最优。鑫旁注：文武皆通。末有"我高曾祖父皆文兼拳最优。森批"字样。

此为陈氏太极拳源流最可考信之直接史料。

传统太极拳主要传递系统表

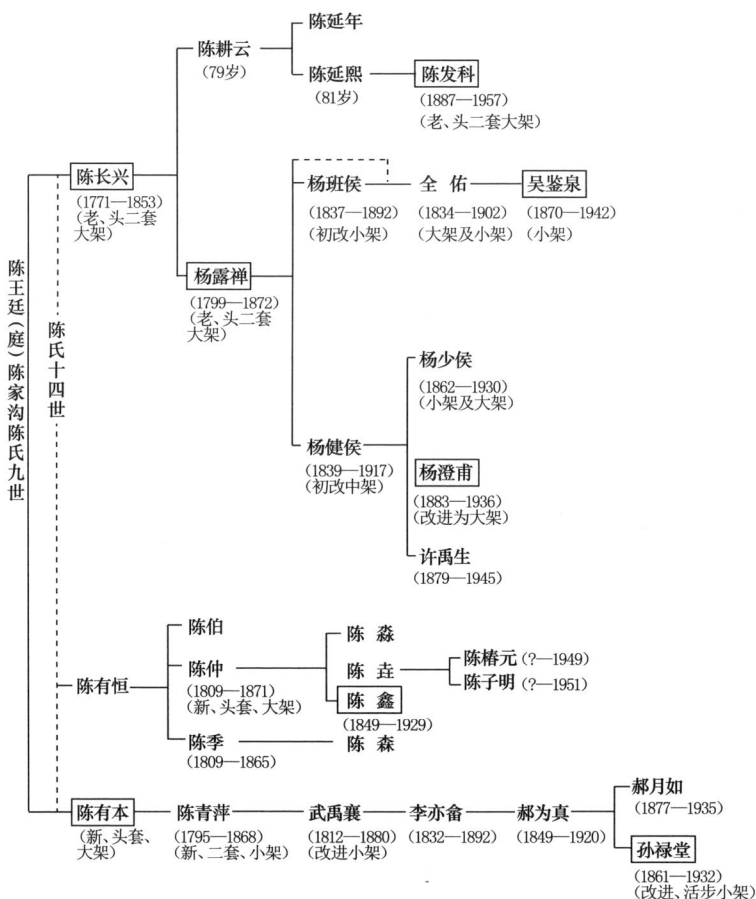

陈耕云
（79岁）
├ 陈延年
└ 陈延熙
（81岁）
── 陈发科
（1887—1957）
（老、头二套大架）

陈长兴
（1771—1853）
（老、头二套大架）

杨露禅
（1799—1872）
（老、头二套大架）
├ 杨班侯
（1837—1892）
（初改小架）
── 全佑
（1834—1902）
（大架及小架）
── 吴鉴泉
（1870—1942）
（小架）

杨健侯
（1839—1917）
（初改中架）
├ 杨少侯
（1862—1930）
（小架及大架）
├ 杨澄甫
（1883—1936）
（改进为大架）
└ 许禹生
（1879—1945）

陈有恒
├ 陈伯
├ 陈仲
（1809—1871）
（新、头套、大架）
│ ├ 陈森
│ ├ 陈垚
│ │ ├ 陈椿元（?—1949）
│ │ └ 陈子明（?—1951）
│ └ 陈鑫
（1849—1929）
└ 陈季
（1809—1865）
── 陈森

陈有本
（新、头套、大架）
── 陈青萍
（1795—1868）
（新、二套、小架）
── 武禹襄
（1812—1880）
（改进小架）
── 李亦畬
（1832—1892）
── 郝为真
（1849—1920）
├ 郝月如
（1877—1935）
└ 孙禄堂
（1861—1932）
（改进、活步小架）

陈王廷（庭）陈家沟陈氏九世

陈氏十四世

附注

1. 大、中、小三种架式是相对的说法。

2. 有方框 □ 符号者，为各派系主要代表。

3. 各派系传人颇多，本表不备载。

4. 武禹襄初从杨露禅学老架，后从陈青萍学新架。

5. 许禹生为杨健侯的学生，所著《太极拳势图解》，拳式犹存杨氏大架之旧，可供与澄甫定型之大架做比较研究，故为列入，以备一格。

尚有王矫宇学于班侯者为大架，所传仍有跳跃、发劲动作，附志于此，以备一格。

6. 常远亭（1860—1918 年）学于全佑之小架，动作有起伏，有隐于内之发劲，有跳跃。与现行吴式稍异。

陈式太极拳的关键练法

陈式太极拳特点

陈式太极拳自清初陈王廷造拳以来，乃有温县陈家沟陈氏世代传习其拳，代有名手，并积累了一套锻炼方法，总结了一些锻炼要领。经五传至陈长兴时，产生陈式新架，随后又产生赵堡架，陈氏太极拳就有老架、新架、赵堡架之分，并代有名手。陈长兴的祖父、父亲都是名手，长兴为陈氏老架名手，其子、孙、玄孙（发科等）也都是名手，六代相传，理精法密。发科老师去北平所传为陈氏太极拳第一路及炮捶一路（现称陈式太极拳第二路）。第一路特点是：以柔为主，由松入柔、柔中寓刚；行气运劲，以缠丝劲的锻炼为主，发劲为辅。质量唯柔软是求，柔软是化劲的基础，运用柔软以迎刚，可以化刚为乌有。初期动作力求缓徐，以揣摩行气运劲，全身内外一动全动的和谐协调。使能处处保持平衡而不失其势。缠丝劲是黏化、牵动、进逼的核心，缠绕圆转，功深后能达到即化即打，依着何处、便从何处击去的技术。发劲的运用，原则上是没有牵动对方则不发。缠丝劲的锻炼，能逐渐产生一种似柔非柔、似刚非刚、极为沉重而又极为灵活善变的内劲。可以说陈式太极拳特点是：以缠丝劲为灵魂，以内劲为统驭，这是太极拳推手时具有威慑力量的基本条件。第一路是以身领手的动作为主，足随手运。动分（离心力）

静合（向心力），不断变化，不断调和。技击性战略原则，为以静制动，以柔克刚，后发先至。练拳速度快慢相间，一般约为 8 分钟练完一套拳。运动量可以调节，架子分高、中、低三种，可以分别适应于疗病保健、增强体质、学习技击的目的。过去，老师个别教学，一般教学方法是一开头就要求动作与呼吸行气结合。现在，在集体教学或看图解自学的情况下，应以先认真学会动作，明白其技击作用，才不致随便划弧，练糊涂拳。俟动作熟练后，再一个式子、一个式子地逐渐结合呼吸运气，以免顾此失彼，甚至练出偏差。

第二路（炮捶）特点是：从松柔入手，刚中寓柔，以刚发为主。行气运劲，以缠丝劲锻炼为主，而刚发的动作较多，质量以刚强是求，刚强是克制柔弱之道。而至刚亦能克刚，故以刚中有柔，为克柔胜刚之道。刚遇至刚则刚坏，柔遇刚则折，隙隟乃见，是为我顺人背之关键。动作以迅速占势、占先。由迅速得以遇隙即击而不失其机，所谓"知几其神"。技击性战略原则为，隙开则迅速占先，发则所当必靡、必摧。第二路有"蹿蹦跳跃，腾挪闪展"的动作，又多发劲、震足，故速度较快，一般约为 3 分钟练完一套拳。由于速度快，爆发力强，原来不适宜于年老病弱者练习。近代经陈发科老师在北平授拳时改进教学方法，对一般学习者，亦从松柔入手，以用意贯劲代替发劲、震足，速度稍放慢而又快慢相间，故不独青少年爱习其拳，老年爱好武技者亦能适应。

这二套拳都是从松柔入手，积柔成刚、刚柔相济。从慢到快，快后复慢，而又都是快慢相间，所以能适应推手时的急应缓随。

练意（心静用意）、练气（腹式逆呼吸法，气沉丹田与丹田内转相结合）、练身（武术攻防性动作的拳式）三者密切结合，是陈式太极拳的锻炼原则。即使降低其运动量，以适应年老、体弱、有病者的锻炼，但仍须保持练意、练气、练身三结合的锻炼原则，以期能达到转弱为强，提高锻炼效果的目的。

几个关键性练法

腹式逆呼吸

陈式太极拳的拳式呼吸采用腹式逆呼吸法。吸气时小腹内收，膈肌上升，丹田气上行聚于胃部，胃部自然隆起，胸廓自然扩张，加大肺活量。呼气时小腹外凸，膈肌下降，聚于胃部之内气下沉至丹田，胃部与胸廓自然平复。由于腰肾的左旋右转，气沉丹田与丹田内转是结合的。

拳式呼吸是指合、虚、蓄、收、化的动作为吸气，开、实、发、放、打的动作为呼气，是在意识指导下，呼吸行气与武术动作的协调，有着健强内脏器官功能以及增强抗击能力与加强爆发力量的作用。因此，陈式太极拳家一般都练成"虎背熊腰""膀阔腰圆"的健壮体格。

在推手互喂、试验发劲时，通常采用哼、哈、咳三种发声。哼音是用螺旋劲向上打放，使对方腾空掷出。哈音是用螺旋劲向远打，意欲将对方拍透墙壁。咳音是用螺旋劲向下打，意欲将对方打入地中。这种发劲试验都是用短促的一吸一呼来完成的。

缠丝劲（弧形螺旋劲）的练法

缠丝劲（弧形螺旋劲）是太极拳的主要特点，它是在意识指导下内劲做缠绕运动时，由意气贯注而逐渐形成，并不断提高其质量。缠绵曲折，大都在上、中、下（上肢、躯干、下肢）三个横向椭圆形弧形螺旋转圈，两个斜向（左手与右足，右手与左足）弧形螺旋转圈和一吸一呼时绕任、督二脉的立体圈，以及无数小螺旋的交织缠绕，进退屈伸，形成为复杂而又和谐的圆形动作，这是太极拳练法特点的精华所在。内劲运转的主要方法是：内气蓄于丹田，以意行气，源动腰脊，旋腰转脊，节节贯串地贯注于四梢（两手两足尖端）。上行为旋腕转膀，形于手指；下行为旋踝转腿，达于趾端。弧形螺旋式地缠绕绞转，从而形成一系列无限延长的复杂的空间螺旋运动。

缠丝劲有顺缠、逆缠两种。手的顺缠是手外旋（掌心由内向外翻，顺着时钟方向），意气贯注指尖，先拇指，依次至小指。手的逆缠是手内旋（掌心由外向内翻，逆着时钟方向），意气贯注指尖，先小指，依次至拇指。顺缠、逆缠，始终"掤劲"（似柔非柔，似刚非刚的劲）不丢。洪均生同学云"太极是掤劲，动作走螺旋"，概括地突出了太极拳练法上、技术上的特点。

腿的顺缠（里往外上而向下斜缠）以膝头向裆外旋转。丹田劲由腰隙经大腿根里边向上而外，经环跳穴，再往里向下斜缠至足根（大钟穴），分注足五趾肚。

腿的逆缠，以膝头向裆内旋转，内劲从五趾肚向上经原路线斜缠至腰隙归丹田。

凡攻击的动作，不论顺缠或逆缠，为动、为分、为离心力、丹田劲运至四梢，肩催肘，肘催手；胯催膝，膝催足，呼气、发劲（重心下沉，劲往前发）。谓之"丹田劲走四梢"。

凡防御的动作，不论顺缠或逆缠，为静、为合、为向心力。意气从四梢回归丹田，肩带肘，肘带手；胯带膝，膝带足，吸气、蓄劲（气聚胃部，蓄势待发）。谓之"四梢劲归丹田"。

缠丝劲练法能使全身内外"一动无有不动"，于同一时间内，综合性地完成神经、呼吸、循环、经络、骨骼、肌肉、消化、泌尿等系统的锻炼。一蓄一发，一吸一呼，通任、督，练带、冲，内外兼练，以内壮为主，是整体性、内外统一性的体育运动方法，与分部练习的体育运动方法比较，在时间上较为节约。在锻炼效果上较为优越于其他体育运动方法。从运动医学角度来看，这种以意行气的缠丝劲练法，防病治病、延年益寿，是适应性较为广泛、完善的体育运动方法。

太极拳缠丝劲的圆运动，不是直线的弧形动作组成，而是曲线弧形螺旋式的动作组成的。在划圆圈时意气（内劲）的运转，像螺旋式的缠绕伸缩，可以比喻为像地球在公转时不断地在自转。因此，它是分阴分阳而又阴阳互转的。如果圆形运动没有螺旋式贯串其中，就等于月球环绕地球运行只有公转而无自转，就不能阴阳互转。这种圆形运动仍然是走的直线。直线的弧形动作在推手实践中，证明它是容易犯顶劲之病（即"双重之病未悟耳"），容易造成"引进落实"，为人所制。即使功夫较深，也只能做到"化而后打"，不可能像弧形螺旋动作那样能达到"边化边打""即化即打""打即是化""化即是打"的程度。

因为弧形螺旋运动力学的作用，能使对方直线来的劲力成为我方动作弧线上的切线。如果对方继续加力，其劲力就会离开着力点而继续前进，影响其自身的平衡和稳定，而不影响我的平衡和稳定。亦即在我为引进（弧形螺旋走化），在对方为落空（直线前进）。同时，我的弧形螺旋动作已避实就虚地越过对方防线而进逼或发劲。亦即在我为"屈中求直""蓄而后发"。我处处在螺旋，在变动力点、方向、角度，才能"不丢不顶"，不犯双重之病，取得"引进落空合即出"的技巧。

练太极拳时，初期应架式舒展宽大，年轻力壮者更应每式胯与膝平，使下部功夫扎得深厚，缠丝劲转圈的幅度也要宽大。中年以后，架式可以稍高，转圈也要逐渐收小，这是"先求开展，后求紧凑"的锻炼步骤；老年期则应练高架式，转圈也愈练愈收小，"精锻已极，极小亦圈"，而内劲的质量也达到更高阶段。在练太极拳和推手的长期实践中都能体会到：凡功夫下得越深，身体各部的转圈（位置移动）便越小越细密，越正确协调，推手时就能达到"紧小脱化"的地步。

缠丝劲的精炼与内劲质量的提高成正比例，但都是无限止的，内劲越是充沛沉重，越能显出轻灵的作用，加强了"忽隐忽现"的作用。推手时能使对方不能适应，处处被动，失去平衡。

腰裆劲

腰裆劲是腰胯联合发出的劲。太极拳的四肢和躯干的动作以腰为轴心，即所谓"主宰于腰"。而腰的轴心是腰脊，腰脊"命门穴"（前对脐。所谓丹田，即在脐内和命门穴之处）是全身的重心所在，起到调节全身平衡的作用，也是人体爆发力的来源。腰脊控制着腰的松沉直竖和左旋右转，并使腰的旋转幅度合乎生理上、技击上的要求。练拳和推手都应时刻注意腰脊命门穴的枢纽作用。腰部的左旋右转，须轻松灵活，用意识引导的行气运劲由腰脊达于四梢。因此，古典太极拳论要求在练拳或推手时"刻刻留心在腰间"。腰力运用得当，既有助于保持全身平衡，也有助于内劲（行气运劲）运转的充足和集中。

尽管陈式太极拳四肢动作缠绕转折，缠丝劲很显明，但对腰部要求做到松沉直竖，微微旋转，不使摇摆失中，不使旋转幅度过大。以免手足运转无定向，不灵敏。腰轴旋转幅度过大，身体和四肢动作就失之太过，太过或不及，都不能发挥整体劲的作用，推手时也易于授人以隙。

裆，指的是会阴穴（两便之间）部位。裆部两胯根要松开撑圆。腰与胯的旋转是一致的，如果两胯根不松开，胯的旋转就不灵活，腰旋转的灵活性就受影响。迈步时，实腿一侧的胯根随转腰的方向先微旋内收而下沉，这一侧的腰肾也微旋而落实。这一侧的小腹也在"丹田内转"，"气沉丹田"的内动下而觉得充实，这一侧膝关节负担量加大，腿肌也由松而紧，而达到实腿稳固有力，似乎不可摇撼。既加大了运动量，也使虚腿迈出极为轻灵善变。

动势时裆要开，成势时裆要合。裆不开则腰腿动作不灵活，动势时虚腿迈出，两膝盖分向相反方向前挺，这是开裆，起到伸筋拔骨的作用。裆不合则骨节松而力不聚，成势时塌腰落胯，两膝盖微向内合，这是合裆，而两胯根仍要松开撑圆，谓之"外合内开"。

成势时，顶劲领好，腰劲塌下，两膝微向内合，裆劲沉着合住，两胯根撑开撑圆，脊柱节节松沉直竖，虚虚对准，骶骨有力，随着呼气而膈肌下降，吸气时聚于胃部之内气，随呼气而"气沉丹田"，这时带脉充实膨胀，自然形成重心下降，小腹充实，冲脉气旺，臀部之力贯到足跟。手臂之内劲前发，腰脊命门穴似有后撑之意，两腿则前足弓，后足蹬，腿劲似植地生根。上下、前后、左右，对拉匀称，身法中正，支撑八面，周身团聚，劲力集中，姿势沉着稳固。

逢发劲动作时，腰裆劲由松沉转为浅弧形略微（外形上不易看出的略微程度）向前上方（或向左、右、后上方）而去，自然地催动劲力由脊背达于手臂浅弧形地略微向前上方（或向左、右、后上方）而去，这种腰裆劲略微向前上方（或向左、右，后上方）送去的练法，与两臂的发劲动作是一致的，运用在推手上容易使对方失去平衡，脚跟浮动。

腰裆不松不活，内劲运转时就会迟钝，腰不塌下，裆不扣合，手臂就会显得不是沉着松静，而是飘浮无力。

每一拳式变着换劲，腰裆的变换、开合、虚实，关系到全身的灵动和重心、力点、角度变换的迅速、正确，这是推手时"人不知我，我独知人""我顺人背"的关键。腰裆的沉着有力，关系到力量和耐力的发展，而力量大、耐力好又是推手时最后取得胜利的关键。步稳虽在双足，似钉入地，也要依靠腰裆的变换与坚实，才不致流于死硬，桩步无论怎样稳固，如果不善于变换虚实，那么还是容易被牵动而失去平衡的。

抖劲

抖劲的基础是缠丝劲和腰裆劲。抖劲是一种突如其来的爆发力，其特点是：快速、螺旋、气足、力猛、劲长、动短、意远。久练推手，对缠丝劲、腰裆劲的体会也愈来愈深，"沾连黏随不丢顶，引进落空合即出"的技巧也愈练愈熟，逐渐发展出一种突然的发劲动作——抖劲。

一个完善的发劲动作——抖劲，包括四个因素：一是落点的位置；二是发劲的速度；三是落点发劲的旋转度；四是皮肤触觉和内体感觉的灵敏度。一、二两项为一般武术技击方法所共有，而三、四两项则为太极拳推手所特有。

抖劲既须在推手中实践，也须抽出拳套中几个单式来反复练习。在推手中可先互"喂"，即一人被动地听凭对方试验抖劲，并告知其不足之处。这样互"喂"可使进步较快。

抽出单式来反复练习，可以充分发挥全身各部位的爆发力而无所顾忌。"掌拳肘和腕，肩腰胯膝脚，上下九节劲，节节腰中发"，这是从前太极拳家总结的发劲经验。

太极拳的抖劲练习，要求在内外兼练、增加身体的抗击力之后才练习抖劲，先练能化也能受击，然后再练抖发。练拳和推手时的"虚领顶劲，气沉丹田"，主要是练任脉、督脉。"塌腰落胯，气向下沉，劲往前发"，主要是练带脉、冲脉，内劲充沛、气势腾挪，皆由此练出，功愈深而技愈精。内外兼练，才能既增强身体的抗击力，又加强打击性的爆发力。

练习发劲。先注意动作的柔顺、协调和正确，然后研究爆发力的集中、快速和强大。这是练劲先练顺、练巧先练劲的锻炼程序。单练时，为了增强抖劲的旋转性、刻入性，发劲时须风声呼呼，气势雄壮，才能练出功夫。否则，"拳无功，一场空"。

前辈太极拳家散打发劲时，目光如电，变脸变色，冷笑险嬉，哼哈作声，气势逼人。虎威此猛，鹰扬此捷。其技术特点为：以柔克刚，应用黏随，出奇制胜，应用抖截。亦有以刚克刚者，则运劲似百炼之钢，无坚不摧。其手法有：碰啄劈拿，分筋错骨，点穴闭户，按脉截脉。其运劲有：黏随抖截，犯者立仆。其跌法有：手当足用，足当手用，一动即进，插裆管脚，拧腰变脸，横直披砍，应手而跌。其拿法有：沾连黏随，乘势借力，变化轻柔，随人之动而制之，使人心服。

五弓合一

陈式太极拳主张全身整体劲内外统一性的蓄发相变是需要"一身备

五弓""五弓合一"的，现试述如下。

"一身备五弓"是比喻身躯犹如一张弓，两手为两张弓，两足为两张弓。"五弓合一"即为全身的整体劲，触之则旋转灵活，能蓄能发，滔滔不绝。

身弓，以腰为弓把，脐后腰脊命门穴始终用意贯注，中定而不摇摆，动作时以命门穴为原动力，两腰肾旋转抽换，带动胸背部肌肉弧形松沉，变换虚实。合、虚、吸气、蓄势时，小腹内收，膈肌上升，内气上行聚于胃部，胃部自然隆起，胸廓自然扩张。命门穴先有微往后撑松沉之意，在提顶（百会穴虚领顶劲）吊裆（会阴穴托起丹田），"上下一条线"的身法中正状态下，使重心稳定下降。在推手运化时能做到螺旋式引进而又"让中不让"（不失我之立身中正）的作用。开、实、呼气、发劲时，小腹外凸，膈肌下降，胃部内气下行丹田，胃部和胸廓自然平复。落胯塌腰，腿劲下沉，而内劲往前透发。带脉（腰部周围一圈）膨胀，冲脉气旺，命门穴继有微往后撑之意。哑门（颈椎第一节）和尾骨为弓梢，上下对称，调节动度，加强其蓄而后发之势。身弓备，则腰部柔韧、中定而下沉，上于"哑门"虚竖，大椎鼓起（即"拔背""气贴背"的作用），下于尾骨前送。起到舵的作用而内劲有上翻之意。

手弓，以肘为弓把，用意注于肘节，使沉着松静而有定向。手腕和颈下锁骨为弓梢，弓梢必须固定，前后对称；手在松柔灵活中用坐腕来固定（掌根微微着力而下沉，腕节柔而不软，称作"坐腕"）；锁骨用意来固定，不使摇摆；锁骨管着两手的动向，锁骨的固定是两手有定向的前提。手弓备，则听、拿、化、发，处处能整而不乱。

足弓，以膝为弓把，胯骨与足跟为弓梢。弓腿时，前腿胯根松沉而前送，膝关节有力而微前挺（不可超出足尖），后腿膝节有力而微前送，而胯根则松沉而又后撑。后坐时，臀部与足跟齐为度。前进后退，臀部之劲要贯到足跟，两足根（足趾、足掌、足跟）下沉，利用地面反作用力，使能劲往上翻，腰腿之劲自然相顺相随。"有上必有下，有前必有后。有左必有右，相反相成，对拉匀称"。使能做到劲起脚跟，注于腰间，通于脊背，形于手指。

五弓合为一弓，以身弓为主，手弓、足弓为辅，并以腰为轴，上于两膊相系，下于两腿相随；上下相随，中间自然相随。

每站一势，须检查五弓是否俱备，五弓是否合一，是否形成既能"八面支撑"，又能"八面转换"的蓄势。"八面支撑"是稳固厚重，"八面转换"是旋动灵活。

太极拳全身的总虚实在于腰肾的转换，腰肾转换的枢纽在于腰脊命门穴。腰脊一转而周身全动，缠绕运转，顺遂无滞。内外合一而主从不乱，上下相随而贯串协调。腰脊命门穴是"身弓"中的关键。

推手时一搭手即五弓俱备，源动于腰脊，缠绕运转，劲贯四梢，呼吸行气，周身劲整。才能"机由己发，力从人借"，弧形走化，直线发劲，动之至微，发之至骤，蓄发相变，滔滔不绝。所谓："全身都是拳""全身处处是太极""但依着何处，便从何处击之"。

五弓合一是全身内外整体劲练法的一种具体规定，练拳和推手是一致的，相辅相成的，练拳即为推手，推手仍是练拳。一站势为静，静中触动；一变势为动，虽动犹静。处处时时能"五弓合一"，是做到"劲以曲蓄而有余"的必要条件。

今以五弓合一歌诀概括其窍要：

身是弓身劲似箭，黏随引进走螺旋；
踢打拿跌不斗力，离弦莫叫与穴偏。
内外相合管中线，上下左右中气先；
一身五弓备蓄发，敷盖对吞细钻研。

锻炼要领

1. 心静用意　身正体松

思想安静集中，始终用意引导动作。保持身躯正直，头顶百会穴至裆中会阴穴上下对拉成一条垂直线。用意引导放松全身内外器官、肌肉、关节。即使负担体重的膝节也要紧中有舒松的感觉。有人说太极拳是意识体操、放松功，均有一定道理。

2. 开合虚实　呼吸自然

一开一合，一虚一实；开中有合，合中有开，虚中有实，实中有虚；开之再开，合之再合；以虚破实，以实破虚。足尽拳术之妙。一吸一呼，要与拳式动作自然协调，吸气时小腹内收，膈肌上升，内气聚于胃部，胸廓开张；呼气时小腹外凸，膈肌下降，内气下沉于丹田，胃部胸廓平复。游泳、举重运动也要注意呼吸与动作自然协调，也都采用腹式逆呼吸运动。

3. 轻灵沉着　中气贯足

能松则轻，能轻则灵，由松入柔，积柔成刚，刚柔摩荡，即为轻灵沉着兼而有之。中气亦称元气、内气，中气贯足，方能柔中寓刚，刚中有柔。

4. 缠绕运动　舒畅经络

经络发源于脏腑，布流于肢体，脏腑经络气血失和，则神机反常而产生疾病，和则气血流畅而强身延年。太极拳结合经络学说，缠丝劲的练法是畅通经络之最有效方法。内气随呼气而发自丹田，两腰隙（两肾）左右抽换，通过旋腰转脊，缠绕运转，布于周身，上行为旋腕转膀，下行为旋踝转膝，而达于四梢（手足尖端）。内气随吸气而复归于丹田。古典太极拳论早已发其幽微。

5. 眼神领先　耳听身后

百拳之法，眼为先锋。意念一动，眼神先去，平视而领先于身手预定欲去之方向，目光宜有专注，而眼神须关顾上下左右。手（足）运转时，目光要随主要作用之手（足）而前视，定势时目光应向前手中指尖前展视，有助于内劲贯足和猝然发劲时之动短、意远、劲长。演拳推手，须目光灵动，奕奕有神。耳宜静听身后，微有风响，即能察觉，以补目力所不及。视觉听觉之训练，推手或散打时均起重要作用，对老年人保持"耳目聪明"亦有关。

6. 上下相随　内外相合

以腰为轴，上部动而下部随之，下部动而上部领之，上下动而中部应之，中部动而上下和之。步到、身到、手到，是谓"上下相随"。至于"内外相合"，初练时先注意外形合乎要求，成熟后再以外导内，逐渐转为由内及外，"内动导外形，外形合内动""内不动，外不发"。始而意动，继而内动，然后外动，逐渐做到一动内外俱动、"形神合一"。

7. 着着贯串　式式相承

每一拳式一般都包括有多种着法，造拳者就其中主要着法，像其形，会其意，以定式名。如"懒扎衣"，明代人长服束腰，当交手时，左手撩衣塞于身后腰带，右拳横举右侧，左足尖向左前成丁字步，眼视左前，艺高胆大，藐视对手，随意撩衣，以便动步出腿，故定式名为"懒扎衣"。"懒扎衣出门架子"，在拳套中作为第一式。每一式既有多种着法，也各有其技击作用，并又连环套似的编成套路，因此要着与着之间贯串起来，不使有断续、生硬之处。两人交手，各立一势，俟机而进，如不可诱，或不利于己，即可移步换形，另立一势，但变换动作，仍需按照着法（技击作用）承接。这是古代武术家编拳的原则之一。练太极拳明白着与式之区别与作用后，其行气运劲便有着落。每一拳式，各有其起、承、转、合，发式为起，接榫为承，变换为转，成式为合。合者，合其全体之神，四肢的上下、左右、前后，自然相合。式与式之间，似停非停之际，内劲渐渐贯足，精神团聚，下式之机势自生。练习日久，逐渐做到"上下相随""内外合一""一气贯串""一气呵成"。

8. 虚领顶劲　气沉丹田

虚领顶劲是头顶百会穴（在两头角中间）轻轻向上顶起，似有绳索上悬，提起精神，便于中枢神经系统调节全身各个系统和器官、机能的活动，高度发挥人体平衡的控制作用。气沉丹田是当鼻或鼻、口同时呼气时，聚于胃部之内气下行至丹田（脐下小腹）。吸气时丹田之内气上行聚于胃部，也叫作"提顶""吊裆"，是太极拳锻炼中通任、督（任脉、督脉）和练带、冲（带脉、冲脉）的内壮方法。为保健、强身、延年之法，也是提高抗击能力和增强爆发力的基本方法。百会穴与会阴穴上下对拉，使身体正直，是老年人预防驼背、弓腰的运动方法。气沉丹田，使重心下降，腿劲稳固，利用地面反作用力加大爆发力。

9. 涵胸拔背　尾闾正中

涵是包涵的意思。涵胸是胸部平正、松圆，包涵着内脏不使受压迫。拔背是背部肌肉松沉，两肩中间骨节（大椎）有鼓起上提之意，这部分皮肤有绷紧的感觉。胸部随身手顺势转圈，胸肌作上下左右的旋转活动，涵胸就在技击上起重要作用。凡是运用化劲（即走劲）的手法和身法，都离不开涵胸的辅助，涵胸就是胸部的蓄势。拔背的技击作用是加强卷劲和放劲的爆发力量，"气贴背""力由脊发"都是拔背的作用。涵胸和拔背是蓄发相变的关系。

经络学说的督脉，下起骶骨尾部中央尾骨末端的长强穴，沿督脉上行至颈部背面的大椎穴，而俞穴也都在背部，俞穴是人身气血的总会，脏腑经气都由俞穴而相互贯通。太极拳重视脊背的锻炼，"牵动往来气贴背"，可以起到调整阴阳、调和气血、开通闭塞的作用，对机体消化机能、吸收机能和新陈代谢等都有良好作用。

虚领顶劲，气沉丹田为上下（百会穴与会阴穴）对拉拔长，涵胸拔背与尾闾正中为背后督脉大椎穴与长强穴的上下对拉拔长，是太极拳"立身须中正安舒""上下一线，中正不偏"的必要条件。所谓"尾闾正中"的练法诀窍，就是尾闾脊骨根向前托起丹田（小腹部），并且脊骨根要向前对准两眼之间的中点至脐的直线，凡动作向何处转动，脊骨根便须直对何处，等于对动向起着舵的作用。这样，在转动时也就能够处处保持"尾闾正中"，身法也就始终能"中正不偏"。"尾闾正中"在推手时能加强合力作用，从而也加强爆发力的作用。尾闾在生理上自然正中的，故在古拳谱上称作"尾闾正中神贯顶"，有些书上改作"尾闾中正"是不符原意的。

10. 沉肩坠肘　塌腰落胯

沉肩坠肘是太极拳的重要法则之一。在松肩的前提下要求沉肩，在沉肩下要求坠肘。沉肩坠肘能帮助"涵胸拔背"的形成，如果耸肩抬肘，会破坏"涵胸拔背"的姿势，也就不利于"气沉丹田"。因为只有"涵胸拔背"，肌肉、肋骨的松沉，外向前合，才能做好"气沉丹田"。

沉肩坠肘时，要注意腋下留有余地，可容一个立拳，要"肘不贴肋"，使手臂有回旋余地。又要"肘不离肋"，肘部勿距肋过远，失去自然保护肋部的作用。

每势定式时，肩与胯要垂直，两肩松沉并微向前合，有"涵胸拔背"之意，两肩骨节似有一线贯通，互相呼应。这样，舒展中有团聚之意，加强了身躯和手臂的掤劲（似松非松，刚柔内含的富于弹性和韧性的掤劲）的作用。

动作过程中不论前进后退，左旋右转，肩与胯要上下相随，保持上下对准的垂直线。

腰，始终要松沉直竖，结实而又灵活，胯宜松开灵活，青少年练拳应胯与膝平齐，以加强桩步稳固性。两胯根松开撑圆似半月形，膝节始终屈而不直，在圆裆屈膝下，随势旋转起落，虚实互换，松紧交替。成势时须塌腰落胯，以助内劲贯足于手足尖端。推手时腰裆的变换，为力点、角度、方向的潜移默化，"人不知我，我独知人"的关键。"千变万化由我运，下体两足定根基"，根基在两足之稳固灵活，而蓄发相变，虚实互换之关键在腰裆。古典拳论指出："有不得机不得势处，其病必于腰腿求之。"

11. 源动腰脊　劲贯四梢

腰是上下体转动的关键，凡动作变化、重心调整、劲力推动到肢体各部位，腰都起着主要作用。人体206块骨头，都靠关节的连接来负担重量和进行活动，在肌肉、韧带的牵动下，腰脊一动而全身关节随之节节贯串地运动。

古典拳论说："命意源头在腰隙"。腰隙指的是两肾，俗称"腰眼"。古人认为肾是体内气体的源头，因此说："气由肾发。"肾壮则精足、气充、神清、目明，所以古典拳论强调"刻刻留心在腰间"。腰间又为"丹田""命门"所在，带脉、冲脉又为"丹田劲"运转时的动力。在意识引导下，腰脊一转，丹田气缠绕运转而达于手足尖端。轻轻运动，用意不用力，日久自然由松入柔，积柔成刚，刚复归柔。不用力而自然沉重，外似棉花，内如钢条，触之则旋转自如，发之如雷震电闪。

任何拳种都注重腰力的运用，腰力运用得当，可以加强发力的强度和速度，并使全身力量于一刹那间集中于一点。太极拳家曾说："掌拳腕肘肩，背腰胯膝脚，上下九节劲，节节腰中发。"摔跤法的诀窍，也强调"拧腰变脸"。

太极拳以意行气，以气运身，源动腰脊，劲贯四梢的练法，对人体的神经、经络、肌肉、骨骼、循环、淋巴、呼吸、泌尿等系统，同时并练，是内外统一性、整体性的体育运动方法。采用放松、柔缓的训练原则来作为治疗各种慢性病，几十年来的群众实践证明，它是行之有效的趣味浓厚的运动方法。

12. 弧形螺旋　身弓劲箭

动作弧形螺旋是太极拳的主要特点，陈式太极拳称作缠丝劲。用缠丝劲练法行气运劲，功深者周身处处在弧形螺旋地往复转圈，触之则即化即打，周身如弓之引满，触之则发劲似放箭。陈鑫说："精炼已极，极小亦圈""陡然一转人不晓"，实际上都是动作弧形螺旋、"身似弓身劲是箭"的作用。武禹襄得陈氏老架、小架之传，在总结太极拳行气运劲的技法时有句话"往复须有折叠"，"折叠"就是缠丝劲转圈时"陡然一转"的技法。在摔跤中有"伸手见跤"的高级技术。

13. 畅通经络　兼练带、冲

太极拳结合经络学说，呼吸行气，通任、督，练带、冲，有助于内壮，但应先从姿势简单的静坐功或站桩功入手。只要顺其自然，容易产生内体感觉，逐渐体会内气的流转贯注、"腹内松静气腾然"的感觉。拳式动作复杂，结合腹式逆呼吸还比较容易。若过早结合通任、督和练带、冲，特别在没有良师的指导下自行摸索，极易练出偏差，欲益反损。因此，学此拳者，如欲结合通任、督和练带、冲，应先练习静坐功或站桩功。

14. 积柔成刚　刚柔相济

太极拳是由松入柔、积柔成刚、刚柔相济的拳。凡是偏柔、偏刚的，都不能称作太极拳。因为太极的含义就是阴阳互变、刚柔摩荡的，用意指导动作，轻轻运动，使全身该放松处都能放松。然后由松入柔，以意贯劲，视何手何足为主，内劲即缠绕流转贯注于主动之手足。贯劲仍须用意做想象，不可用力，不可练气使劲，用力和练气使劲都失之于硬。成势时微微贯劲于手足尖端，目的在于积累沉着松静的内劲，逐渐达到积柔成刚、刚柔相济的阶段。

15. 先慢后快　快慢相间

太极拳举动轻缓的练法，是疗病保健的有效方法，动作轻缓，有利于调整呼吸，使呼吸逐渐做到"悠、长、细、缓、匀"，也有利于自我检查放松程度、动作的正确性和内外的协调情况。同时也是增强体质，提高武术技巧中快与重的特殊训练方法。轻是保证全身内外充分放松的必要措施，"一举动，周身俱要轻灵""每打一势，轻轻运行，默默停止，惟以意思运行"。不轻就不能松，不松就不灵活，不灵活就动作不快，所以轻是求松，松是求快。慢是为了"运劲须无微不到"。初练拳一开头就用快速用力练法，必然处处滑过，做不到处处都能恰到好处，轻松而又缓慢的练法，能逐步提高耐力，能逐渐产生一种沉重而又灵活的内劲。等到轻缓有一定基础，再逐渐练快，快后复慢，既能慢到十分，又能快到十分。如此反复锻炼，始能快慢轻重，随心所欲。达到"慢要慢到别人跟不上我，快也要快到别人跟不上我"，能轻能重，忽隐忽现，快慢相间。

16. 蹿蹦跳跃　腾挪闪展

蹿蹦跳跃为武术中不可缺少的攻防技术。平纵为跳远，上跃为跳高。炮捶中跃，步拗弯肘、饿虎跳涧、玉女穿梭都是平纵法。意念一动，向前平纵，愈远愈好。未纵之前，一足尽力蹬地，另足前纵，蹬地一足后随紧跟，其进如风，手法、步法、身法、转法，愈快愈好。翻花舞袖为上跃360°大转身法，护心拳为上跃180°转身法，上跃愈高愈好，如鹰捉兔、如虎扑羊，气势勇猛。足蹬愈重，则身起愈高。可以柔势练，似猫之足纵跃，起落无声；可以刚势练，落地作金石声。用掌则指如钢锥之坚利，用虎爪则指如钢钩之锐利，用拳则似钢锤之冲击。

腾挪与闪展，是太极拳技术上的"心法"，是以弱胜强的技巧。"闪展空费拔山力，腾挪乘虚任意入"两句话，是说明以小力胜大力、避实击虚的技术。

"腾挪"是有动之意而未动，即预动之势。气势腾挪，实此以虚彼，虚此以实彼，精神团聚，一气贯串，有预动之势，无散漫之意，虚足与胸有相吸相系之意，不使偏浮，是谓虚中有实。实足并不站煞，精神贯于实股，支持全身，有上提之意，是谓实中有虚。两手前膊，内中也要有腾挪之势，始有圆活之趣。锁骨管两手，两手与胸须有相吸相系之势。能体会"腾挪"，则虚虚实实、实实虚虚之妙用，愈练愈细巧、精密，便能"腾挪乘虚任意入"。

"闪展"是动度极小的避实就虚之法，方向、角度、力点突然转换，小圈转关，迅速发劲，谓之"闪展"，也就是富于弹性的一种抖劲。眼、身、飞手、腰、腿相顺相随，一气呵成，劲向前发，迅若雷电，一往无敌，乃惊战之法。其特点是不与来力顶撞，似挨非挨，突然一转，避实就虚，善于以小力胜大力，使对方有力无所施其技，这就是"闪展空费拔山力"的技术。

17. 刚柔俱泯　一片神行

前辈太极拳家功夫达到"柔中寓刚""刚柔内含"后，再从虚静上专一锻炼，处处体会"空、松、圆、活"的意趣。练拳时看似至柔，其实至刚；看似至刚，其实极柔，以至看不出刚柔的痕迹，只见一举一动，至虚至灵，一片神行，无迹象可寻，无端绪可指，浑然一太极圆像。技艺至此，真神品矣。

18. 培养本元　勤学苦练

在太极拳普及推广中，须及时继承发扬前辈太极拳家积累的锻炼经验，使太极拳技术不致失传。拳技以精、气、神为三宝，而尤重武德。清初，黄百家述"内家拳"有"五不传"，以"心险者"为首。择人而传，首重武德。爱好陈式太极拳之年轻力壮者，如能尊师爱友，勤学苦练，拳套、基本功、推手同时并进，则三年小成，十年大成。三十岁以内，即须练成过人之劲力。坚持不懈，蒸蒸日上，拳艺永无止境。清心寡欲，培养本元，毋使损伤，则老而弥健。热心指导普及，因材施教，则疗病保健作用更为显著。

身体各部位姿势要求

练习太极拳始终要保持心平气和，"心静用意，身正体松"，使大脑中枢神经静下来，周身肌肉、关节自然放松，内脏器官也要保持自然舒适。思想集中在指挥动作上。太极拳是动静结合的运动，古典拳论总结为"静中触动动犹静"，就是"静中求动，动中求静"的意思。

身体各部位的姿势均有特定的要求，简述如下。

1. 头部要正直，头顶百会穴（在两头角中间）要有轻轻上提，如有绳索悬起，练拳时顶劲始终不可丢失。古典拳论总结为"虚领顶劲神贯顶"。眼自然平视，眼神要照顾主要手足的移动。耳尖有上提之意，耳要静听身后。训练视觉、听觉。鼻自然呼吸，发劲的一刹那因鼻呼气不够用时，可以微张口，口鼻同时呼气。口唇轻闭，牙齿轻合，舌放平，舌尖轻抵上腭，津液要咽下。下颌微向里收。面容要自然严肃，但勿露紧张或粗暴之状。颈项要自然竖直,随目光、动向而灵活转动。颈项后面两条大筋间的"哑门穴"与下面"长强穴"(位于尾闾骨附近)相呼应。作为"身弓"以腰脊为"弓把"的两把弓梢,以增加其调节度和爆发力,对推手时的缠绕蓄发、运用自如极有关系。

2. 两肩平正松沉,不可耸起,不可后张,微向前蜷以助"涵胸",能加强合力。肘关节要下垂并微有外撑之意,有助于"掤劲"和合力作用。肘关节微屈,"肘不贴肋",腋下留有一立拳地位,便于推手时两膊有回旋余地。腕关节要求柔活而有韧性地运转,并要"坐腕"(拓腕),成势时沉着下塌,并有定向,促使手掌徐徐贯足内劲。腕关节柔活有韧性,能发挥擒拿和解脱擒拿而反擒拿的作用。推手中,当控制对方劲路时也必须"坐腕",才能"搭手和落榫"(落榫是比喻木工以斧击榫,榫头即吃住,牢不可移),放劲干脆。

3. 胸要舒松微含,不可外挺或内缩。背要舒展,肌肉松沉,两肩中间脊骨(大椎)要随顶劲上领而向上鼓起,使这部分皮肤有绷紧的感觉,称作"拔背"或"气贴背"。胸背合称为"涵胸拔背",有外向前合之意,与合力放劲有关。脊柱要节节松沉直竖,虚虚对准。腹部要有松静外向前合之意。随吸气小腹微内收,随呼气小腹微外凸(气沉丹田),不可一味"气沉丹田",以免日久形成大肚子。腰要松、沉、直,旋转要灵活,这对全身动作的变化、调整重心的稳定、推动劲力到达肢体各部位起着主要作用。古典拳论指出"主宰于腰""刻刻留心在腰间"。臀部要按照生理状态自然外凸,但不要撅起屁股,练成凸臀;也不要故意收进,练成没有屁股。要像坐着写字或静坐时的臀部自然外凸。尾闾脊骨根要对向身前中线,称作"尾闾正中"。

4. 两大腿里侧两胯根中间为裆,即会阴穴。两胯根要撑开,使裆撑开撑圆。旋转能灵活,步幅能开大,踢腿能高。凡马步须胯与膝平,弓蹬步的弓腿须胯与膝平,虚腿迈出时也须胯与膝平,这是发达腿肌、膝关节增强支撑力的练法。年老功浅者不可勉强仿效。两外股微向里(前)

合，两膝微屈，有外撑里合之意。小腿下部应略向外斜撑，等于下盘加大，使桩步稳当。脚腕负担全身重量，要挺住有力又能旋动以调整重心。两足平实踏地，足踵、足掌内侧和踇趾、二趾、中趾稍用力，足尖微向外撇成外八字形（此系老架步型，新架足尖向前，不外撇成八字形）。上述要求，基本上适用于全部拳式。

基本功和辅助功

作为一般体育活动或疗病保健的太极拳，不需要练习基本功和辅助功。如果要练习竞技性的推手或散打，那就应该除了拳架、推手相辅相成同时并练外，还得练习基本功和辅助功，才能在推手或散打中得到好的成绩。

基本功

1. 站桩：大骑马步、弓蹬步、丁八步、丁字步。练习桩步稳固、呼吸行气，发展力量和耐力。练拳前后练习 10～20 分钟。

2. 抖杆子：选长而重的白蜡杆每天用拿、拦、扎方法抖杆子 100 下（分几次练，合成 100 下）。

3. 抖铁枪：重 10～15 公斤的铁枪，每天抖 100 下（分几次练，合成 100 下）。

4. 如有条件，可双人划杆来代替抖杆子，则兼有刺枪术的基本功。方法是互用拿、拦、扎，由轻而重，由慢而快。柔中寓刚，以力尽为度。

5. 单练发劲，抽出几个单式来反复练习，力量、技巧都要好才能出成绩。因此，不能不重视基本功的训练。

辅助功

1. 柔活腰腿法。

2. 跌仆滚翻法。

3. 纵跃法。

4. 跳绳。

5. 活步直线一足在前，连续前进，一足在后，连续后退。动作要轻快。

这些都是训练少年、青年太极拳推手运动员的辅助功，但需视具体条件来安排进度，调整运动量。

此外，尚有铁裆功（裆部不畏踢）、排打功、铁砂掌、循经扣穴、穴道打法、卸骨法、练拳时骨节齐鸣之法，今俱不传。

独特的炮捶

炮捶的特点

这里说的炮捶的特点，是和陈式太极拳第一路做对比而言。以缠丝劲为核心，以内劲为统驭，是这两套拳的共同特点。但是，第一路太极拳在中气贯足下，柔缠中显出柔、缓、稳的形象，而炮捶则在中气贯足下，柔缠中显出刚、快、脆的形象。蹿蹦跳跃、腾挪闪展的动作比第一路为多，速度比第一路为快。因此，炮捶的刚、快、脆可与第一路的柔、缓、稳互为补充，相辅相成。早先，陈家沟著名拳家都是兼擅炮捶的。据传说，凡欲练炮捶者，必须先有第一路太极拳的基础方许学炮捶，一般以学习第一路有三年才许学炮捶，防止把炮捶练成刚而不柔或刚多柔少。当前，爱好学习陈式太极拳者，特别是青少年对第二路炮捶更为喜爱。我认为可以在开头一至二年内，把学习炮捶的速度放慢些，待动作练正确、柔顺以后，再逐渐加快速度，保持"柔中寓刚，刚中有柔"的特点。只要记住太极拳是柔中寓刚的拳，积柔成刚是锻炼原则，除了刚发动作外，都是柔缠动作，落点时刚发仅为一刹那的极短暂时间。因之尽管炮捶的震脚、发劲动作多，但仍然是柔缠动作大大多于刚发动作。

炮捶发劲与推手的关系

陈式太极拳的推手是拿、跌、掷打兼施并用，上边在推手，下边在推脚，虽然着重在"沾连黏随"的"懂劲"，使拿、跌、掷打的技巧逐步提高，但是极重视速度快、爆发力强的发劲，使拿、跌、掷打的技巧凭借强大的发劲威力，愈显示其灵巧。因此，炮捶的发劲不仅为了增强体质，而且可以提高推手技巧。

练太极拳不练推手，只能是作为一种体育锻炼，不能真正体会到太极拳的精妙所在。但练推手而不重视发劲，就容易停留于知化而不知攻的阶段。因此，练习炮捶，对提高推手技术是有关系的。

陈式拳家和杨、武两式前辈都擅长炮捶

陈式太极拳家自清初以来至近代的陈发科，都兼擅炮捶。据沈家桢说：陈发科老师于 1928 年 10 月应许禹生等之邀去北平授拳，寓河南会馆。当时练过杨式太极拳的许禹生、沈家桢、李剑华请陈老师表演了炮捶，会馆内厚厚的大方砖，经陈老师震脚过的都裂开，许禹生等人甚为惊奇，当场拜师。沈家桢早就请杨澄甫老师到家中授拳，后来教了发劲单练动作，为杨式太极拳中所未见，沈疑不能解。迨陈老师到他家中授拳，学到炮捶时，始悟杨氏所教发劲动作是从炮捶中抽出来单练的。可

见杨露禅学拳于陈长兴后，传至其孙杨澄甫，仍擅炮捶发劲。澄甫兄少侯发劲刚脆，显然与擅炮捶发劲有关。

河北永年人马印书（字同文，生于 1866 年，卒年不详），其姨丈为李亦畬（亦畬从母舅武禹襄学太极拳，禹襄学老架于杨露禅，又学小架于陈青萍）。马从亦畬所传之郝为真学太极拳。1920 年，马在上海访问唐豪，曾谈及常见杨班侯、李亦畬及郝为真练炮捶，掤、捋、挤、按、采、挒、肘、靠八字，用劲带刚，以补柔之不足，且有腾挪闪展身法。杨班侯练得最好，其姨丈及其师不能及。足证杨式前辈至杨澄甫、武式前辈至郝为真，都还兼练炮捶。但杨、武两式至今已不传炮捶。

炮捶式名的演变

清初陈王廷所创编的"炮捶"，原有式名若干，今已不可考。1937年上海出版的徐震著《太极拳考信录》，从陈子明所藏旧抄本《陈氏拳械谱》两册（一为《陈两仪堂本》，一为《文修堂本》）中录有"炮捶"拳谱。虽无抄藏年月，仍可据以略见"炮捶"式名的演变。今录《陈两仪堂本》二谱做比较。

1. "二套炮捶"十五红、十五炮，走拳用心：

①懒插衣，②单鞭，③护心拳，④前堂拗步，⑤回头庇身，⑥指裆，⑦斩手炮，⑧翻花舞袖，⑨演手红拳，⑩拗拦肘，⑪大红拳，⑫玉女攒梭，⑬倒骑龙，⑭连珠炮，⑮演手红拳，⑯上步左右裹鞭炮，⑰兽头势，⑱劈架子，⑲演手红捶，⑳伏虎势，㉑回头抹眉红，㉒左右黄龙三搅水，㉓前冲后冲，㉔演手红捶，㉕上步转胫炮，㉖演手红捶，㉗全炮捶，㉘演手红捶，㉙上步倒插，㉚跺二红，㉛抹眉红拳，㉜上步当头炮，

㉝变势大掉炮，㉞斩手炮，㉟顺拦肘，㊱窝里炮，㊲井拦直入势。此谱共三十七个式名，其中⑯㉒㉓三个式名都可分为二个式名，故应作四十个式名。

2. 《陈两仪堂本》中另有四页纸较黄而粗，字体亦与前后各页不同，其中有"二套锤"拳谱，对照上一则"二套炮捶"拳谱，"二套锤"拳谱缺⑤回头庇身、⑫玉女攒梭、⑬倒骑龙、⑳伏虎势、㉒左右黄龙三搅水、㉗全炮捶、㉚�跺二红、㉞斩手炮。共缺八个式名。

按照拳谱式名的一般发展规律，后期的式名要比早期的增加些，从纸张的黄而粗来看，也应该是早期的。因此，可推定陈家沟早期的炮捶谱式名较后期的少八个式名。

3. 1928年陈发科老师去北平后，当时所传"陈式太极拳第二路炮捶"拳谱（1958年12月4日李剑华抄寄作者）如下：

①预备式，②金刚捣碓，③懒扎衣，④六封四闭，⑤单鞭，⑥跃步护心拳，⑦拗步斜行，⑧风扫梅花，⑨金刚捣碓，⑩披身捶，⑪攒手，⑫翻花舞袖，⑬演手红捶，⑭跃步拗弯肘，⑮左转肱掌，⑯云手，⑰右转肱掌，⑱跃步右换，⑲云手，⑳高探马，㉑左转肱掌，㉒凤凰展翅，㉓玉女穿梭，㉔转身倒骑麟，㉕演手红捶，㉖倒骑麟，㉗合身里鞭，㉘转身里翻捶，㉙七寸靠，㉚劈架子，㉛演手红捶，㉜伏虎式，㉝卧虎跳涧，㉞右黄龙三搅水，㉟跃步转搅，㊱左黄龙三搅水，㊲左冲蹬脚，㊳右冲蹬脚，㊴演手红捶，㊵扫堂腿，㊶演手红捶，㊷左穿抱捶，㊸右穿抱捶，㊹井拦直入，㊺海底翻花，㊻演手红捶，㊼倒插，㊽掤连捶，㊾上步掤连捶，㊿左右二红，51变式带闯，52左右二红，53变式带闯，54回头当头炮，55势分捶，56拗弯肘，57顺弯肘，58窝底炮，59风扫梅花，60金刚捣碓，61收势。

4. 1963年12月出版的《陈式太极拳》一书中"陈式太极拳第二路"拳谱如下：

①预备式，②金刚捣碓，③懒扎衣，④六封四闭，⑤单鞭，⑥搬拦

肘，⑦护心捶，⑧拗步斜行，⑨煞腰压肘拳，⑩井拦直入，⑪风扫梅花，⑫金刚捣碓，⑬庇身捶，⑭撇身捶，⑮斩手，⑯翻花舞袖，⑰掩手肱拳，⑱飞步拗鸾肘，⑲运手（前三），⑳高探马，㉑运手（后三），㉒高探马，㉓连珠炮（一），㉔连珠炮（二），㉕连珠炮（三），㉖倒骑麟，㉗白蛇吐信（一），㉘白蛇吐信（二），㉙白蛇吐信（三），㉚海底翻花，㉛掩手肱捶，㉜转身六合，㉝左裹鞭炮（一），㉞左裹鞭炮（二），㉟右裹鞭炮（一），㊱右裹鞭炮（二），㊲兽头势，㊳劈架子，㊴翻花舞袖，㊵掩手肱捶，㊶伏虎势，㊷抹眉红，㊸右黄龙三搅水，㊹左黄龙三搅水，㊺左蹬一根，㊻右蹬一根，㊼海底翻花，㊽掩手肱捶，㊾扫蹚腿（转胫炮），㊿掩手肱捶，51左冲，52右冲，53倒插，54海底翻花，55掩手肱捶，56夺二肱（一），57夺二肱（二），58连环炮，59玉女穿梭，60回头当头炮，61玉女穿梭，62回头当头炮，63撇身捶，64拗鸾肘，65顺鸾肘，66穿心肘，67窝里炮，68井栏直入，69风扫梅花，70金刚捣碓，71收势。

5. 本书《陈式太极拳第二路——炮捶》拳谱，其拳式基本沿用 1963 年版《陈式太极拳》中第二路拳谱顺序，名称略有不同，把旧拳谱中原有式名动作加进去的有：②起势、⑰七寸靠、⑱指裆势、㉖倒卷红、㊱闪通背（代 30 式海底翻花）、㊽卧虎跳涧、56穿心炮。原有动作可以独立成式的，另定式名的有：⑨凤凰展翅、㉕和 ㉛双拿双分、㊷迎门铁扇。经调整为 79 个式名。拳式技法上有增益而无减损。

震脚与吐气发声有损健康吗？

陈式太极拳有震脚、发劲动作，都结合腹式逆呼吸，因此当震脚、发劲时吐气发声，是为了增强体质和提高技击作用。但有些人习见柔缓匀速的太极拳，认为陈式太极拳不是太极拳，是少林拳、硬拳，有的甚至说震脚和吐气发声有损健康。这种论断是一种偏见。陈式太极拳家历来享高寿者为多。震脚与吐气发声的拳种很多，如心意拳（十大形）、形意拳（十二形）、南拳，以及少林拳等。

震脚只要松劲下沉，由轻而逐渐加重，并无流弊。腹式逆呼吸法在震脚和发劲时吐气发声对健强内脏有益，是内功拳种心意、形意、八卦、太极、南拳等的一致练法。任何运动方法，练之不得其法，运动量过大等，都容易受伤。医疗保健性的太极拳，可以不发劲、不震脚、不结合腹式逆呼吸法，这是化武术而为疗病保健服务。而保持武术化、技击性强的太极拳，发劲、震足、腹式逆呼吸是增强体质和提高技击作用的必要条件。从我的亲身体会来说，震脚、吐气发声的拳种练了数十年，从来没有发生过足痛之病。不料于1977年夏起忽患足疾，先从足趾红肿起，以至足掌不能踏地，又转移至膝节，一足稍痊，又转移至另一足，愈发愈严重，发病期也愈来愈缩短。1979年4月14日全国省市武术赛在上海举行，我任总裁判长，但两足忽又不能踏地，由别人背着我上汽车。此病时发时愈，有人议论是震脚引起的，我也将信将疑。1980年1月经上海华山医院确诊为"痛风症"，是多食肥肉、尿素过高所引起。治以特效药"别嘌呤"，从此未发此病。1981年起，我又练炮捶，照旧震脚、发劲、吐气发声，虽然年已七十三岁，但身体越觉健壮。可见，前患足疾与震脚、发劲等无关。

陈式太极拳第二路炮捶图解

拳式名称顺序

1. 预备式	2. 起势	3. 金刚捣碓
4. 懒扎衣	5. 六封四闭	6. 单鞭
7. 搬拦肘	8. 护心拳	9. 凤凰展翅
10. 拗步斜行	11. 煞腰压肘拳	12. 井栏直入
13. 风扫梅花	14. 金刚捣碓	15. 披身捶
16. 背折靠	17. 七寸靠	18. 指裆势
19. 撇身捶	20. 斩手炮	21. 翻花舞袖
22. 演手红捶	23. 抹眉红	24. 跃步拗鸾肘
25. 双拿双分	26. 倒卷红（三次）	27. 左转肱掌
28. 右运手（前三）	29. 左高探马	30. 左运手（后三）
31. 双拿双分	32. 右高探马	33. 连珠炮（三次）
34. 倒骑麟	35. 白蛇吐信（三次）	36. 闪通背
37. 演手红捶	38. 转身六合	39. 左裹鞭炮
40. 右裹鞭炮	41. 兽头势	42. 迎门铁扇
43. 劈架子	44. 翻花舞袖	45. 演手红捶
46. 伏虎势	47. 抹眉红	48. 饿虎跳涧

49. 右黄龙三搅水	50. 左黄龙三搅水	51. 左蹬一根
52. 右蹬一根	53. 海底翻花	54. 演手红捶
55. 转胫炮	56. 穿心炮	57. 演手红捶
58. 左冲	59. 右冲	60. 倒插
61. 海底翻花	62. 演手红捶	63. 跺二红（一）
64. 跺二红（二）	65. 连环炮	66. 玉女穿梭
67. 回头当头炮	68. 连环炮	69. 玉女穿梭
70. 回头当头炮	71. 撇身捶	72. 拗鸾肘
73. 顺鸾肘	74. 穿心肘	75. 窝里炮
76. 井栏直入	77. 风扫梅花	78. 金刚捣碓
79. 收势		

关于图解的几点说明

1. 为了便利读者查对拳式的方向，把图照中姿势的方向规定为：面向读者为向南，背向读者为向北，面向读者右侧为向东，面向读者左侧为向西。当读者练习拳套纯熟后，可以根据场地形状，任意选定预备式的方向，不必固定为面向南为预备式。

2. 图照中画有实线或虚线的箭头，都表示手或足的动作趋向，由本图过渡到下一图。但动作较简单，用文字能说明的，就不画箭头。中间分解动作较细的，则跳号画箭头。

3. 实线的箭头为右手、右足；虚线的箭头为左手、左足。

4. 腰和胸腹中线向左侧或右侧转动的度数，可参照下列左侧、右侧度数表。

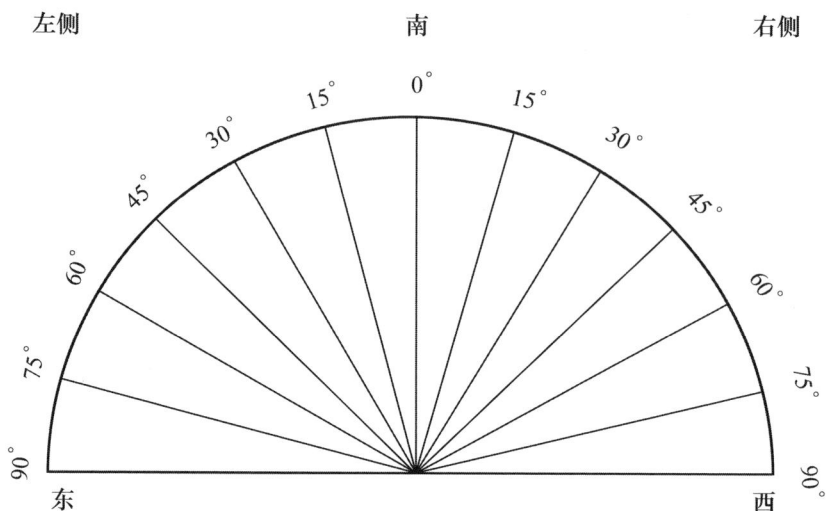

左侧　　　　　　　　南　　　　　　　　右侧

左侧、右侧度数表

5. 图解中有吸气、呼气，初学者应先求动作、姿势的准确，呼吸可任其自然，待动作熟练后，可以从一个拳式开始，逐渐动作配合拳式呼吸（拳式呼吸，即起吸落呼，合吸开呼。合、虚、蓄为吸气，开、实、发为呼气），一式配合好，然后再配合另一式。总以自然、舒适为原则。

6. 手、肘的高低和距身躯远近，一般都有文字说明。量远近以握拳眼（虎口处）拳轮（小指处），横向拳眼向内，拳心向下，为一横拳。拳眼向上，拳心向内，为一立拳。便于自己量远近。故凡背向读者的图照，一般不列正面附图。

手的形式有三种：掌、拳、勾。如下页附图。

7. 演手红捶、运手等拳式，都有面南、面北的重复拳式，可以互证，更不用另附正面图。

8. 步型有：骑马步、小骑马步、弓蹬步、丁八步（即反弓蹬步）、丁字步、反丁字步（即跟步，后足尖点地）、独立步、仆腿步、磨转步、半坐盘步。图解中逢上述步型都有说明，故不另画图。

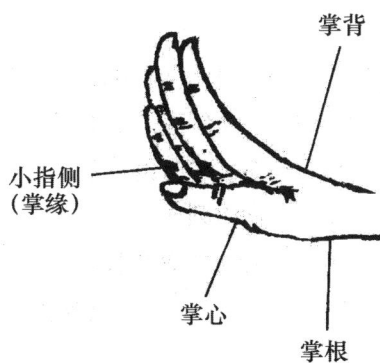

掌背

小指侧
（掌缘）

掌心

掌根

掌形图

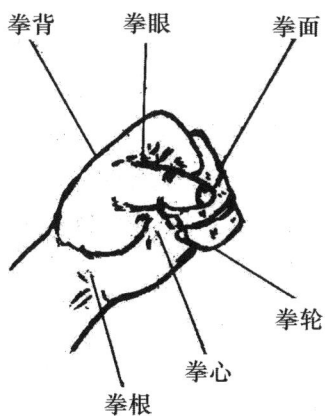

拳背　　拳眼　　拳面

拳轮

拳心

拳根

拳形图

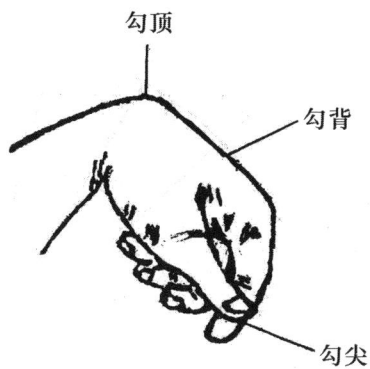

勾顶

勾背

勾尖

勾形图

9. 图解中臂的外旋是拇指侧向手背侧外向旋转，手心向外翻转。尺、桡骨，并排离开。内旋是拇指侧向手心侧内向旋转，手心朝内转。尺、桡骨交叉，如附下图。

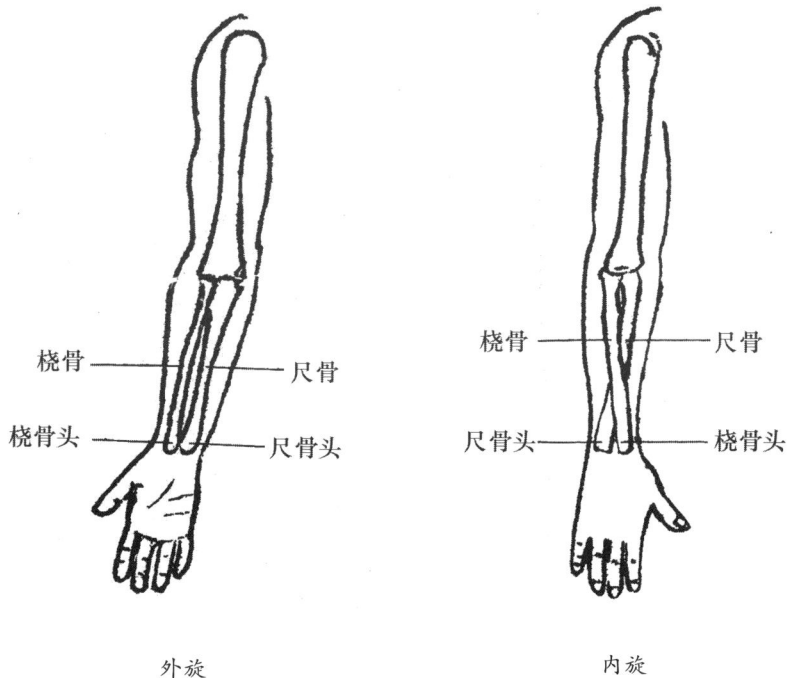

桡骨 ——　　　　—— 尺骨

桡骨头 ——　　　　—— 尺骨头

外旋

桡骨 ——　　　　—— 尺骨

尺骨头 ——　　　　—— 桡骨头

内旋

动作图解

第一式　预备式（南）

站式

身体中正、自然站立，两足跟距离与肩同宽，两足尖微外撇，成外八字状，距离稍宽于肩（此为老架站式，新架站式为两足尖向前）。两臂自然下垂，手心向里，拇指向内合，余四指并拢，小指微内合，与拇指内合相呼应，以加深掌心窝形（如加上四指指尖微向手背方向外翻，意贯指尖，即成为陈式太极拳的基本手形），中指尖轻贴大腿外侧中线。腋下要留有一拳地位，做到"肘不贴肋"（图1）。

站式其他要点：

太极拳把神经系统的训练放在首要地位。站式是开始动作前意识上和姿势上的准备，因此，

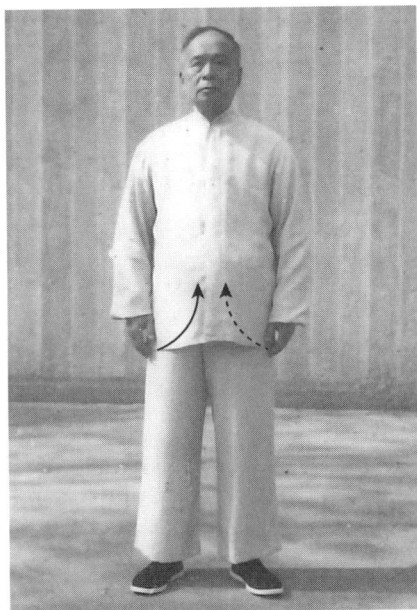

图 1

首先要求"心静用意"和"身正体松"。内固精神，外示安逸。虚领顶劲（即头要正直，头顶百会穴要虚虚领起，如有悬索向上领挂之顶劲）。眼平视前方。唇轻闭，齿轻合，舌平，舌尖抵上腭。下颌微内收。沉肩（即两肩松沉微前蜷）。涵胸拔背（即胸部不内凹、不外凸，两肩微向前蜷涵，称作涵胸。背后两肩中间大椎穴，有鼓起上提之意，这部分皮肤有绷紧的感觉，称作拔背）。下骶部长强穴松沉，与拔背形成对拉拔长。气沉丹田下达会阴穴（两便之间的穴位）与虚领顶劲形成上下对拉拔长（静坐功中"小周天"经络路线），称作"上下一线"。脊柱要节节松沉，又要虚虚对准。腰要松、沉、直竖。裆要开圆，即两胯根要撑开撑圆，有圆而虚的感觉。练拳时臀部始终保持生理上自然微外凸状态，但不要练成凸臀（即撅起屁股），也不要故意往里收进（即没有屁股）。臀部微敛，尾闾骨节始终对向正前方，腰转时起到舵的定向作用，两膝微屈（练拳时两膝始终屈而不挺直，留有余地）。全身放松，内脏也要放松有舒适感。呼吸自然，意存丹田，耳听身后。

上述要点，不但在站式时须用心体会，在练拳套过程中，也都须刻刻注意。

短吸短呼练习

腹式逆呼吸是吸气时提气上升，呼气时沉气下降。

1. 屈膝落胯，身正直下蹲，重心落两足，两足有植地生根之意。鼻吸气（短吸气），胸廓自然开张，小腹内收，膈肌上升。似乎内气从小腹吸至胃部，胃部自然隆起。同时，两手微内旋提至两胯根前，距离约一立拳。再微上提至脐两侧，拇指根与两侧腹肌相距约一立拳。掌心向内下，指尖微向前下，肘微上提，肘尖距肋约一横拳，腋下可容一立拳。（图2）

2. （短呼气）鼻呼或口鼻同时呼气均可。胸廓自然平复。小腹外凸。膈肌下降，胃部自然平复，气沉丹田，似乎聚于胃部之内气，渐渐下沉至丹田。同时，沉肩、垂肘、坐腕，掌根下沉至两胯根前，相距约一立拳。掌心向下，指尖向前，指尖微上翻，这样容易劲贯指尖。涵胸拔背，气沉丹田。在胸背部肌肉松沉的牵动下，脊柱节节松沉直竖，肋骨亦有松沉之意。骶部有力，胸腹两侧有外向前合的包合之劲。两肩微前蜷，两掌指亦有外向前合之意，力点汇合于小腹中线前三尺许。这项练法对推手时运用接劲发人（敷、盖、对、吞四字诀中"对"字用劲法之一）有关。顶劲领好，双足趾用勾劲，足跟蹬地，涌泉穴要虚，双足似植地生根。意注双手、双足尖。耳听身后，眼平视前方（图3）。

立圆划弧运动

放松、划弧、螺旋式弧形圆运动，是太极拳内外并练的基本要求之一。动作缠绕圆转，呼吸行气，畅通经络，健强内脏，以内壮为主。立圆划弧运动，法简用宏，老幼强弱都可练习，容易体会出缠绕绞转，周身内外动作细致协调的缠丝劲，从而可以掌握太极拳动作复杂难练的基本规律。年老体弱和无体育运动习惯者，如果单独反复练习此式，亦可获得治病保健的效果，并为进一步学习太极拳套路打好基础。

图 2   图 3

左转，由下而上划弧，吸气，划半圆：

1. 腰左转约30°～45°（吸气），重心移于左足，右足为虚，左足为实，左胯根微外旋下沉。胸腹中线对向左前约30°～45°。同时，两臂肩关节微左旋，两手向左平移至左胯前外侧。右手微内旋，左手微外旋。指尖对向左前约30°～45°。小腹渐渐微内收。头左转约30°～45°（图4）。

2. 双手向左前上提约与乳平（图5）。

3. 双手继续上提至掌根与肩平。手指微上扬，右手微内旋，掌心向右前下，劲点在掌缘。左手微外旋，掌心斜向右前下，劲点在掌缘。沉肩、垂肘、坐腕（图6）。

4. 腰右转约30°～45°，面向正面，双手向右平移，掌心均向下，指尖向前，眼仍平视正前方。小腹内收，胃部隆起，沉肩、垂肘、坐腕。重心落两足，胯根撑开撑圆，脊柱节节松沉直竖，头顶百会穴与裆部会阴穴上下对拉，"上下一条线"（图7）。

图 4

图 5

图 6

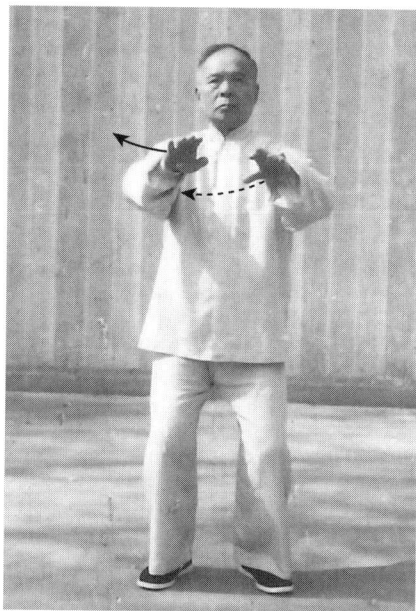

图 7

右转，由上而下划弧，呼气，划半圆：

5. （呼气）右胯根微外旋下沉，腰右转30°～45°，重心移于右足，左足为虚，右足为实。胸腹中线及尾闾骨对向右前30°～45°。同时，两臂肩关节微右旋，两手向右平移至右肩前外侧，使指尖上扬，对向右前30°～45°，小腹渐渐微外凸。头右转30°～45°。眼光平移右转前视。右手微内旋，掌心向右前下；左手微外旋，掌心向右前（图8）。

6. 微沉肘，双手向下划弧，与乳平。脊柱松沉，右胯根微下沉（图9）。

图8

图9

7. 双手继续划弧下按，至右胯前外侧，右手微外旋，左手微内旋，掌心俱向右前下，劲点在掌缘，指上扬，两手指尖与尾闾骨，对向右前约30°～45°。脊柱松沉，骶部有力，气沉丹田。眼视右前，耳听身后（图10）。

8. 腰左转30°～45°，胸腹中线对向正前方，重心落两足，气沉丹田，小腹外凸，膈肌下降，胃部自然平复。同时，双手向左平移至两胯根前。眼平视前方，耳听身后（图11）。

<table>
<tr><td>图 10</td><td>图 11</td></tr>
</table>

说明事项：

立圆划弧运动，可以抽出单独教学，对年老体弱者而言易学、易记、易练。先教学动作，待熟练后，再配合呼吸。可以反复练习，时间不限。疗病者如感觉疲劳，即可休息一会儿再进行练习。心静用意，身正体松，内外协调，缓缓运动，疗效极为显著。由左下向上划圆练熟后，可以练习反式，即由右下向上立圆划弧运动。使动作对称。

第二式　起势（南）

动作一：（吸气）以腰为轴，身体左转约30°。同时，两手以中指领劲微左内、右外旋，以等距离向左前上方提起，高与肩平。两肘尖下垂，两臂呈浅弧形，左掌心向外下，右掌心向内下，坐腕，指尖斜向前上，意注指尖，重心渐渐偏于左腿。眼平视前方，眼神关顾两手自下而上。同时，小腹微微内收（图12～图14）。

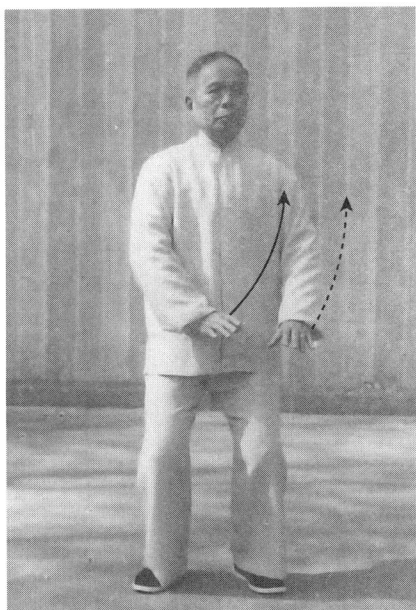

图 12　　　　　　　　　　　　　　　　　图 13

　　动作二：（呼气）右足尖微外撇约至右前 45°，踏实。腰右转约至右前 45°，使胸腹中线对向右前 45°。重心完全落于右腿。同时，左足跟提起，足尖轻点地，左膝往里扣，左足跟往外旋，左膝靠近右膝里侧，距离约一个横拳（扣膝起护裆作用）。同时，两手微内旋，稍平移至胸前，右手距右乳约三个横拳，左手距左乳约四个横拳（图 15、图 16）。

　　技击作用：

　　如图 16，我沾黏来手引进，彼如用肘挤我胸，我两手将彼腕节、上臂向内用急劲一收，我胸前挺其肘节，使受创痛（图 16 – a）。

　　右胯根下沉，右腿站稳，两臂沉肩、垂肘、坐腕，两手劲点在掌缘，设想黏住对方右臂腕节、肘节。同时，左膝向胸腹前中线上提，高与胃部齐。眼神由左顾平移为右盼，仍平视前方，耳听身后。虚领顶劲，气沉丹田，涵胸塌腰，骶部有力（图 17）。

图 14

图 15

图 16

图 16 - a

技击作用：

起势为沾黏来手，捋化使对方前倾欲跌，随即用左膝撞击对方前腿外侧，使受创痛而打开下部门户（图17－a）。我随用左脚以蹬膝节、踢臁骨、套前足跟外侧，或勾前足跟内侧，我跪膝手发劲以跌人（图17－b）。如果捋化采劲并用，对方前倾过多，我可乘势用膝撞击对方背脊部命门穴。起势即体现了短打拳法手脚并用和内功拳先化后打、不主动击人的原则。

动作三：（吸气）右胯根微螺旋下沉，身稍下蹲，腰右转，使胸腹中线对向右侧90°。同时两手继续内旋以等距离划弧平移，向右后斜角捋去，沉肩、垂肘、坐腕，指上扬，两掌心向右后斜角。同时，左足落于右足跟前，相距约二个横拳，足跟轻着地，足尖斜向右前翘起。随即足跟轻擦地面向前铲出，尽量前伸（但膝节须微屈），此乃套住对方前足（单管），或套住对方后足（双管），使用跌法之练法。眼平移视右后前方，耳听身后。小腹内收，裆要撑开、撑圆（图18）。

图17

图17－a

图 17 – b   图 18

动作四：（呼气）右胯根微下沉左转，腰微左转。右臂沉肩垂肘，右手微外旋向下划弧，掌心向后下，坐腕、指上扬。左手仍内旋，掌心向下，意注指尖，横肘渐向左平移，劲点移至腕上尺骨处。眼神照顾右手下沉，逐渐向左平移关顾左手。同时，左足掌踏实，足尖对向正前方（图19）。

腰继续左转，右腰胯往前送，重心逐渐移向左足，左膝勿超出左足尖。右足尖稍内扣，屈膝，足跟蹬地，成左弓蹬步。重心负担左弓足约七成，右蹬足约三成。同时，左手横肘向前挤出，劲点在腕上尺骨处，但手勿超出膝尖，拇指根节距左乳约三个横拳。右手横掌向前按，劲点在掌根，掌根距脐二个横拳。眼平视正前方（图20）。

注意事项：

1. 左手横肘前挤，要由腰腿前移催送才不只是手臂之劲，而是整体劲。前手去，后手跟，右掌要紧跟左手前挤而前按。

2. 重心在右腿时右腰肾微下旋为实，重心移在左腿时左腰肾微下旋为实，两肾旋动，虚实转遥，作旦我按摩，肾壮则精足、气充、耳目聪明，太极拳套路中逢左右腰肾转换时，都应细心体验。

图 19　　　　　　　　　　　　　　　图 20

技击作用：

捋化来手，如果对方往后抽逃，我即用黏随劲，下部套住对方前足，进身横肘劲点在尺骨处，干脆发劲掷跌之。身、手、步须一时俱到。横肘发劲，肘部切勿超出足尖。尤须裆劲下好，气往下沉，劲往前发。

说明事项：

起势图17，陈发科老师平日教此拳式时不提膝上顶，讲用法时则点明手腿并用之法。中国拳种繁多，既互相保密，又互相吸收。古代太极拳家踢、打、拿、跌、摔并用，但在拳套中往往略去一些实用着法。武术界有"日里不怕千人看，夜晚不怕贼人偷"的谚语，这是一种保密措施的反映，不利于武术的发展。本书旨在挖掘前辈练拳经验，凡学习、见闻所得，恐其湮没，必举例以示祖国武术的精雕细刻。

第三式　金刚捣碓（南）

动作一：（继续呼气），左足尖外撇45°，腰微左转，重心在左腿。同时，左肩、肘松沉微旋动，左手先向前掤出，劲点在腕节尺骨处，手不超出足尖。然后微外旋收回，掌心斜向内右，劲点在掌缘，停于胃部前，大指距胃部约一个横拳。同时，右肩、肘松沉微旋动，右手外旋向前撩，掌心向前上，意注指尖。停于裆前，腕节距裆部约四个横拳。左掌心对向右肘节，相距约一个半横拳。同时，右足与双手同起同止，向前贴近地面迈出，足尖向前，意贯趾尖，有点踢对方前足臁骨之意。落地时右蹈趾点地，如钉入地似有点对方足背穴位之意。眼仍平视前方。虚领顶劲，气沉丹田，涵胸拔背，落胯塌腰（图21）。

注意事项：

1. 身、手、足动作要协调，同起同止。

2. 始终用意识指挥动作，呼气时，裆劲下沉，在松静中逐渐有沉着之意，日久能达到由松入柔之阶段。

3. 左手微往前掤时须用腰腿劲，其根在脚，形于手，才是整体劲。

动作二：（吸气）右手抓成拳（图22）。

动作三：右拳以中指根节领劲向上冲，高与胃部齐，拳心向内，相距约五个横拳。左掌沉住（图23）。

动作四：前动不停。右拳继续上冲，高与下颌部齐，相距约五横拳。同时，右膝向上冲，高与胃部齐，右肘尖与右膝尖对齐，右足尖自然下垂。左掌外旋，左掌心向内上沉住，左足稳住（图24）。

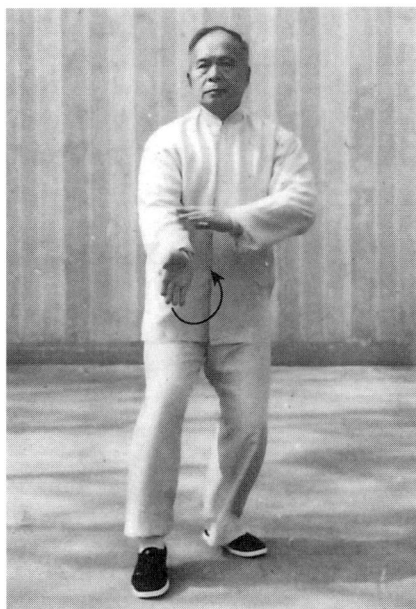

图 21

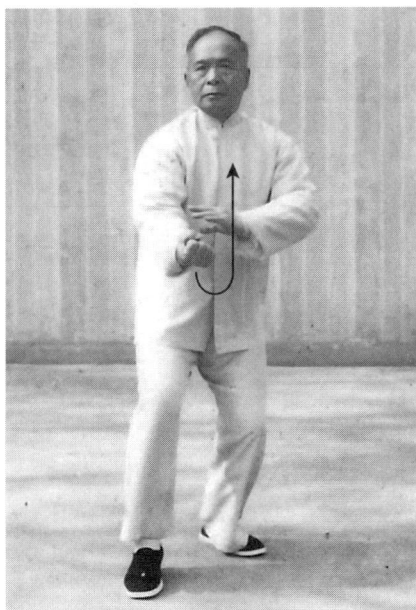

图 22

图 23

图 24

动作五：前动不停。（呼气）右拳微外旋内收，以拳背向下落于左掌心，停于脐下小腹中部，相距约一个横拳。同时，右足稍内收下落于左足侧，两足尖俱外撇，两足跟与肩同宽，右足落地时平实震足作声，与右拳背落左掌心作声同时完成，重心落两足。脊柱节节松沉，顶劲、沉气、塌腰松胯。裆撑开撑圆，眼光向前平视，眼神照顾两手旋动和下落，耳听身后（图25）（金刚捣碓定式）。

图25

注意事项：

震脚是在呼气发劲时，全身松沉、气往下沉时完成。震脚的轻重，可根据练者年龄和强弱而定。并须由轻而重，循序渐进。还应注意下沉的劲整而不散。也可不震脚，落地无声。

过去，老拳师根据震脚之声便可断定练者功夫之深浅和是否得诀。功夫深者劲整，其声集中而直沉地下，否则其声散而浮。

技击作用：

图21上步踢臁或踩脚面，手撩阴。图22抓成拳，对方如果裆部往后缩，图23拳上冲击胃部。如果对方胃部亦往后缩，图24拳上冲击下颌，同时膝上顶冲击对方腹部或胃部。随即转为呼气，图25以拳背下击对方胸部，同时，足落地踩对方前足。

动作六：（吸气）胯和肩关节微微向左平移，双手移至左小腹侧前，重心偏重于左足（图26）。肘沉住，双手随吸气提至胃部左侧（图27）。再移胃部前，胃部隆起，小腹内收，重心落两足（图28）（图26～图28

为吸气，双手由下而上划半圈）。

图 26

图 27

动作七：（呼气）胯和肩关节微微向右平移，双手移至胃部右侧，重心偏于右足（图29）。双手下沉垂至右小腹侧前，右小腹侧有充实感（图30）。随即胯和肩关节微微向左平移，双手微向左移至脐下小腹正中线，重心落两足保持虚领顶劲，气沉丹田，涵胸拔背，落胯塌腰状态（图31）。与图25相同。

注意事项：

1. 此式前半圈（图25～图28）为吸气时小腹内收，膈肌上升，胃部自然隆起，双手由小腹下侧中线左移至左胯前，再提上至胃部左侧，再微右移至胃部中线上端，划半个立圆。然后呼气向右侧反方向而下划半个立圆（图29～图31）。原为按摩内脏，体会全身内外缓缓旋动的协调动作。在体疗上，特别对消化系统吸收营养、泌尿系统通利大小便有显著效果。凡消化不良、大小便不正常者，可以在早晚或饭后半小时，反复练此式二三十下。但应先练会、练熟动作，然后结合呼吸，以舒适、轻缓为原则。

图 28

图 29

图 30

图 31

第四式　懒扎衣（南、西）

动作一：（吸气）腰微左转约30°，两手随移至左胯骨前，相距约一横拳，拳心向上（图32）。随即两手上缠到左肩前，右拳眼向上，右拳心向内，与锁骨相距约二横拳，劲点在食指根节。眼向前平视，眼神关顾两手由下而上（图33）。右拳变掌，两手交叉俱内旋，随腰微右转面向正南方，右掌心向左外，左掌心向右外，沉肩、垂肘、坐腕，指上扬，右手腕节距锁骨中线约四横拳（图34）。

图 32

图 33

图 34

图 35

动作二：（呼气）重心移至左足，双掌内旋，两手劲点在掌缘，右手渐渐向右前划弧至右眉前，掌心向下，左手下沉划弧至左胯骨前（图35、图36）。右手继续向右前划弧展开，掌心向右前，沉肩、垂肘、坐腕，意注中指尖。同时，左手沉住移至左胯外侧。虚领顶劲，气沉丹田。耳听身后，眼从右手中指尖前视（图37）。

图 36

图 37

动作三：（吸气）坐稳左腿，两腹侧旋转，左肾微旋落实，右手再向下划弧，左手向上划弧，掌心各向外，指上扬，成两手侧平举状（图38）。右手下沉，左手上缠（图39）。右足跟渐离地，成丁字步。左手外旋向里收到左耳侧，指上扬，拇指距耳约二横拳，意注中指，掌心向右前。右手下沉外旋，往里收至小腹中线，沉肘、坐腕，指上扬，意注中指，掌心向左后。掌根距脐两横拳。胸腹中线对向右前30°～45°，膈肌上升，胃部隆起。眼平视右前（图40）。

图38

图39

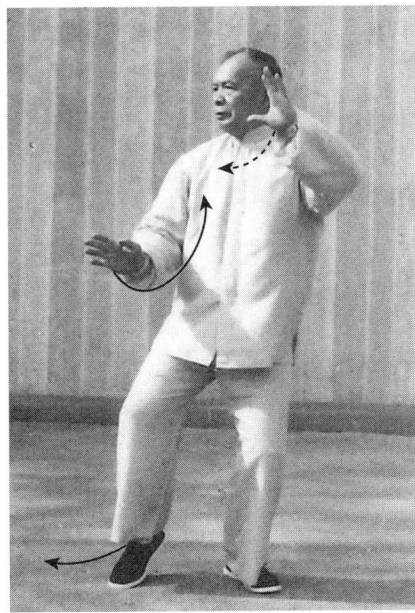

图40

动作四：（呼气）右足提起，足尖翘起，足跟轻贴地向前（西）铲出，重心仍由左腿负担。成丁八步。同时，两肩关节内旋，两肘下沉内收，两手微外旋合拢，掌心遥对，相距约二横拳。同时，腰微左转，胸腹中线对向右前约30°，项左转约30°，眼平视右前（西）（图41）。腰继续左转，两胯根旋转，使胸腹中线对正南方。同时，重心渐移至右腿约七成，右膝弓出，右足尖内扣落地踏实，左足屈膝足跟足掌蹬地。成右弓蹬步。同时，右手外旋向前（南）按出。掌心向左前，指尖向右前约45°，肘尖下垂。左手微内旋，合于右肘弯内侧，食指尖距右肩头约三横拳，掌心距右肘弯约二横拳。肩、胯对向西方靠出。但须肩与胯成垂直线。眼视右手食指尖。耳听身后。沉气，提肛，劲点在右肩、右胯（图42）。

图41

图42

技击作用：

1. 旋乾转坤。图35、图36原名指天划地，上护头，下护裆。假定对方用右顺步拳击我，我右手采其小臂，蹲身进步，左掌下撩其裆部。随即腰右转（图37～图39），右手向右后採，左手顺势撩起其前腿向上向右后翻，腰腿身手螺旋形协调，把对方摔跌。乘势借力、螺旋、抖劲为要诀（图36－a）。

2. 进身靠打（图40～图42）。假定对方双手按我右臂，我转腰旋臂向右前伸，用掤劲化开来力，同时进右步插对方裆中，腰左转，弓右腿，肩靠对方胸部，胯打对方裆部。身正直不偏。柔过劲、刚落点、贴身一抖为要诀（图42－a）。

图 36 － a

图 42 － a

动作五：合抱蓄劲。腰微右转（吸气）。两肾旋动，两胯骨节亦旋动，两肩关节旋动，两手外旋内合交叉于胸前，右手在外，掌心俱向内，指上扬。左拇指对向锁骨中线约三横拳，渐渐沉肘双手下落至胃部前。重心渐渐左移，成骑马步（外八字桩步），两腿平均负担体重。桩步似植地生根。胸腹中线向正南，项右转，眼光平移视西方（图43、图44）。

图 43 图 44

动作六：（呼气）右肘尖向右前挤出，左肘尖往左后撑，左掌微外旋，落胯塌腰（图45）。

右手内旋向右前划弧展开，高不过口，掌心由转向下逐渐转向右前（西），沉肩、垂肘、坐腕，意贯指尖，眼视中指。同时，左手仍微外旋，小指贴脐下逐渐向左移（图46～图47）。

裆劲微下沉，两胯微左旋，腰微左转。同时，两肩关节微左旋，沉肘，右手外旋，掌心转向南，左手仍微外旋，左小指移贴至左小腹侧，掌心向上。右膝稍内扣，重心稍后移，成前三暖七的丁八步桩，眼视南偏西（图48）。至此，为懒扎衣定势。

动作七：（吸气）两胯根微右转前送，腰微右转约30°，右膝前弓，成右弓蹬步。同时，右手内旋往下将回，劲点在掌缘，掌心向前下。左手往前引，掌心斜向内，拇指上扬，劲点在掌缘（图49）。

图 45

图 46

图 47

图 48

腰微左转约15°，身后坐，成左实右虚的丁八步。两手左采右将至两腹侧，左手高于右手，左手采至左腹侧，五指向内上勾，虎口贴腹，掌心向左内；右手将至右小腹，小臂内侧贴腹，掌心向左前，指尖向右前（图50）。

图49

图50

　　动作八：（呼气）腰右转约15°，胸向西稍偏南，成右弓蹬步；右腕外旋，右手外旋上翻至掌心向内；左手外旋上翻至掌心向内，腕节贴于右腕节之内，右掌根距脐约一横拳（图51）。

　　技击作用：

　　近身用采拿肘击，桩步要稳固、善变。拿跌之法，变化多端，须于推手中互相研究，以点到为止，避免发生伤害事故。此动作为：①我左手反拿对方手掌，右手将切其腕骨节。②我双手反拿对方双手，随势变化（图49、图50，附图缠拿法1~4）。

图 51

附图缠拿法 1，我两手反拿对方两手，我右小臂尺骨处并将对方左肘节。

附图缠拿法 2，承上动作，彼如柔化反抗，我双手反拿不松劲，腰左转，双手螺旋将引，使对方更前仆欲跌。

附图缠拿法 3，承上缠拿法 1，我双手反拿对方两手，腰微向右后转，我双手同时向右后旋，使对方不得不向自己右后方跌倒。

附图缠拿法 4，我双手反拿对方双手，我右手在彼左肘之下，我可边反拿边用右小臂震击对方左肘。

注意事项：

1. 右足跟铲出要与两手交叉于胸前的动作协调。

2. 腰要松沉直竖，微微旋动，不可乱摆摇晃。两手缠绕时要连贯圆活，用意不用力。

3. 逢步型变换到定势时，都要落胯塌腰，足趾用勾劲似植地生根，意贯趾尖。使能逐渐增长功夫，内劲充沛。

缠拿法 1

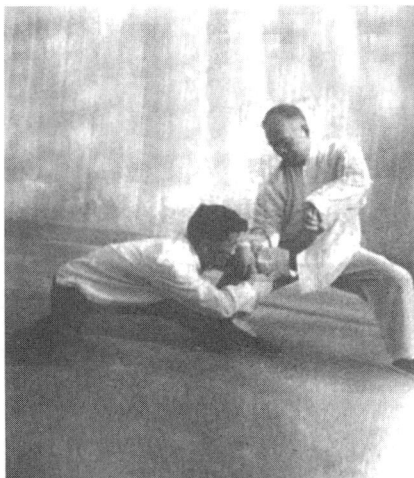

缠拿法 2

缠拿法 3

缠拿法 4

说明事项：

"懒扎衣"式名是戚继光《拳经》三十二势中的第一式，原诀曰："懒扎衣出门架子，变下势霎步单鞭，对敌若无胆向先，空自眼明手便。"

创造于清初的太极拳，原有太极拳五路、长拳一百〇八势一路、炮捶一路。这七个套路的第一式都是"懒扎衣"，第二式都是"单鞭"。

《拳经》三十二势被吸取了二十九势，说明太极拳的创造是以戚氏

《拳经》三十二势为基础。陈氏旧拳谱中此势也有写作"揽擦衣"，可能是音误，也可能是不理解"懒扎"二字含义而改写①。

①圆领而腰带的衣服，自殷代一直沿用到明代。明人长服束腰，演拳时须将长服卷起塞于腰带中，以便动步踢腿。戚氏《拳经》起势"懒扎衣"，左手撩衣塞于背部腰带，右拳横举向后，目视左前方。称作"懒扎衣"者，表示临敌时随意撩衣应战，乃武艺高强，临敌不慌不忙之意。戚氏"懒扎衣"歌诀所谓"对敌若无胆向先，空自眼明手便"是也。杨露禅学拳于陈氏，以不通文墨，默记其拳谱，音转为"揽雀尾"，于是后人传说中有以手掌揽雀、雀不能飞的理想化的技术。关于太极拳的神话奇谈，都可作如是观。

第五式　六封四闭（西、西南）

动作一：（吸气）腰右转，面向西，成右弓蹬步，双手横掌向前引，拇指俱上扬，掌心俱向内，手勿超出足尖。右手在前与肩平（图52、图53）。

动作二：（呼气）腰胯微右转，同时，右手微内旋，使掌心翻向左前下，左手微外旋，使掌心翻向内上。随即腰胯微左旋，重心稍后移，左手小臂含掤劲向左平移划弧，右手劲点在掌缘和尺骨处，向左微向下将回（似推手时对方双手按我左小臂，我左手用掤劲走化引进，右手用将劲使对方来力落空）（图54）。

动作三：（吸气）腰胯继续微左转，重心渐后移。同时，左手向左微向上划弧，手与肩平，横掌，腕节距肩四横拳。右手微向上并向左将。步型成丁八步，左腿负担重量七成，右腿三成（图55）。腰胯继续左转，重心偏重于左腿，成反弓蹬步。同时，两肩关节继续左旋，左手继续向左微向上划弧，掌心向内，拇指根节距左耳底部约三个横拳；右手劲点在掌缘，微外旋将至颌部右前侧，掌心向左上，掌根距颌约四个横拳，沉肘，肘尖距下肋约二横拳。胸腹中线向南微偏左，眼移视南方，耳听身后。身法中正，落胯塌腰。此式为陈式推手中常用的边掤、边捋、边采（反关节拿法）之法（图56）。

图 52

图 53

图 54

图 55

图 56

图 57

动作四：（呼气）腰胯微右转，重心渐右移，胸腹中线向南，成外八字骑马步。同时，两肩关节右旋，沉肘，变掌下按，掌心遥对，劲点在掌缘，右肘尖前挤。眼平移视右前方（西）（图 57）。腰胯继续右转，重心前移，右膝弓出不超出足尖，成右弓蹬步。胸腹中线对向右前 45°。同时，双掌下沉前按，不超出膝尖（图 58）。随即右胯关节前送，双掌继续往前下按出，劲点在掌根，意贯指尖。同时，左胯根前送，左足跟离地前迈至右足跟内侧，踻趾尖点地似钢针插地，两足跟相距约二个横拳。双掌按出为腕节与肘节的距离。目平视右前 45°方向（图 59）。

说明事项：

懒扎衣势之后，陈式旧拳谱即为单鞭，可能因为懒扎衣势动作复杂，故又将后半部分动作定名为六封四闭。杨露禅去北京授拳，六封四闭这一式名，音转为“如封似闭”，杨学于陈长兴者为老架，可以推想老架动作日久不断增多。陈式新架动作较简，懒扎衣与单鞭式名间无“六封四闭”式名。武禹襄学于杨露禅者为老架，后从陈青萍学新架。武禹襄外

图 58　　　　　　　　　　　　　　　　图 59

甥李亦畬于同治六年丁卯（1867年）所整理的太极拳谱中，标题"十三势架"，开头两式为拦（懒）扎衣、单鞭。第九式为上步搬揽捶，第十式为如封似背（闭）。此谱系河北永年人马同文从姨丈李亦畬处抄得。而十四年后，李亦畬序于光绪辛巳（1881年）中秋念六日之太极拳谱，手抄三本，一自藏，一给弟启轩，一给友人郝和。永年人称作老三本。郝和藏本中，十三势架标题之下，第一式为懒扎衣，第二式为单鞭。第九式为上步搬揽垂（捶），第十式为如封似闭。今陈式新架称作小架，武禹襄所传拳式，亦属小架。但武式名称中，没有佛教色彩的"金刚捣碓"拳式，与陈氏旧谱相同。今陈式老架、新架都有"金刚捣碓"拳式。可能在杨、武二人学陈氏拳之后陈氏才列入"金刚捣碓"拳式。足见一百多年前，陈式老架与新架的式名也不尽相同。动作也有繁简的区别。

第六式　单鞭（南）

动作一：（吸气）腰胯微右转约10°。同时，两肩关节微旋动，右肘尖下沉内收，距右腰侧约一横拳，右手外旋内收，拇指、小指往里合，劲点在掌缘、小指侧，掌心向上（上一式我双按对方左臂，向其胸部放劲，彼如以右手击我，我右手拿住对方右掌绞转使其右肘上抬，彼右掌被我反扭成掌心向上）。左手外旋向右前伸出，劲点在尺骨处，右手在左小臂之上（左手向对方右手尺骨处切去，即成为反筋背骨之缠拿手法）（图60）。

动作二：（呼气）腰胯左转，左手拇指、小指往里合，手仍外旋，沉肘向左抽，肘尖距左肋约一横拳，左手掌心向内上，拇指距右乳约二横拳。同时，右手变勾手（从小指起依次撮拢，小指贴拇指掌根，拇指贴食指指甲外侧为陈式太极拳的勾手手形），以腕节从左掌上向右前伸（图61、图62）（此为我左手反拿对方左手，右手前切之缠拿手法，并乘势以腕节击对方胸部）。

图60

图61

图 62

图 63

动作三：（吸气）左足尖翘起，左足跟轻落地，轻轻贴地向左铲出，成左虚步，此时胯根更撑开。胸腹中线转向南（图 63）。左足尖踏下，重心左移，左膝弓出，成左弓蹬步。同时，左手下沉至右腹侧，小指贴腹，手心向上，沿带脉（脐上腰部周围一圈，中医经络学说称作带脉）拉至左腰侧。目平视正南方（图 64）。

动作四：（呼气）腰胯向右移，渐成右弓蹬步。同时，左手沿带脉移向右腰侧，即向上抄起

图 64

至右肩前，拇指上扬，掌心向内，掌缘腕节处距右乳二个横拳（图 65、

图66）。腰胯向左移动，右足尖微内扣，左膝渐渐弓出，成左弓蹬步。同时，左手渐渐内旋向左平移划弧，至左肩前手内旋使掌心翻向左前，沉肩、垂肘、坐腕，意注指尖。眼视左手中指尖（图67）。

图65

图66

腰胯微旋动向右移，重心落两足，成半弓半马之步，胸腹中线对向正南方。同时，两肩关节右旋松沉，左手外旋，垂肘、坐腕、意贯指尖，左掌根向前按出，掌心向前（南），眼平视前方。气沉丹田，落胯塌腰（图68）。

注意事项：

1. 两手左右缠拿之法，须主宰于腰脊的微微左右旋动，胯、膝、肩、肘的协调变换，才不是单纯手上之劲。尤须于推手中互相试验，不能单凭练拳时的想象。其他缠绕圆转中的拿法和跌法，都须练拳时明白其作用，并在推手中试验。才能逐渐练到乘势借力，遇巧就拿就跌，不致硬拿硬跌，光靠拙力，失去随屈就伸、劲圆洒脱、"因敌变化是神奇"的理论原则。

2. 足跟轻贴地面铲出时，须立身中立，不俯仰歪斜，要求稳而不滞，轻而不浮，显出既沉着而又轻灵。

3. 单鞭势左手向左弧形展开时，左手转臂向左似柔软的鞭子甩出，将内劲运到左掌指尖和掌根上。

4. 右手不是固定不动，而是随着重心的变换而微微摆动。

5. 腰左右转时为锻炼带脉，成势沉气时为锻炼冲脉，须逐渐认真体会。

图 67

图 68

第七式　搬拦肘（胸向南）

动作一：（吸气）重心微右移，两胯骨微右旋。同时，两肩骨节微右旋，右勾手外旋变拳，拳心向上，左掌变拳向右平移划弧内旋至右乳前，拳心向下，拳眼距右乳约二横拳。眼移视右前（图69）。

动作二：（呼气）重心向左移，负担重量左足六成，右足四成。同时，左拳外旋向左（东）横击，拳心向上，劲点在尺骨处，右拳内旋向左横击，拳心向下，拳眼距左乳约二横拳。右肘微沉，肘尖距右肋约二横拳。眼光平移视左前（东）方。落胯塌腰，气沉丹田（图70、图71）。

图 69

图 70

图 71

动作三：（短吸气）两肩骨节微向左松旋（作为欲右先左的蓄劲动作，以加强向右的发劲动作）。

动作四：（呼气）重心向右移，仍为骑马步，右足负担重量六成，左足为四成。同时，肩、胯骨节微右旋，右拳外旋，向右（西）横击，劲点在尺骨处，拳心向上。左拳内旋向右横击，拳心向下，拳眼距右乳约二横拳。左肘微沉，肘尖距左肋约二横拳。眼光平移视右前（西）方。落胯塌腰，气沉丹田（图72、图73）。

图 72

图 73

注意事项：

1. 搬拦捶为发劲动作，发劲在未到目标时，须松柔勿用拙力，到达目标的一刹那，周身劲力集中于尺骨处一抖而出。松柔才能动作灵活快速，落点一抖，才符合用力经济而又集中的原则。

2. 此式可和其他发劲动作一样，抽出来单独反复练习，练时先求慢速度来体会周身内外的协调性和呼吸行气的自然，以后逐渐加快速度。做到能快能慢，快慢相间，刚柔相济。

3. 图70、图72为过渡动作，移至正中时，重心落两足。向左向右搬拦时，两手要前手去、后手跟，前手是即化即打，后手是支援、防护。

说明事项：

此式另有两种练法：①横进半脚练法。左（右）足往左（右）横行半脚，右（左）足横行跟上半脚，可以不震脚。如果练习震脚，就要自轻逐渐加重，左（右）足横行落地时足跟沉实着地，右（左）足紧跟轻贴地面，落点前足跟紧贴地面拖至落点处一震。上部手法等与图解相同。②盖步横进跳跃法。右（左）足向左（右）足盖步落于平行线上，左（右）足速向左（右）横侧跳出，能远尽管远，成骑马步，当盖步时，两拳已平移至左（右）侧，当成骑马步时，左（右）拳始一抖发劲。横进跳跃须在平行线上进行。可以轻身跳跃，落地无声，也可以震脚作声。

技击作用：左右搬拦捶内劲发自腰腿，螺旋式的弧形动作，可以即化即打对方来手，要练到着人身手一抖，痛入骨里。如果动步套腿，同时我手沾黏彼手，我手外旋以尺骨处即化即打来手，使彼疼痛，我即手外旋以桡骨处向横侧发劲，彼前腿被我脚套住，容易被掷跌。我手上一刹那的震动力（抖劲）越大越好。

搬拦捶的横行都是踩脚面或套住对方前足的作用，是跌、打并用的方法。

第八式　护心拳（东北）

动作一：（吸气）重心全部移于右腿，左膝上顶，高过于脐。同时，左拳稍上提至右肩前，拳眼距右肩约二横拳；右拳微内旋，屈肘上举，高不过头顶，拳心向内左。右腿站稳，膝节有力支撑，右胯根往上升，顶劲领起，使身体上升，为下一动作腾身转体做准备。眼视右拳（图74）。

图 74

动作二：（呼气）右足蹬地跃起，随即腰胯左转做225°的空中转体动作，胸向东北落地成骑马式。落步时先左足向东北斜方落地，右足跟着向东南斜方落地。可以落地无声，也可以重实蹬地作声。同时，随着空中转体，左拳外旋弧形下落于胸窝前，沉肩垂肘，拳眼向上，拳心向内，距胸窝约二横拳。右拳先微外旋里收至右耳侧，拳心向耳侧，相距约一横拳多些，垂肘、肘尖距右肋约二横拳。随即弧形向前下至锁骨前中线以拳背腕节处向前掤出，拳眼向上，拳心向内，距锁骨约四横拳，左拳在下在后，右拳在上在前，成骑马步。当右拳掤出时，重心稍偏于右腿，落胯塌腰，气沉丹田。眼神关顾两手动作，平视前方（图75、图76）。

动作三：（吸气）腰胯微左旋，重心稍左移，使重心落两足。同时，右拳内收下沉至胸窝前，拳心距胸窝约三横拳；左拳上升至锁骨前，拳心距锁骨中线约二横拳。（转为呼气）重心稍左移使稍为偏重于左腿，右拳稍下沉内收至胸窝前，拳心向内，相距约二横拳。同时，左拳从锁骨前向前掤出，与右拳在下内收时交叉而过，左拳心向内，距锁骨中线约四横拳。落胯塌腰，气沉丹田。眼神关顾两拳动作，平视前方（图77）。

图75

图76

动作四：（吸气）腰胯微右旋，重心稍左移，使重心落两足。同时，左拳内收下沉至胸窝前，拳心距胸窝约三横拳。同时，右拳上升至锁骨前，拳心距锁骨中线约二横拳。（转为呼气）重心稍右移使稍为偏重于右腿，左拳稍下沉内收至胸窝前，拳心向内，相距约二横拳，同时，右拳从锁骨前向前掤出，与左拳在下内收时交叉而过。右拳心向内，距锁骨中线约四横拳。落胯塌腰，气沉丹田。眼神关顾两拳动作，平视前方（图78）。

说明事项：

陈家沟陈氏旧拳谱太极拳十三势有五路，第一套无护心拳式名，第二套第三式为护心拳，第三套第十六式为"护心拳八面玲珑"，第四套第五式为"护心拳盖世无双"。长拳一百〇八势中第三十式为"护心拳专降快腿"。

图 77   图 78

注意事项：

1. 纵身空中转体动作，须保持身法中正。左右足先后落地，可轻可重，轻如猫儿纵身，落地无声，重如打桩入地，轰然作声。

2. 护心拳为一采一掤，左右连环，可以反复单练。掤出，一般手不超出足尖，此为内功拳短打拳法的特点。推手时可互相练习护心拳动作，采拿绞转，熟能生巧，内劲与技巧同时发展。

第九式　凤凰展翅（东）

动作一：双拿绞转。（吸气）先右拳变掌内旋，使掌心向左前，再外旋，使掌心向内，指上扬，劲点在小指大指。随即左拳变掌内旋，使掌心向右前，再外旋，使掌心向内，指上扬，劲点在小指大指。绞转时，小指内扣，大指内合。左手在内，右手在外，交叉于胸前，腕节距两乳中线约三横拳。重心稍左移，成骑马步（图79）。

图 79　　　　　　　　　　　　图 80

动作二：绞转双分。（呼气）双掌内旋，左掌心向左前，右掌心向右前，眼仍平视前方（图80）。重心逐渐向左腿移，双手向左右分开，弧形下落至上腹两侧，掌心向外，垂肘，勿抬肘。右足掌轻贴地划弧回收（图81）。双掌继续分开划弧而上，手与肩平，掌心向下，手形保持拿法的小指内扣，大指内合。沉肩垂肘。同时，右足掌划弧收回至左足跟前侧，足尖轻点地，两足跟相距约二横拳，成丁字步。虚领顶劲，气沉丹田，涵胸拔背，落胯塌腰，眼向东平视，耳听身后（图82）。

注意事项：

1. 双拿双分须发展臂力、腕力、指力，身法、步法尤须注意。拿法的练指法有摔棒、抓坛。推手时彼此互喂、互拿，可提高懂劲程度，拿法自然灵巧。

2. 绞转双分，既是拿法，须黏随不离：又可变成边掤边打的散打着法，例如：左手指如钢钩，急掤脉道，掌缘急采之劲。右掌急按对方胸部。出手要柔活，要用劲恰当，着人身，手震动力要大，其劲如钻入骨内，方见功夫。

图 81   图 82

3. 此式主要作用为将对方双手交叉反拿（反筋背骨），乘势绞转，黏随不脱，为下一式反拿上托，进步进身，用膝撞击造成有利机势。

4. 此式变着方法亦妙，对方双拳齐出，同时击来，或在推手时以双掌按我，我双掌在上，沾其腕节，内旋急向左右分捌其手，身稍后坐使对方前倾挺胸，我急进身以胸迎击其胸，震弹使其岔气后跌。此系前辈太极拳家近身贴靠方法之一。于此也可见太极拳是刚柔相济的，忽柔忽刚的。古代太极拳家，练成虎背熊腰、膀阔腰圆、内气充沛的健壮体格，故亦能以胸、肋贴靠打人。

5. 图 79 - a：双拿双分举例，我两手缠拿对方两手，绞转反拿，并以我左上臂震击对方右肘节。

图 79 – a

第十式　拗步斜行（东南）

动作一：斜引双采。（吸气）腰胯微右转，两肩骨节内旋下沉，两手划弧向右下采，两掌根距两胯前上方各约三横拳，沉肘、坐腕，腋下可容一拳，肘不可贴肋（图83）。

动作二：反捌进膝。（呼气）腰胯左转，两肩骨节左旋，左手内旋向左上划弧，掌心向左前，高与肩平，沉肩垂肘。同时，右手外旋，弧形上托，掌心向上，指尖向右前（东南），沉肩垂肘。同时，左腿站稳，右膝往上顶，高过于脐，足尖自然下垂。肘尖与膝尖对齐。气沉丹田，眼视右前（东南）（图84）。

技击作用：1. 两手划弧向下斜采，到定点时须突然一抖。2. 将对方双手交叉反拿往上托起，随起引膝撞其裆部或胃部。

动作三：上拿下踩。腰胯右转下沉（吸气），右足尖外撇，足向右前方横斜踩地，用意踩地不作声或震足作声。同时，右手微内旋划弧下落至胸窝前中线，掌根距胸窝约四横拳，掌心向左，四指尖向右前，保持拿法手形；随即内旋向右下划弧至右腹前，掌心向下，掌根距右腹侧约一个半横拳，再外旋停于右胯上侧小腹前，掌心向内，掌根距小腹侧约一个半横拳。沉肘、坐腕，意贯掌指。左手外旋随腰胯右转向右侧水平划弧，至面前中线，指上扬，高不过鼻。掌心向右。沉肘，肘尖距左肋约一个半横拳，坐腕，掌根距胸窝约四横拳。眼从左手中指尖前视。重心落右足（图85）。

动作四：沉肘顶膝。（呼气）右足站稳膝微屈。左肘沉住，劲点在尺骨处，右手掌指用意贯劲，随即提起左膝向上顶，高过于脐，肘尖与膝尖对齐，左手中指尖与鼻尖对齐。顶劲、沉气（图86）。

技击作用：右手反拿对方右手，我左手尺骨处前切其臂，使其身斜，露出右腰或背部，即用左膝撞击。

动作五：管臂管足。（吸气）右腿屈膝渐渐下蹲，同时左足向下落，足跟轻着地，左手稍向前伸，右手稍向右展。

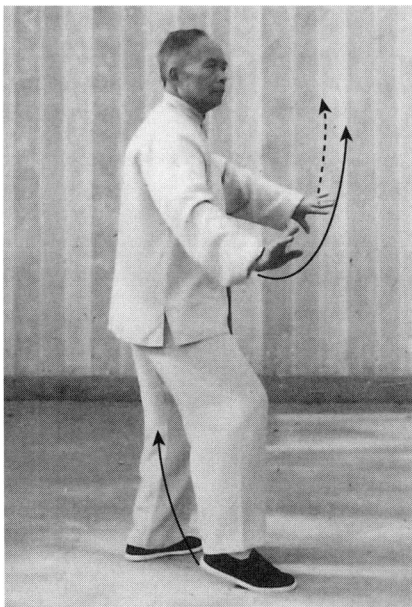

图 83

图 84

图 85

图 86

动作六：（呼气）左足跟轻轻贴地面向左（东）铲出，同时，左手沉肘前伸（南），手与肩平，掌心向右，坐腕，指上扬，中指尖对准鼻尖。掌跟距两乳间中线约五横拳，肘尖距左下肋约二横拳。右手内旋向右（西）伸展，沉肘坐腕，掌心向右外，指上扬。右腿落胯站稳，左足、左手、右手同时分向三个方向（前、左、右）伸展。顶劲、沉气、涵胸拔背，塌腰落胯。以意行气，以气运身，柔和

图 87

协调，节节贯串，劲贯指尖，成右弓步。目视前方，耳听身后（图 87）。

动作七：左捯按掌。（吸气）腰胯左转，重心逐渐向左移。同时，左手内旋划弧向左下捋至左小腹侧前，相距约一横拳，掌心向下。右手外旋内收至右耳侧，掌心向内，指上扬，掌跟距右耳垂约一个半横拳，肘尖距右肋约二横拳。眼向左前平视（图88）。腰胯继续左转，重心移左腿，左膝弓出，成左弓蹬步，左手捋至左膝之上，劲点在掌缘。右手微内旋稍向左推出，掌心向左（图89）。

图 88　　　　　　　　　　　　　　　　图 89

动作八：左提右按。（呼气）腰胯继续左转至面向东，左手成勾手，腕向上提至与肩平，沉肘，手尖对膝尖。同时，右手向左微弧形推至左肩前，沉肘、坐腕，劲点在掌根，意注指尖。眼视左前方（东），顶劲、沉气，脊柱节节松沉，落胯塌腰，劲起脚跟，节节贯串注于右掌根（图90、图91）。

技击作用：

1. 短打拳法，须步动快速，手到身到步到，上部管对方肘、肩，下部管对方足、膝，以足管足，以膝管膝。管足有单管、双管，都属外管，即以我左（右）足管住对方右（左）前足跟外侧，使其不易抽退变动，我用挤劲、按劲向前发劲，或用捋劲、肘劲向右侧发劲，或用捌劲向左侧发劲。

图 90

图 91

2. 图 87 承上一动作反拿对方右手，我左手尺骨切其小臂，使对方反筋背骨走背劲，我走顺劲，我得用膝撞之法，并随即左足伸出管住对方右前足以至左后足，我腰胯前移用肩靠、肘击（成左弓蹬步）。随即左手下捋对方右胯根，动作螺旋，一抖劲使之倒地。加上左腕上击对方胸窝、下颌，右手猛发一掌，使之受创跌出。

动作九：（吸气）腰胯右转，重心右移至骑马步，右手微内旋向右水平划弧，掌心向外，指斜向前上，至拇指距右肩前侧约六横拳，沉肘。眼平移前视（图 92）。腰胯继续右转，重心右移，成右弓蹬步，右臂沉肘，右手向右划弧至右前方（西），掌心向外（西）。眼视右前（图 93）。

动作十：（呼气）落胯塌腰，顶劲沉气，沉肩、垂肘、坐腕，劲贯指尖，有气往下沉，劲往前发之意。左勾手在松肩沉肘带动下腕节微向左后伸展。小腹充实，胸廓开阔，眼从右手中指前视（图 93）（注：图 92为吸气，这里为呼气）。腰胯微微左转向右旋，重心稍向左移成半马半弓步。右肩骨节微左转向右旋，肘尖微向左下沉，右手外旋，掌心由西转向南，意贯指尖，掌根有劲往前发之意。眼视正前方，耳听身后（图94）。

图 92

图 93

图 94

注意事项：

1. 动作须连贯圆活，逐渐体会内动领先，内动合外形。右手向右划弧时，带脉之气自左向右行。右掌向右前贯劲时，小腹充实，带脉和冲脉之气有前涌之势在领先。右掌外旋向身前（南）贯劲前按时，腰胯的螺旋运转，在于带脉、冲脉之气的贯注和领先。内动合外形的练法，须循序渐进，以松静舒适为原则。此拳初练要慢，可以细心体会，逐渐求得一动全动，增进功夫；然后求快，才能快而不乱，细致协调。拳论所谓："由开展而渐趋紧凑，乃可臻于缜密矣。"

2. 练太极拳是在身正体松的前提下，内外徐徐运转，呈现大小不等的螺旋式弧形动作。图93转换至图94，为小圈转关，内劲猝发，用干脆直射的按劲。劲起脚跟，注于腰间，形于掌指。

3. 图93、图94表示向前按劲微外旋变为向左按劲，即"小圈转关""陡然一转人不晓"。在陈式称作缠丝劲的作用之一。凡掤、捋、挤、按、採、挒、肘、靠八法八劲，都有这种缠丝劲的作用。武禹襄所说的"往复须有折叠"，折叠就是"小圈转关"。在推手时应该认真地体会"陡然一转""折叠"的技术。

第十一式　煞腰压肘拳（西南）

动作一：（吸气）左勾手变掌，手微外旋，掌心向前，坐腕，与右掌成对称。重心稍左移，左腿负担六成，右腿负担四成。同时，两肩骨松沉内收，沉肘，双手劲点在掌缘，同时向下内收划弧，掌心向下，掌根各距两小腹侧约一个横拳。坐腕，指尖微上翘。小腹微内收，内气上升聚于胃部，胃部自然隆起，胸廓自然开阔（图95）。裆部微下沉，两肩骨节微内转，两肘尖微旋下沉，两手边抓成拳边外旋，劲点在尺骨处，上升至两乳前，拳心斜向内，掌根各距乳约两横拳（图96）。

动作二：（呼气）两胯骨节前送，重心移右腿成弓蹬步，裆劲下沉（此动作可在原地，也可右足先上半脚，左足跟上半脚）。同时，劲点在两拳背中指、食指根节处，两拳外旋，右拳向右下沉，拳心向上，停于右膝上，相距约一个半横拳。左拳往左后上击，屈肘，拳心向左耳侧。眼视右前方，眼神关顾右拳。肩松沉，肘沉住。两拳到落点时，同时一震，内劲猝发之意，亦则内劲到此贯足。顶劲、沉气，涵胸拔背，落胯塌腰，裆部开圆，膝节有力，两足之劲，如深入地中，脊柱节节松沉，带脉、冲脉之气，似乎运至四梢（两足、两手尖端）（图97）。

图 95

图 96

图 97

注意事项:

1. 此式涉及内动运气，初学拳者宜先从练正确动作入手，切勿追求内动运气。俟动作熟练后，再研究内动运气，以自然舒适为原则，可避免出偏差。

2. 松柔圆转，不用拙力，到落点时用意贯劲，叫做暗劲，一贯之后，立即松开。如果落点时内劲猝发，意远、动短、劲长，周身力量集中在一点，突然爆发，叫做明劲，亦即发劲。一发之后，随即松开。

3. 两拳外旋上升，可化解对方擒我双腕，使其五指不能配合起擒腕作用。擒腕无论单双手，取其拇指自然松。我以尺骨处向其拇指旋压，彼自然松握。我随即以拳背骨节猛击其脉道。但应知皮肤触觉灵敏者，对方才欲擒手，即化解黏随还击，不使擒住，以免遇到指如钢钩、按脉截脉者不易解脱。

第十二式　井栏直入（西南）

动作一：（吸气）腰胯微左转，重心移向左腿，成右丁八步（即右弓蹬步之反式）。同时，左拳变掌，内旋，掌心向右内下，下按至左肩前，掌根距肩约四横拳，肘低于手。右拳变掌，内旋，微内收，掌心向左外下，两手遥对有内介抱裹之意，胸腹部亦有内合抱裹之意，此即所谓"合为虚、为蓄、为吸"。两膝亦有内扣之意（图98）。腰胯微左转，左手微内旋，掌心向下，劲点在掌缘，向左侧划弧捋去。同时，右手向左上划弧捋去，劲点在掌缘至左乳前，拇指尖距乳约三横拳。沉肘、坐腕，眼平视身前，眼神关顾两手移动（图99）。

图98　　　　　　　　　　　　图99

动作二：（呼气）腰胯微右转，右手内旋划弧至右乳前，掌根距乳约二横拳，劲点在掌缘小指，手心向右前下。左手外旋内收至左耳侧，拇指距耳约一横拳，掌心向右前下（图100）。腰胯继续右转，右手外旋，掌缘、拇指内扣向下按至胃部前，掌根距胃部约一横拳，掌心向内，指向左前，沉肘，坐腕。同时，左手向前上扑出，高与头齐，再向下沿胸前中线下按，指向右前，刚下按时劲点在指尖，按至颈下时劲点在掌根，距胸窝约二横掌（图101）。腰胯右转，左膝向前上提起，高过于脐，左足向右足前（西南）踏下，两足距离与肩同宽。同时，两手继续下按，引手在小腹前，掌心向内，掌根距小腹约一横拳，左手下按至左胯前，掌根沉住劲，距胯约一个半横拳。重心在左足，眼视左前（图102）。右腰胯微内旋后抽，左腰胯微外旋前送；右手抽至右胯前，左手掌根螺旋往左后下一抖（图103）。

图 100

图 101

图 102　　　　　　　　　　图 103

说明事项：

井栏直入为戚继光《拳经》三十二势中之第十五式，其歌诀曰："井栏四个直进，剪臁踢膝当头，滚穿劈靠抹钩，铁样将军也走。"

技击作用：

右手反拿对方右手，我左手向其面部抓打，其头必后闪，我仍拿住不放，左手劲点在掌根下按其胸部，乘势肘击其胸胃部，左手直下按其胯根，落点时一抖，动作螺旋，容易使对方跌倒。下部我左足上步，或踢臁，或踏膝，或踩彼前足或套住其前足。乘势直下按胯根时，我左手尺骨处既可滚切对方肘关节，又可乘势"俯肩一靠破铜墙"。

第十三式　风扫梅花（右转南）

动作一：（吸气）腰胯右转，面向北，右足掌外撇，左足尖内扣。右足弓，左足蹬。同时，右肘往北挤，肘与肩平，手内旋，掌心向下，拇指尖距右乳约二横拳。左手坐腕，劲点在掌缘，意注指尖。身正直，肩与胯垂直，落胯塌腰，眼平视前方（图104）。

动作二：（呼气）左足尖内扣，腰胯引后转，右足轻贴地面，劲点在足后跟，往右后划圆扫转约180°，左足尖随着再内扣，重心仍在左腿。右手随着展开向水平线划弧，手与肩平，肘低于手，劲点在掌缘。眼平移视右前，耳听身后（图105）。腰胯继续右转，右足跟继续向右后扫转，至面向南。右手划弧上举于头右侧，指与头顶平，指尖向前，沉肩垂肘，掌心向前，意注指尖。右足踏实，左足尖轻点地，足尖向前，左手掌根沉住，指尖向前。两手指尖向前有向身前中线包合之意。顶劲、沉气，落胯塌腰，骶部有力，尾闾正中（尾闾骨尖对向正前方），眼平视前方（图106）。

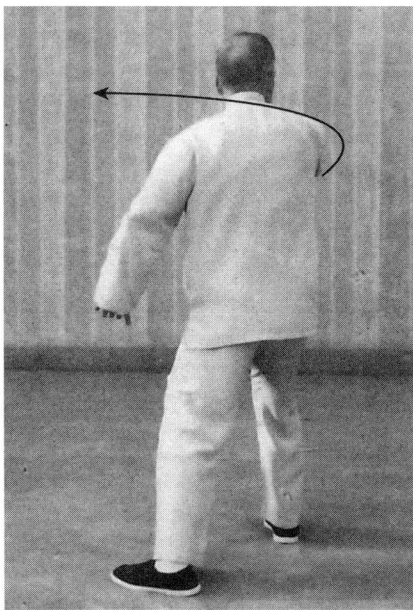

图104

图105

动作三：（吸气）腰胯左转，重心左移，左足跟稍里收踏下坐实，足尖向左前45°。右足跟提起，足跟微外撇，足尖轻点地，足尖向前，与足跟对直。同时，右手下落至右胯侧，相距约二横拳。左手上举至头部，两手指尖向前，有向身前中线包合于一点之意。坐实左腿时，转为呼气，顶劲、沉气，落胯塌腰，骶部有力，尾闾正中。眼关顾两手移动，平视前方（图107）。

图 106

图 107

注意事项：

1. 转身要圆转，小僵不滞，右足跟贯劲向右后扫转，要一气呵成，不可停断。足到定点踏实，要如钉入木，极为牢固。

2. 立身中正安舒，以意行气，以气运身，内外、上下协调、和谐，才能旋转自如。

3. 两手缠绕，做螺旋式的弧形动作，要松柔不显僵硬，或显出故意做作有刚强之劲。

4. 定式时，带脉、冲脉有气旺涌出之意，小腹两侧有下收前合之意。两手一上一下，在上者，劲点在腕节之上，以意行气有向身前中线合住之意；在下者，劲点在腕节之上，以意行气有向身前中线合住之意。此为推手时之发劲动作，须于推手实践中仔细体验，并纠正拳架动作。

第十四式　金刚捣碓（南）

动作一：（继续呼气）右膝稍提起，带动足跟、足尖离地，足跟上提时稍里收，即前伸以足尖踢出，意注踇趾尖。同时，左手向面前中线划弧而下按，劲点在掌缘，停于胃部前，拇指距胃部约一横拳。同时，右手外旋，向前上中线划弧，手外旋，掌心向前上，意注指尖。停于裆前，腕节距裆部约四横拳。足与两手同起同止，足掌贴近地面踢出，意注踇趾尖，到定点时踇趾尖点地，意注趾尖，如钉入地。眼平视前方，耳听身后（图108）。

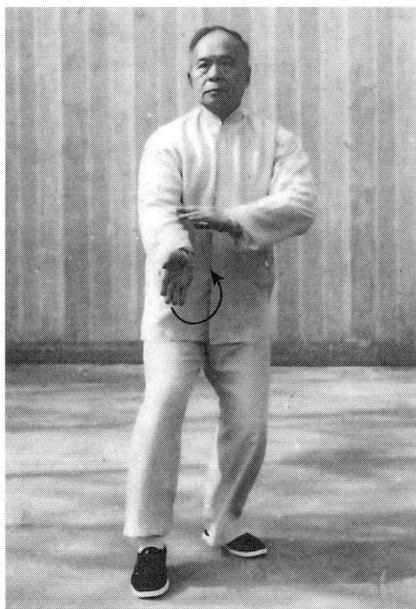

图 108

动作二：（图109）。

说明参阅第三式动作二。

动作三：（图110）。

说明参阅第三式动作三。

动作四：（图111）。

说明参阅第三式动作四。

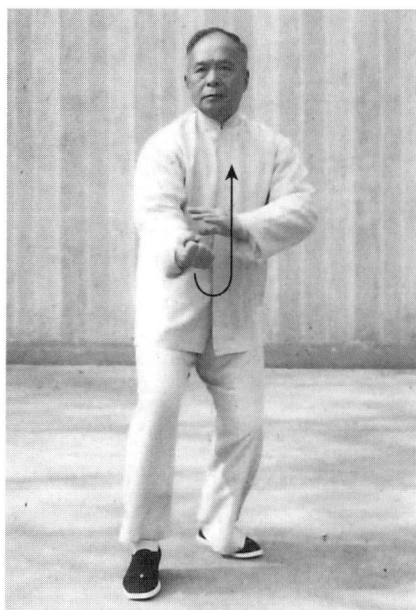

图 109

图 110

图 111

图 112

动作五：（图112）。

说明参阅第三式动作五。

第十五式　披身捶（南）

动作一：（吸气）右拳变掌，两手分向左右微内旋展开，指下垂，掌心向内（图113）。两手继续上举，手与肩平，指仍下垂（图114）。

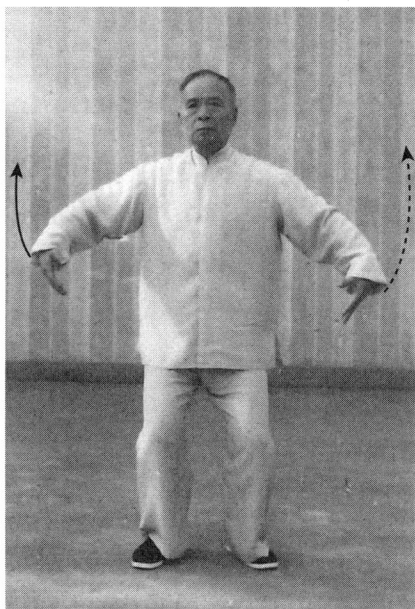

图113　　　　　　　　　　　　　　　图114

动作二：（呼气）腰胯微下沉，沉肩、垂肘、坐腕，掌心翻向上，指尖向外（左右两侧）。眼视右手食指（图115）。

动作三：（吸气）重心移至左腿，两手内旋，沉肘，抱合至两肩前。手心相对，指上扬。同时，左腿稍屈膝落胯，身下蹲，右足尖翘起，足跟轻贴地面。眼视右前方（图116）。左胯根微内旋，继续下沉，身微右转，右足轻贴地面向右前方铲出，足尖微上翘。同时，两手外旋，右手推至左肩前，掌心向左后。左手推至右肩前，掌心向右后，右手在内，两手交叉于胸前，右掌根距胸窝约三横拳，沉肘，指上扬，指尖与肩平。

重心全部在左腿，右足跟虚贴地。眼平视右前（图117）。

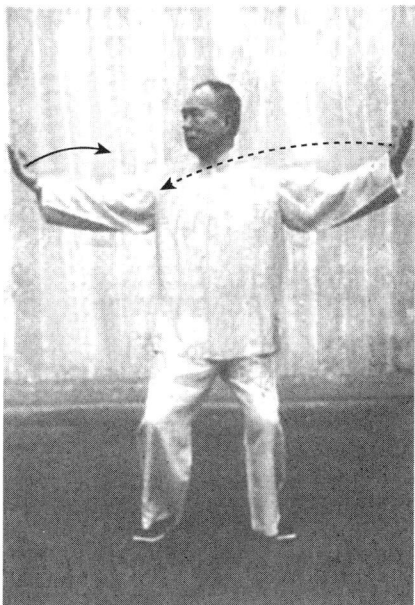

图 115

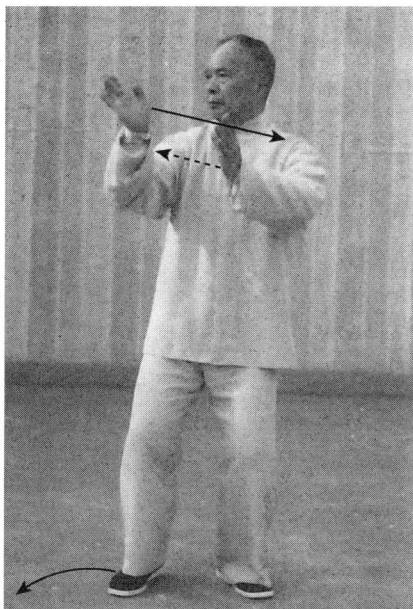

图 116

图 117

图 118

动作四：（呼气）腰胯微右旋，重心右移，成骑马步。同时，两手微内旋，掌心向两侧外方。眼向前平视（图118）。随即落胯沉肘，两手外旋抓成拳，拳心斜向内，拳眼斜向上（图119）。

动作五：（吸气）裆劲微下沉，重心微右移。同时，右拳内旋往右拉开至右下颌前，拳心斜向内下，再外旋划圈，使拳心向内，拳面与右下颌相距约四横拳，肘沉住。左拳内旋，往左拉开至左下颌前侧，拳心向内下，再外旋划圈，使拳心向右，拳面与左下颌相距约六个横拳，肘沉住。当右拳向右拉开时，重心稍右移，腰胯微右转。当右拳与左拳同时外旋划圈沉肘时，重心稍左移，身转正，仍成骑马步。眼从左拳出视，耳听身后（图120）。

图 119

图 120

动作六：（呼气）腰胯微左转，重心左移，弓左腿，蹬右腿，成左弓蹬步。胸腹中线对向左前约30°。同时，两拳外旋，右拳移至面前，高与鼻平，拳心向内；左拳向左外展开，由外旋变内旋划圈，高与鼻齐，拳心向内右。两拳以等距离左移，沉肘，遥对合住劲。落胯塌腰（图121）。

动作七：（吸气）腰胯右转，重心右移，成骑马步。同时，右拳外旋划弧下落至胃部前，拳心向内上，相距约二横拳；左拳向右平移至左面前，高与鼻齐，拳心向内，拳面距鼻约四横拳（图122）。

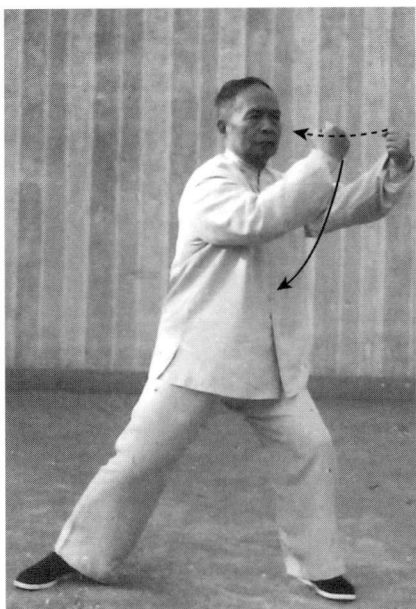

图 121   图 122

动作八：（呼气）腰胯继续右转，弓右腿，蹬左腿，成右弓蹬步。胸腹中线对向右前约$30° \sim 45°$。同时，右拳外旋下沉至右胯前，掌缘距胯约一个横拳，拳心向上。肘不贴肋，腋下容一拳地位。左拳微外旋，向右平移至右前，高与鼻齐，拳心向内，拳面与鼻相距约四个横拳。鼻尖、左拳面、右足尖成三尖相对。沉肩垂肘，裆劲下沉，眼从左拳前平视（图123）。

动作九：（吸气）裆劲微下沉，腰胯微左转。同时，右拳微内旋上举至右面前，高与鼻齐，拳心向内，拳眼向右后上方。左拳微外旋，从右腕内侧下落于右胯前，拳心向上，掌缘距胯约一横拳。眼微左移视右前（图124）。

图 123

图 124

图 125

动作十：（呼气）腰胯左转，重心左移，成骑马步。同时，左拳内旋左移上提至胃部前，拳心向内上，相距约二横拳。右拳内旋左移至右面前，高与鼻齐，拳心向内，拳面距鼻约四横拳（参考图122，两拳动作相反）。腰胯继续左转，重心左移，弓左腿，蹬右腿，成左弓蹬步，胸腹中线对向左前 30°～45°。同时，左拳外旋下沉至左胯前，掌缘距胯约一横拳，拳心向上。肘不贴肋，腋下可容一拳地位。右拳微外旋，向左平移至左前，高与鼻齐，拳心向内，拳面与鼻相距约四个横拳。

鼻尖、右拳面、左足尖成三尖相对。左肩与左胯、右肩与右胯上下对直，头顶百会穴与裆部会阴穴上下对拉成一条垂直线。沉肩垂肘，裆劲下沉。脚跟之劲，节节贯串于拳。眼从右拳前平视（图125）。

说明事项：

"披身捶"在陈式太极拳套路中多有之，亦名"庇身锤"。长拳一百〇八势中有"庇身拳"。太极拳头套十三势中有"庇身打一锤"，三套有"庇身"，四套有"庇身拳势如压卵"，五套拳歌有"回头庇身"，二套炮捶第五式为"回头庇身"。但另一"二套锤"拳谱中无此式名。可见陈式"炮捶"传习中后来才有"披身捶"一式。陈发科老师于1928年10月去北平授拳后，所传"二路炮捶"拳谱第十式为"披身捶"。但无"撇身捶"式名。

注意事项：

1. 双掌抓拳时，要意注指尖，指勾拢要柔顺，指尖似有钢钩之意，双手外旋绞转。劲自腰腿发出，脊柱节节松沉，气贴脊背，沉肩垂肘，涵胸拔背，手上之劲，自然柔顺中有刚劲。两拳向左右分开对拉时，胸廓自然开张，背肌、胸肌自然松沉。

2. 抓拿翻腕可两人互练，或在推手时顺势抓拿翻腕，日久则熟能生巧，手柔活而又指如钢钩，才有实用价值。

3. 意、气、劲在整个拳式中同时并练，须细心体会，逐渐配合，使能协调、和谐。

4. 披身捶，又名庇身捶，两拳上下左右缠绕转折，当步左右旋转，卫护周身，转折击人。对手依我何处，即从何处转折击之。拿法、打法、跌法，兼施并用。

第十六式　背折靠

动作一：（吸气）腰胯微左转约10°，身中正不前俯，右拳稍向左前伸展，松肩沉肘（图126）。随即腰胯右转，重心右移，成骑马步，胸腹中线向南。同时，两肩骨节右旋，右拳内旋弧形下落于左肩前，拳心向内，相距约二横拳，肘沉住；左拳内旋微上提于左小腹侧前，拳心向内下。眼平视左前（图127）。

图 126　　　　　　　　　　　图 127

动作二：（呼气）重心继续右移，弓右腿，蹬左腿，成右弓蹬步。同时，右肩骨节右旋，右肘尖向右后上方挤出，右拳内旋划弧向上提至头顶前，拳心向内下；左拳内旋，以拳面紧贴于左腰侧，肘尖向左前下沉住。当右拳向右上提时，头顶带领右拳右移；当右拳上提至头顶时，右肩背向右后一抖，叫作背折靠。弓足右腿，右臀外旋，右肘一挤，右拳一领，左肘一沉，腰胯一拧，与背折靠同时完成，等于全身一抖。眼视左足尖，耳听身后（图128）。

说明事项：

1. 靠劲是用肩、胯、背、胸发劲击人的一种抖弹劲。靠劲来源于腰腿，以缠丝劲（螺旋弧形动作）缠绕运转，节节贯串于发劲部位，一般在贴近对方身体时使用，黏随不脱，乘势进半脚以占机势，靠出宜快不宜慢，并须立身中正，裆步稳固。

2. 背折靠是两人接手，或彼将我手，使我前倾，我臂、肩正贴近彼胸前，或我臂、肩进挤贴近彼胸前。我均可小圈转关，腰、胯、肩一转，以肩背部贴身靠打彼胸部。气向下沉，内劲突然以抖弹劲爆发。

图 128

第十七式　七寸靠

动作一：（吸气）身稍左移，似八字骑马步。同时，左拳伸至右小腹前，拳心向下，拳眼距右小腹约一横拳。右拳下落变掌，横按于左小臂上。眼视左前下（图129）。身稍右移，右腿屈膝下蹲，右胯落下去，右膝节有力，支撑全身重量。左胯往下沉，腰稍向左前弯。左肩、左肘往下沉，愈低愈好，但顶劲要领起，身法要斜中寓正。左腿扑下去，膝微屈不挺直。眼视左前下。

动作二：（呼气）两胯根前送，重心向左移至左腿弓，右足蹬，成左弓蹬步。肩、肘在下由头带领向左前挤，左足前弓，肩再往上挑起，头顶往左前斜领顶劲，身体向左前俯。眼视左前下方（图130）。腰胯右转，右手抓成拳，头顶向右上转正，身正直，裆撑圆，裆劲下沉。同时，两拳外旋向左前上方摔去，至手与肩平，拳眼向上，两肘微屈沉住，胸向南。眼视左前（图131）。腰胯右转，重心右移至成外八字骑马步状。两拳以等距离向右上经头顶面前往右下摔去至右拳在右肩前，左拳在左耳前。眼移视右前（图132）。上一动作气势不停。腰胯继续右转，右膝前弓成右弓蹬步，两拳外旋，乘势摔下，右拳置右胯前，拳心向上，掌根距胯约一横拳，左拳置右乳前，拳心向内上，相距约三横拳。裆劲下沉，沉肩垂肘，腰和脊柱松沉直竖。眼视右前（西）（图133）。

图129

图130

说明事项：

1. 七寸靠先将身稍后移下蹲，以化解来力。古法：身体前俯，左肩离地七寸许，再往前上挑起，似挑对方小腹，转腰胯，两手似抓住对方两手，或左手挑裆，右手抓住对方右臂，向右后下摔去。近于摔跤法中的"倒口袋"。相传杨露禅（1799—1872）练此式时，试以制钱置裆前地上，俯身而下，再往前抄起时，嘴能含起地上制钱。说明其腰腿柔软。

图 131

图 132

图 133

2. 七寸靠肩往上挑时，顶劲领先向前上挤。古代拳法，头为拳法之一，现代陈式拳法中还保持头为一拳之法。

第十八式　指裆势（东南）

动作一：（吸气）腰胯微左转，重心微左移，胸渐转向南。同时，右拳微内旋上举至头右侧，高与头齐，拳心向内，下与右足尖对齐；左拳微内旋稍向右上移，拳心向内，与右肩平，相距约三横拳（图134）。腰胯继续左转，成骑马步。左拳微外旋左移至胸前中线，拳心向内上，距胸约三横拳；右拳下落内收至右耳侧，拳面向内，相距约两横拳。眼视左前约30°。

图 134　　　　　　　　　　　　图 135

动作二：（呼气）裆劲下沉，左拳外旋，向左前30°以拳背击出，沉肘，拳心向内，拳面向上。同时，右拳下落微外旋至右肩前，沉肘，拳心内。眼平视左前30°（图135）。左拳背乘势向下劈去，至拳与腋窝平，拳心向上，下与左足尖对齐，肘尖内收下沉，距左下肋约二横拳。

同时，右拳外旋下沉至胸窝前与乳平，拳心向内上，拳眼向外上，距胸窝约一个半横拳。眼平视左前，耳听身后（图136）。

动作三：（吸气）腰胯微向左转，左膝弓出，右膝内扣，裆劲下沉，成左弓蹬步。左拳劲点在尺骨处，随肘尖内收下沉，向内似刮刀向右内卷转一刮，拳心向内上，距胸窝约三横拳；右拳微外旋稍内收，拳心更斜向内上，距胸窝约一横拳。两拳合住劲（图137）。

图 136

图 137

动作四：（呼气）腰胯左转，左膝内扣，右拳内旋，向裆中前方下击，拳心向内，距裆约二横拳。同时，左拳弧形下沉至左小腹前侧，掌缘贴住腹侧。转腰胯、扣膝，右拳下击，左拳后抽，须一时俱到。右拳到定点，尽力一击，一击之后，立即松开。眼视前下（图138）。

动作五：（吸气）腰胯右转，重心右移。右拳外旋上提至胸窝前，相距约二横拳，拳心向内，沉肘。同时，左拳向前上冲，高与脐平，拳心向内上（图139）。腰胯右转，成骑马步。右拳下沉收至胃部右侧，相距约一横拳，拳心向内上。同时，左拳上冲至胸窝前，拳心向内，相距约五横拳。沉肩垂肘，肘不贴肋，顶劲领起，裆劲下沉。眼视左前（图140）。

图 138

图 139

图 140

说明事项：

1. 指裆势在戚继光《拳经》三十二势中是第十七式，歌诀说："指裆势是个丁法，他难进我好向前。踢膝滚蹾上面，急回步颠短红拳。"

2. 指裆势右拳下击对方小腹后，螺旋上提收回，同时左拳螺旋上冲对方胃部，这个冲击着法叫作"满肚痛"。

3. 动作二，左拳背向前下击去，要像皮鞭抽击，柔顺而下，落点时猛然一震，一鞭一条血痕，劲透骨内。

第十九式　撇身捶（胸南、面东）

动作一：（吸气）腰胯右转，重心右移，成右弓蹬步。同时，两肩关节右旋，两拳内旋向右下松沉至右胯前，左拳在内，右拳在外，拳心俱向内。落胯塌腰，吸气蓄势，眼视右前约30°（图141）。腰胯左转，身向正南，成骑马步。同时，右拳外旋上提至胸前，拳心向内上，沉肘；左拳上提至脐前，拳心向内，相距约一横拳。眼从右拳面前平视（图142）。腰胯微右旋，右拳内旋下落于胸窝前，拳心向内，相距约三横拳，与左拳上下相对，两肘有分向左右挤出之意。气聚胃部，胸廓开张。眼视右前约30°（图143）。

动作二：（呼气）右拳内旋下落，左拳微外旋上提，拳与肘平，拳心向内微向上，右拳在左拳之外，稍低于左拳，拳心向内下（图144）。

腰胯微左转，身向正前（南）。左拳外旋掤出至胸窝前，拳心向内上；右拳同时内旋向右下划弧至腰侧，相距约一横拳。裆劲下沉，两肩松沉。眼向前平视（图145）。裆劲下沉，腰胯左转，左腿弓，右腿蹬，成左弓蹬步。同时，左拳外旋以尺骨处向左横击，拳心向上，肘稍屈沉；右拳向右下击出，拳心向后。转腰胯，左弓右蹬，左拳横击，右拳下击，须同时发动，同时完成。顶劲，沉气、涵胸、塌腰。眼视左前（图146）。

图 141

图 142

图 143

图 144

图 145　　　　　　　　　　　　　　　　　图 146

说明事项：

披身捶（庇身捶）与撇身捶作用不同之处，前者着重在"披"与"庇"，即缠绕转折以化解来力，双手卫护头部、躯干，乘势乘隙还击；后者着重在转折反射发劲。训练全身突然发出抖劲。

注意事项：

1. 欲左先右，蓄而后发，缠绕转折要柔顺，不犯刚硬、凹凸、断续之病，发劲一刹那之间，要周身劲集中到主攻方向。

2. 此式主攻方向为左拳横击发劲，同时左胯一旋，右肩一转，右拳下击，同时发劲。发劲能健强内脏。每天单练此式数十下，能提高爆发力的质量。

第二十式　斩手炮（胸北、面东）

动作一：（吸气）腰胯右转，重心移右腿，落胯屈膝，胸腹中线对向右前约30°。左足收回，足尖轻点地，成丁字步。同时，左拳内旋，劲点在尺骨处，向里下划弧将去，拳心向内，置于左胯根前，相距约一横拳；右拳向里收，拳眼距胯骨约二横拳。眼平视左前方（东）（图147）。左拳向右上划弧，至胸窝前变掌，拇指距肩约三横拳，肘屈沉，掌心向右内下；同时，右拳上举至右耳前，拳心向耳，肘屈沉（图148）。

图 147

图 148

动作二：（呼气）左腰胯向左转，左足跟向里旋，踏下，足尖对向左前45°。同时，左手外旋，掌心向上，掌根距胃部约二个半横拳。右拳外旋内收至右耳侧，拳心向内右，相距约一横拳。眼视左前（图149）。腰胯左转，至左前60°，左足屈膝站稳，右膝提起与脐平。右拳外旋，拳心向内，至右颌前，相距约二横拳。左拳微外旋，收至胃部前，掌心向上，掌缘与胃部相距约一横拳。目视右前方（东南）（图150）。左足跟微外旋，下蹬地作声（或轻落地不作声）足尖对向左前（东南）约为60°。同时，右拳自胸前中线以拳背下击，落于左掌内作声，与右足蹬地同时完成。掌缘距脐约半横拳。顶劲领起，气沉丹田，涵胸拔背，落胯塌腰。眼平视右前方（图151）。

图 149

图 150

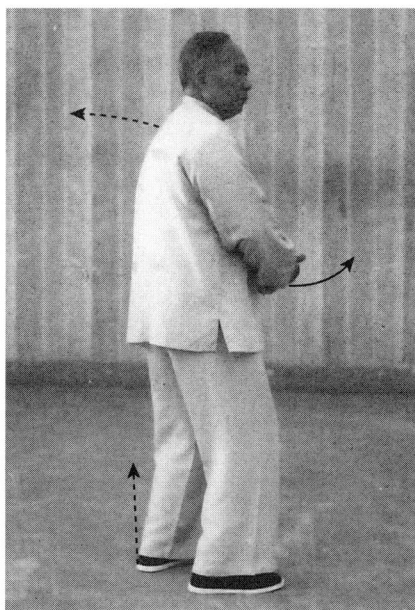

图 151

注意事项：

1. 此式右旋左转，以腰为轴，缠绕圆转，一气呵成。运转时极为柔和，落点发劲时刚脆。上中下一气把定，定式时柔中寓刚。

2. 斩手炮在长拳谱中为第二十二式，炮捶旧谱中为第七式。另一练法为：右肘高举在右头前侧，高与眉齐，右拳小指高与乳平，拳眼距乳上约一横拳，上步肘打下，小臂中部落在左掌心中。

技击作用：

1. 左拳内旋以尺骨处往后捋，如以刮刀旋卷对手肌肉骨节，痛入骨内。

2. 左手反拿对方左手，我手指柔活而又指如钢钩，腰左转用膝撞击，随即落足踩对方足背，右拳背下击对方腕骨或肘节。发劲刚脆，伤人骨节。故名"斩手炮"，以示爆发力之强。

第二十一式　翻花舞袖（胸东北、手东南）

动作一：上式蹬脚落地，即（吸气）右腿沉住，右胯根、右肩节微沉而旋。同时，右小腹下旋，左小腹上旋，左膝上提，左肘带动左手上提，掌心向下，右拳向右侧展开。项左转，眼视左前（西北）（图152）。

动作二：左腰胯向左后翻转，左足落地，足尖向南，右足当左足将落未落时已跃起。同时，右拳变掌向左上经头顶前劈；左手内旋，劲点在掌缘指尖，再外旋使掌心向内右。身向

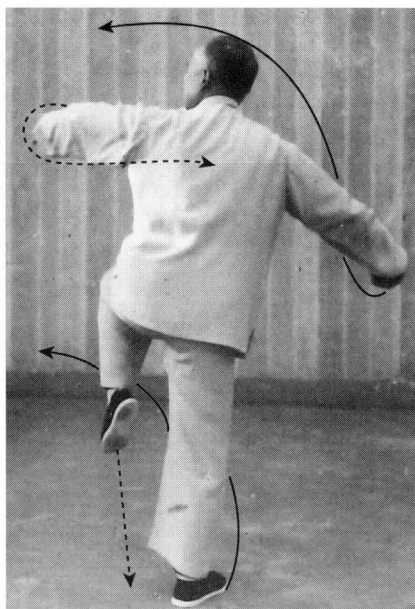

图 152

南，眼视左前（图153）。

动作三：（呼气）左足尖外撇，足尖向左前45°（东北），腰左转，右足向右前迈出，落于左足前方，可出声，也可不出声。同时，左手往左下采按，掌心向内右，指尖向右前，掌根距脐约一横拳。右手从上劈下带挒劲，劲点在掌缘或尺骨处。右足尖向右前，与右手尖方向一致，裆劲下去，顶劲领起，沉肩、垂肘、坐腕。眼平视右前方（图154）。

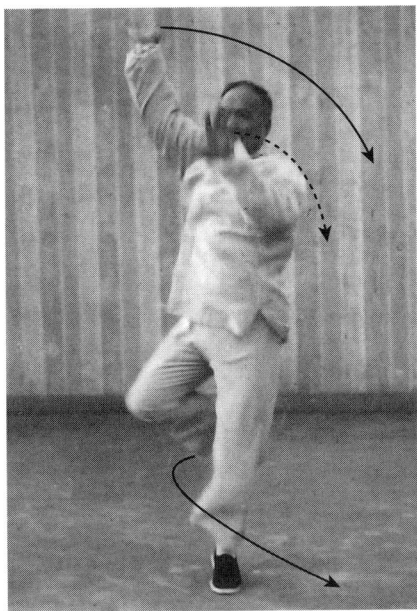 

图153   图154

注意事项：

1. 向左转身时，两肩不可一高一低。

2. 向左翻身腾空跳跃要轻灵圆转。手劈下要练出风声来，这是"舞袖"含义。

3. 左足落地可以作声，也可似灵猫纵下，落地无声。

4. 右足落地似有踩人脚面之意，可作声，也可不出声。

5. 抓人腕节，或抓人衣袖，使用劈、挒兼用之法。

6. 抓劈之法，要形似虎相。抓人腕节，可先从小臂中段脉道抓起，乘势沿脉道而下，指如钢钩，方有按脉、截脉之作用。

说明事项：

"长拳谱"第十二式为"翻花舞袖"。

两仪堂本十三势第四套有"翻花舞袖妙长虹"一式。另有"小四套亦名红拳"，无"翻花舞袖"式名。末两句为"要知此拳出何处？名为太祖下南唐"。据此，小四套即为"红拳"，非陈式十三势第四套。唐豪从陈省三处抄得之谱，四套下注：此名红拳。是把红拳作为陈式太极拳第四路。三套下则注："此名大四套捶。"可见当时在陈家沟所传并不一致。

第二十二式　演手红捶（东）

动作一：（吸气）左足尖里扣，对向右前45°，左腿屈膝站稳。两胯根右旋内收，腰右转。右膝上提与脐平，或高过于脐。同时，右手微外旋，微向左划弧至胸窝前抓成拳，拳心向内。左手弧形上提合于胸窝前，掌心向下，与在下之右小臂交叉而过。再右拳内旋向右侧伸展，左掌内旋，劲点在掌缘向左侧捌去，两手到落点时用意贯劲。左掌心横向左前下方，右拳心向下，两手与肩平，两肘微屈。眼视左前方（图155）。

右膝微上提里扣，两肘往里收，左掌右拳合在面前两侧，高与鼻齐（图156）。

动作二：（呼气）右足往下松沉蹬地，左膝即提起。同时，右拳向左下沉；左掌向右下按，掌心向右外，指上扬，腕节尺骨处合在右小臂桡骨之上，交叉在胸窝前。两手交叉点距胸窝约二横拳，两肘尖各距肋约一横拳。右腿屈膝落胯，站立稳当，涵胸塌腰（图157）。左足落下，离地面约半尺许时，向左侧横伸，劲点在足掌外缘，尽量伸展铲出。右腿稳住，身法端正，不俯仰、不歪斜。左足落地平实踏下，重心仍落在右腿。然后两胯根往左送，腰左移，成骑马步，重心落两足间。同时，右拳劲点在尺骨处，手微外旋，用意向裆中下沉，右拳心向内上，意劲贯于尺骨处。左手微内旋贴住右手桡骨处下按，掌心向右内下，指尖斜向右前上，意注指尖。双手交叉点距小腹中线约一横拳，落胯塌腰，顶劲领起。眼平视左前，眼神关顾两手移动（图158）。

图 155

图 156

图 157

图 158

技击作用：

1. 右手在胸前中线将来手（不论左手或右手）抓住（或用掌缘捋）往右划弧抖出（腰要右转）。左手向对方手臂或胸部用急劲捋拍，动作弧形螺旋，曲中求直，向左右鞭开，着人身手如刀砍削，震动力要强大，方能出手惊人。同时起右膝顶撞对方身前痛处。

2. 双手合拢，似抓拿来手脉道、关节之后，急劲一抖如刀砍削，使人痛入骨内。

3. 迈步出腿，大多含有剪臁、踢膝、套脚、衬脚（走中门），点，踏脚面等作用，此式出腿成骑马步，包含剪、套、踏作用。我右手抓对方右手向右下方反拿下沉，左手下按滚切其小臂使其疼痛失去反抗力量，我随用图149、图150向左捌旋其左肩，我向左拧腰变脸，下部套脚扣膝，将其跌出。若我左手向其面部捌去，即成为"抹眉红"跌打之法。

动作三：（吸气）右拳内旋向右上移至右腰前侧，拳心向内，相距约一立拳。左手内旋向上划弧至胸锁骨中线前，掌心向下。再内旋向左展开至左肩前，掌心向外前，掌根距肩约六横拳（图159）。右拳继续向右展开，拳眼距腰侧约二横拳；左手继续向左外展开，掌心向左前（东），劲点在掌缘（图160）。

动作四：（呼气）裆劲下沉，两胯根撑开撑圆。两肩骨节松旋，右拳内旋上举，将与肩平

图159

时，左掌、右拳面同时向前后上方展开抖发。左掌指上扬，掌心向左前（东），右拳心向下，两手与肩平，肘微屈沉。右拳上举时，项松竖右转。

眼平移视右拳前方（西）。顶劲沉气，拔背、吊裆（即肛门微紧一下）（图161）。

图 160

图 161

动作五：（吸气）两肩骨节内旋，两手外旋上举，手与肘垂直，拳心、掌心向内，眼视右拳。右足跟微提起（此时身法、眼法与图161同），随即右足跟微外扭蹬地作声。同时，腰胯左转，胸腹中线对向左前约30°，右膝微前弓，左膝微内扣。两肘向内下沉，距两肋前侧各约两横拳，肘不贴肋，腋下可容一拳。两手向内面前合，至高与眉尖齐，相距各约两横拳。眼视左前方（图161 - a）。两肘下沉内收，肘尖距两下肋前侧各约一横拳，两手再经面前外旋下沉，合拢于胸窝前，左掌心向内上，指尖向右前上，劲点在掌缘；右拳在内在上，与左掌相距约一横拳，拳心斜向内左上，劲点在尺骨处。眼视左前，合为吸、为蓄（图162）。

重心向左移，腰胯左转，成左弓蹬步（此时作为转东）。胸腹中线向右前（东南）约45°。两手急向内下合拢，成吸、蓄之势。眼视左前方（图163）。

图 161 - a

图 162

图 163

图 164

动作六：（呼气）裆劲下沉，左足踵用力蹬地，腰微向左一拧，右足尖稍向内一扣，右膝稍向内一合，劲起脚跟。同时，右拳内旋，掌缘从左掌劳宫穴擦过，拳向右前约60°抖发击出，到定点时拳一拧，拳心向下，一抖发劲，鼻口（微张口）吐气发声。同时，左肘向后抽击，一抖一抽，前后对拉，左掌向左下划弧，掌指贴于左小腹前侧。指尖和胸腹中线对向右前（东南）约60°，与右拳一致。眼平视右前方（图164）。

说明事项：

1. 演手红捶在杨、吴二式中叫作"搬拦捶"。陈式炮捶中演手红捶向东击出的共出现四次，即22式、45式、57式、62式。向西击出的共出现二次，即37式、54式。这表示演手红捶是炮捶中重要的拳式。称作"红捶"有二种含义：一是"出手似红炉出铁，人不敢摸"；二是"出手见红"，如炮轰，着人身要害，顿时见红。

2. 陈式二路（炮捶）中有"十五红"，演手红捶占有"六红"，居于首位。学者可抽出此式单练，作为基本功之一。单练时可以蹿蹦跳跃，绕场圆转。

3. 永年县故老相传，杨露禅自温县陈家沟返乡后，初次受聘去外县某富翁家教拳，当时陋习，拳师初去设宴时，由徒弟推选一人与老师比手，老师胜者留下，若负，则辞去。露禅初出茅庐，一伸手即用演手红捶将一青年打倒，呕血而死。富翁为青年料理善后，露禅亦不敢留而回。露禅吸取教训，去北京教拳，善于胜人而不伤人。

注意事项：

1. 演手红捶两手合拢，蓄而后发。有二种练法：①右拳从左掌劳宫穴擦过击出，如图解。②右拳背下击左掌心作声，蓄而击出。右拳屈肘，拳心向内，距胸窝约四横拳，拳背向前一抖。左掌抓成拳回收，拳心向内，距胃部约二横拳。劲点在尺骨处，往内下一收一旋沉住。第一种练法为远距离发劲，第二种练法为近距离发劲。陈氏拳家认为出不如蓄，长打不如短打。因为短打蓄劲，触着何处，即从何处发劲。

2. 发劲为开、为呼，须劲起脚跟，注于腰间，通于脊背，形于拳（掌、指）。

3. 蓄劲为合、为吸，周身劲力集中。浑身合下力千斤，捶去何能不见红？不是别有妙方，只因中气贯足。

4. 右膝右手上提时，可以纵身跃起，带动左足跃起，双足落地时可以重实作声。练习蹦跳勇猛。

第二十三式　抹眉红（东）

动作一：（吸气）右腰胯微左转再右转，重心后移，成前三后七的左虚步。同时，右拳外旋使拳心向左内上，沉肘，劲点在尺骨处，再内旋回收，拳心向下，距胸窝约二横拳。同时，左胯内旋前送，左手内旋上提至胃部前，从右小臂下向前穿击，掌心向下，指尖向前，意注指尖，两肘屈沉，肘不贴肋。蓄势待发，胸腹中线对向右前（东南）约60°。眼平视前方（图165）。

图 165

图 166

动作二：（呼气）腰胯右转前送，重心前移，成前七后三的弓蹬步。同时，左掌内旋，指前伸，掌心向左，肘微屈不直，意注指尖。右肘往后挤出，拳眼距右乳约一横拳。一前伸，一后挤，成对拉发劲。胸腹中线对向右前约90°（南）。眼视前方（东）（图166）。

说明事项：

1. 陈家沟旧拳谱中，十三势有丘路，都无"抹眉红"拳式。长拳一百〇八势中第四十式为"抹眉红盖世无双"。炮捶架广中有"回头抹眉红""抹眉红拳"二式。

技击作用：

上步踩脚面或套住对方前足，反掌（手外旋或内旋，掌缘在上者，都叫作反掌）向对方面部眉眼插去，腰左转，手向左捯去，用螺旋刚脆之劲，使对方倒地。须技法纯熟，不伤对方眼睛。抹眉红为跌法之一。

第二十四式　跃步拗鸾肘（东转南）

动作一：（吸气）左腰胯微向左转，左掌指稍向左捯，胸腹中线对向右前约60°，左胯根微下沉，左腿着力，蓄势待发。

动作二：（呼气）右足向前（东）跃出（能远尽量远），左足随着离地紧跟前去，身左转；同时右拳向前击出，拳心向下。左手沉肘收至胃部前，掌心向下，指向前，拇指距胃部约一横拳，左肘距左下肋约一横拳。当右足落地时，右拳刚好落点，左足刚好跟上落地，右足实，左足虚，成右拳前击，左手护心护腰之势。眼向右拳前平视（东），胸向北，耳听身后（图167）。

动作三：腰胯左转，左足向左前（西北）迈出，左足尖外撇踏实。成左弓步。同时，右足尖内扣，右拳外旋向左移，拳眼向上，右拳与右足尖上下对齐，左手随腰左转。眼视右前方（北）（图168）。

动作四：腰胯继续左转，右足尖内扣对向南方，左足向前踏下，足尖对向西南，成左弓蹬步。左小臂劲点在尺骨处向左下划弧捋去。右拳微外旋向左捋，拳面向西。胸向南偏西（图169）。

图167 图168

腰胯再微左转，右足上一脚，足跟带拖劲震脚作声（或不作声）。同时，左手捋至左小腹前侧，掌心向下，指尖向前。右拳外旋劲点在尺骨处，向胸前捋截，肘屈沉，拳心向上。胸向正南，眼向前平视。右足拖劲作声、左手捋至落点、右手横截一刮，三者须一时俱到。顶劲、沉气、落胯塌腰，耳听身后（图170）。

动作五：（吸气）右胯、右肩内旋后抽，右足退后半步，成右实左虚丁八步。同时，腰胯右转，胸腹中线对向右前约45°。右拳内旋划弧落至脐上右腹前，拳心向内下。左手弧形向前上举，指尖向前，稍低于右拳，手尖、鼻尖、足尖三尖对齐（图171）。右腿坐实，落胯塌腰，左足跟提起，收回半步，足尖轻点，成丁字步。同时，左手弧形上举，向右上方横拦，高与胸窝齐，掌心向下，掌缘、尺骨向前，左肘与左膝对。右拳外旋往后抽至右腰肋侧，拳心向上，肘尖向后挤。眼向前平视（图172）。

图 169

图 170

图 171

图 172

动作六：（呼气）左足上半步，足尖向前，右腿坐实，左足虚踏地，成右实左虚的丁八步。同时，右胯根沉住，左手内旋，掌心翻向外，指尖向右，劲点在掌缘、小指一侧（图173）。

动作七：腰胯左转，右胯前送，左胯微左旋，左膝弓出，成前七后三的左弓蹬步。同时，左手外旋，沉肘，掌心翻向内，拇指、小指合住，指尖斜向右前上（图174）。

图173

动作八：右足前跟小半步，落点时足跟拖地作声。同时，腰胯左转，身向正南，左手向内合，右小

图174

图175

臂往前平击，臂掌合住作声，并与右足落点作声一致。两足沉住，腰腿之劲，贯于手臂，发劲刚脆，发声清脆。眼平视前方，耳听身后（图175）。

说明事项：

1. 戚氏《拳经》第二十九式"拗鸾肘"诀曰："拗鸾肘出步颠剁，搬下掌摘打其心，拿鹰捉兔硬开弓，手脚必须相应。"

2. 拗鸾肘式名，在陈氏旧谱长拳一百〇八势中为第十三式。长拳在陈家沟失传。乾隆年间外传至山西，改名通背拳，所造此势歌诀为："拗鸾一式最为佳，左右虚身有妙法，右拗左合彼难架，翻身肘上拗步斜。"

3. 在旧谱太极拳十三势五路中，仅第五套第十一式为"拗拦肘"，当系"拗鸾肘"。

4. 跃步拗鸾肘的另一种练法是：右足前跃，右拳同时前冲，左足后随但不落地，随即以右足跟为旋转中轴，腰胯左转，右足做270°的大转动，落于西南角（即西南时右侧45°）成骑马步。同时，左手内旋，从胸窝前向左下划弧至左膝前，掌心向下，指尖向左前；右拳内旋下落，以拳面贴于右腰侧。然后左足前弓成左弓蹬步，腰胯左转，身向南，左手外旋内合，右肘向前平击，小臂合于左掌心之内，发劲作声。沈家桢、顾留馨合著的《陈式太极拳》中即采用上述练法。

技击作用：

此势有跳跃，有闪转腾挪，有前进后退，左顾、右盼、中定，是实战经验中提炼出来的拳式练法。

1. 跃步跺脚冲拳之后为后移躲闪。

2. 转身左拦右截为背后来拳，我转身以小臂拦截，防中有攻。左采右截，下部我腿插入对方裆中前足侧，转腰采手截颈，是跌打兼用之法。

3. 反拿对方左手，右肘发劲。左足套住对方前足，是肘击跌人之法。

第二十五式　双拿双分（东南）

动作一：（吸气）右拳变掌，左右手同时内旋翻腕，成反掌，分向左右两侧，拇指在下，各距乳约四横拳。两手似有採拿对方两手之意。

动作二：（呼气）随即两手外旋合拢，交叉于胸前，右手在内，左手在外。右掌根距胸窝约二横拳。掌心俱外向两侧，指尖俱斜向上。似有将对方双手绞转之意。两胯根、两肩节随着两手的开合而旋动。眼平视前方，眼神关顾两手的开合（图176）。

动作三：（吸气）两手再同时内旋翻腕，成反掌，分向左右两侧，拇指在下，各距乳约四横拳。两手似有採拿对方两手，随着对方挣扎而再分开之意。

动作四：（呼气）随即两手再外旋合拢，交叉于胸前，右手在外，左手在内。左掌根距胸窝约二横拳。掌心俱向内，指上扬，指尖俱斜向上，似有採对方两手加强绞转之意。两胯根、两肩节随着两手的开合而旋动。眼平视前方，眼神关顾两手的开合（图177）。

图 176

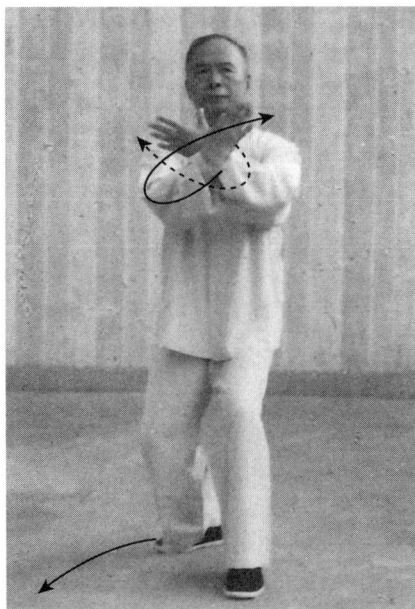
图 177

动作五：（吸气）双手再同时内旋翻腕，分向左右两侧，随即再外旋合拢，交叉于胸前，右手在内，左手在外。同时，左足尖外撇45°，腰胯左转，左腿站稳。右足向前（东南）迈出一大步，重心右移，成骑马步，身向东南（图178）。

动作六：（呼气）裆劲下沉，两胯撑开撑圆。两手内旋，沉肩垂肘，掌心翻向左右斜角，分向左右水平线划弧如撕丝棉，反掌，掌心横向两侧，意注指尖。顶劲、沉气，落胯塌腰，涵胸拔背，沉肩垂肘，两足如钉入地，桩步稳固。眼平视前方（东南），耳听身后（图179）。

图178　　　　　　　　　　　　　　　图179

说明事项：

双拿双分，原有此动作，今以其动作可独立运用，故定名为"双拿双分"。含义明确，不易遗漏此动作，并可免随便划弧。

注意事项：

此势着重拿法绞转，须落胯塌腰，沉肩垂肘，劲起脚跟，主宰于腰，周身节节贯串，合为整体劲，不是单纯恃手臂之劲力。尤须于推手应用熟练，随人之动而圆转自如，加上基本辅助功练手腕手指，使柔韧而又指如钢钩，腕坚如铁钳，才能充分发挥擒法、拿法之作用。

第二十六式　倒卷红（三次东北、东南、东北）

(一) 左倒卷红

动作一：（吸气）两胯根微向左旋，重心稍向左腿移动。同时，两肩骨节微左旋，右手外旋，左手内旋，自右往左划一小半圈，肘屈沉，两掌心翻向左前，指上扬，意注指尖，手与肩平，两手各下对足尖。此乃欲右先左，为下一动作做手法上缠绵的"折叠"和腰肾的左右转换，对健身和技击作用关系很大，学者宜仔细研究，慎勿滑过。

腰胯右转，重心右移，成右弓步。同时，右手外旋，向胸前中线弧形下落，随转腰下落至右腰前，掌心向内上，再向后，弧形上举，高与耳齐，掌心向右耳，肘屈沉。同时，左手外旋，劲点在尺骨处，向胸前中线横截，掌心向上，指尖向前。眼平视前方，眼神关顾手在身前移动（图180）。

右腿站稳，左足跟提起，足尖贴地向右向外划半圆收至右足侧，足尖轻点地，成丁字步。同时，右手微内旋收至右耳侧，掌心向耳，拇指距耳约一横拳。左手微外旋收至胸前，掌心向上，掌跟距胸窝约四横拳。两肘屈沉。腰微左转，两手和左足的动作要同起同止，动作要三合一（图181）。

动作二：（呼气）左胯微向左下旋，腰稍左转，右腿落胯站稳。同时，左肘下沉里收，带回左手，掌心向内上，掌根距胸窝约三横拳。右肘向前下移，带动右手向前下合，掌心向左前下方，两掌心斜对，左手在内在上。左足尖贴地向左后退半步（不停），腰胯左转，两手内旋，手心向下，两手交叉而过，右手劲点在掌缘，向右前按，臂成环形，右拇指距右乳约三横拳；左手劲点在掌缘，向左下捋至左腹前，与脐平，掌根距左腹约一横拳（图182）。

左足继续向左后退半步，成右弓蹬步。右手前按，手与肩平，掌心向下，掌缘向前，不超出右足尖，手的方向与足尖一致。同时，左手向左下捋至左膝之上，掌心向下，指尖向前，食指尖下与膝对，两肘微屈。

右腿弓，左足蹬。前后足横向距离与肩同宽，眼从左手中指前平视。顶劲、沉气，涵胸拔背，落胯塌腰（图183）。

图 180

图 181

图 182

图 183

（二）右倒卷红

动作一：（吸气）两胯根微向右旋，重心仍在右腿。同时，两肩骨节微右旋，右手内旋，左手外旋，自左往右各划一小半圈。两掌心翻向右前，指上扬，意注指尖。右手与肩平，左手在左小腹前，掌根距小腹约一横拳，右手尖下对右足尖。这亦是欲左先右转小圈练习法。

腰胯左转，重心左移，成左弓步。同时，左手外旋，向腹前中线划弧，随转腰下落于左腰前，掌心向内上，再向后，往上举至与耳齐，掌心向左耳，肘屈沉；右手外旋，劲点在尺骨处，向胸前中线横截，掌心向上，指尖向前。眼平视前方，眼神关顾手在身前移动（图184）。

左腿站稳，右足跟提起，足尖贴地向左向内划半圆收至左足侧，足尖轻点地，成丁字步。同时，左手微内旋收至左耳侧，掌心向耳，拇指距耳约一横拳。右手微外旋收至胸前，掌心向上，掌根距胸窝约四横拳。两肘屈沉。腰微右转，两手和右足的动作要同起同止，动作要三合一（图185）。

| 图 184 | 图 185 |

动作二：（呼气）右胯微向右下旋，腰稍右转，左腿落胯站稳。同时，右肘下沉里收，带回右手，掌心向内上，掌根距胸窝约三横拳；左肘向前下移，带动左手向前下合，掌心向右前下方，两掌心斜对，左手在内在上。

左腿站稳，右足尖贴地向右后退半步（不停），腰胯右转，两手内旋，手心向下，两手交叉而过。左手劲点在掌缘，向左前按，臂成环形，左拇指距左乳约三横拳；右手劲点在掌缘，向右下捋至右腹前，与脐平，掌根距引腹约一横拳（图186）。

右足继续向右后退半步，成左弓蹬步。左手前按，手与肩平，掌心向下，掌缘向前，不超出左足尖，手的方向与足尖一致。同时，右手向右下捋至右膝之上，掌心向下，指尖向前，食指尖下与膝对。两肘微屈。左腿弓，右足蹬，前后足横向距离与肩同宽。眼从左手中指前平视，顶劲、沉气，涵胸拔背，落胯塌腰（图187）。

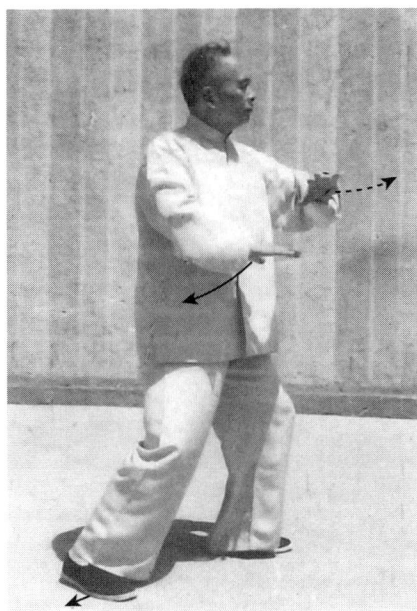

图 186

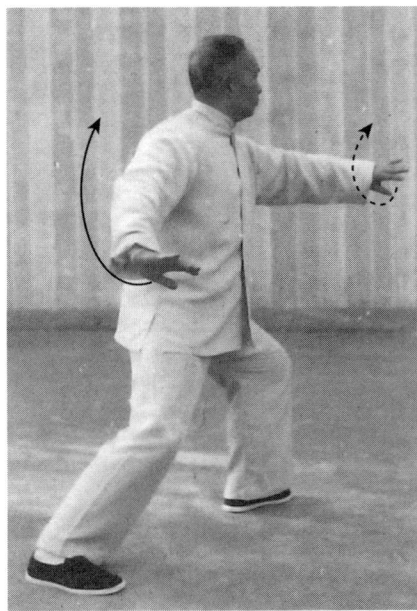

图 187

（三）左倒卷红

（吸气）两胯根微向左旋，重心仍在左腿。同时，两肩骨节微左旋，左手内旋，右手外旋，自右往左各划一小半圈，两掌心翻向左前，指上扬，意注指尖，左手与肩平，右手在右小腹前，掌根距小腹约一横拳。左手尖下对左足尖。这是欲右先左转小圈的练法。

后续动作参见前文"左倒卷红"动作说明。（图188～图191）

说明事项：

1. 式名"倒卷红"，因其左右足轮流向后退行，左右手轮流倒转圈。红者，出手如红铁出炉，人不敢摸。发劲刚脆，出手见红，故名"倒卷红"。

2. 李剑华老先生曾说陈发科老师练炮捶时，有时有"倒卷红"。今为补入，合演手红捶六次，抹眉红二次，跺二红二次，适为旧谱"十五红"之数。

图 188

图 189

图 190   图 191

注意事项：

1. 倒卷红是太极拳套路中唯一连续倒退的拳式，但不是单纯的躲闪、后退，而是边退边攻。前手前足以螺旋式的弧形动作后退，起到前手的将劲、採劲是使对方手臂受牵引、震动疼痛，身向前倾不稳等作用。前足划弧后退，是轻勾对方前足，使之倒地的作用；后手向前按劲，是向对方喉部、胸部发劲进击的作用，后足变前足，弓膝为攻势防御的姿态。这是以退为进的拳式。前辈太极拳家说：此拳进固进，退亦进。

2. 练拳式时，两手缠绕，一手将、採，一手横向前按，运劲似撕丝棉。在划弧过程中，随时可以转为突然发劲。不但此式如此，其他各式也都如此，这是太极拳"因敌变化"的特点。

3. 此式到落点定势时，可以发劲、震足。两手一抖劲，后足用挫劲蹬地作声。

4. 倒卷红另一变着用法为破敌人从后抱我身臂（附图1）。我即转腰，一手前冲，一肘向后击其胸，敌人必松手（附图2）。我乘势一手撩其裆，一手抓住其一臂（附图3）。彼被我撩裆，桩步必浮，我乘势转腰，一手扯，一手挑，将彼从我肩背上向我身前摔倒（附图4）。

附图1

附图2

附图3

附图4

倒卷红技击法

第二十七式　左转肱掌（南）

动作一：（吸气）腰胯微微向左后旋转，重心后移至左腿，成右丁八步。两肩骨节也微微向左后旋转，两手微向右前划弧，即向左下划弧采、捋，左掌在胯上左小腹前，掌心向下，指尖向前，掌根距腹约一横拳。右手掌根下与膝对，指尖向前上，掌心向前下，与右足尖方向一致。顶劲领起，落胯塌腰，沉肩垂肘，两足支持重心为后七前三。右手尖、右足尖对向右前约45°，胸腹中线对向左前约45°。鼻尖、右手尖、右足尖三尖相对。眼从右手中指尖向前平视（图192）。

动作二：（呼气）腰胯右转，重心右移，右腿弓，左足蹬，成右弓蹬步，胸腹中线对向右前约30°。同时，两肩骨节右旋，右手内旋上提与肩平，肘屈沉，手心向右外下方（采拿对方右手）。左手外旋向前上撩，掌心向前上（撩阴掌）。眼平视前方（图193）。

图192

图193

动作三：（吸气）腰胯右转，引足尖外撇约45°，右腿站稳；左膝内扣，靠近右膝弯内侧，左足跟提起外旋，成磨转步。同时，右肩松沉，右肘下沉，右手外旋使掌心向内左下；左肩骨节右旋，手内旋掌心向内右。

动作四：（呼气）前动不停。腰胯右转，左足向前迈出，足尖向东南，成骑马步。同时，右手外旋，沉肘横臂，掌心向内，距胸窝约三横拳，指横向左；左手内旋，掌心向内，指尖下垂，劲点在左小臂向前掤出，手勿超出足尖。腰向左前拧转，右掌向里收转，左小臂向前掤转，须同时完成，身向南。眼视左前（图194）。

附背肘按胯跌法。

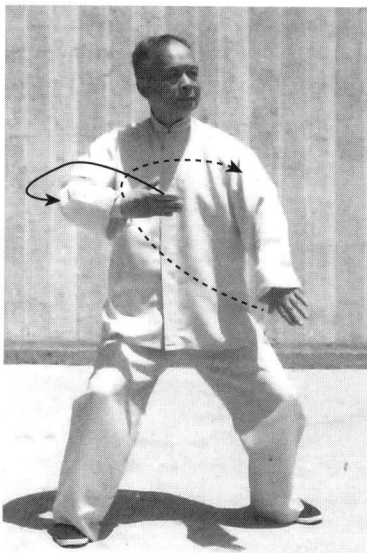

图194　　　　　　　　　图194－a 背肘按胯跌法

技击作用：右手采拿，左手撩阴。进步按膀挤靠，柔过劲、刚落点，缠绕轻灵圆转，黏随不脱，我左膀反背其右肘节，左掌按其胯根，突然刚脆发劲，令人不防而跌倒受创（图194－a 背肘按胯跌法）。

动作五：（吸气）腰胯微右转，重心稍移于右腿。同时，右手内旋稍向右上提，掌心向下，沉肘，掌根距胸窝约四横拳。左手向右上提至右腕内侧，掌心向下，沉肘，肘尖距左下肋约一个半横拳。眼视东南（左前）。

动作六：（呼气）腰胯左转，重心左移，胸向南。同时，左掌内旋向左前横掌，掌心向左下，沉肘。右手沉肘，手外旋，掌心向左前，指上扬。眼视左前（图195）。

腰胯继续左转，重心左移，成左弓蹬步。胸腹中线对向左前45°。同时，左手内旋，掌心向左微向上划弧捌去，高与鼻齐，意注指尖；右手外旋，跟紧左手向左横按，掌心向左，指尖向南。沉肩垂肘，落胯塌腰。眼从左手平视左前（图196）。

图195

图196

说明事项：

左转肱掌是炮捶原有动作，陈发科老师因其着法可以独立成拳式，故定名为左转肱掌。正如戚继光《拳经》三十二势的第一式为"懒扎衣"，太极拳吸收此式就分为"懒扎衣""单鞭"为第一式、第二式。

技击作用：

承上动按膀挤靠震击对方右肘节之后，欲左先右地黏随对方右手，我双手向左横击向对方面部、肩、胸部发劲刚脆，下部早已管住对方前足，施用跌、打并用的方法。

第二十八式　右运手（前三、南）

右运手（一）

动作一：（吸气）腰胯右转，重心右移，成骑马步，身向南。同时，右手内旋，劲点在掌缘，微向右上划弧，至下颌前中线，掌心向下，掌根距下颌约四横拳。左手外旋，向右、向下划弧至脐前，掌根距脐约二横拳，劲点在掌根，掌心横向右前，指尖向左前，沉肩垂肘。眼平视前方（图197）。

动作二：（呼气）腰胯继续右转，重心右移，成右弓蹬步，胸腹中线对向右前约45°。同时，右手内旋，向右上方划弧捌去，反掌，小指在上，指尖高不过眉，掌心向右斜角；左手外旋，劲点在掌根，向右上方按去，掌心向右上，意注掌指，高度在脐上、胃下水平线，掌根距肋约二横拳。眼平视右前（图198）。

图197

图198

动作三：（吸气）右足站稳，右胯沉住，左足提起向右移，落在右足左边，成小开立步马裆，宽与肩齐，两足尖对向前方，稍外撇。同时，

两肩骨节向左下旋，右手外旋，
向下向左捋至右腹前，掌心向前
下，指尖向前上；左手内旋，向
左上划弧至右肩前，掌心向下，
掌根距右锁骨约四横拳。眼向右
平移视右前（图199）。

动作四：（呼气）腰胯微左
转，重心落两足。同时左手内
旋，向左微向上捌去，至左下颌
前，掌心向左前下，反掌，小指
在上；右手外旋，向左横掌按至
脐前偏右，掌根距脐约一个半横
拳，掌心横向左，指尖向右前。
沉肩垂肘，落胯塌腰。眼平视前方，耳听身后（图200）。

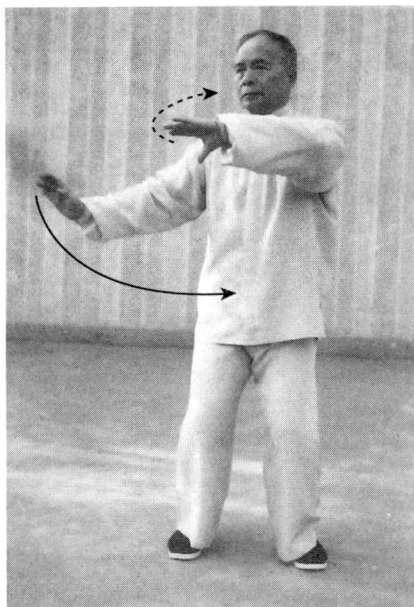

图 199

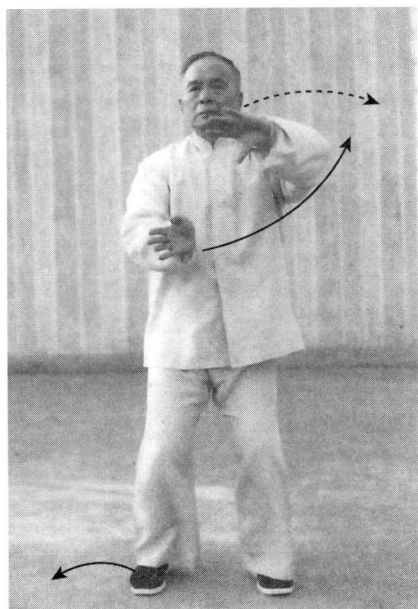

图 200

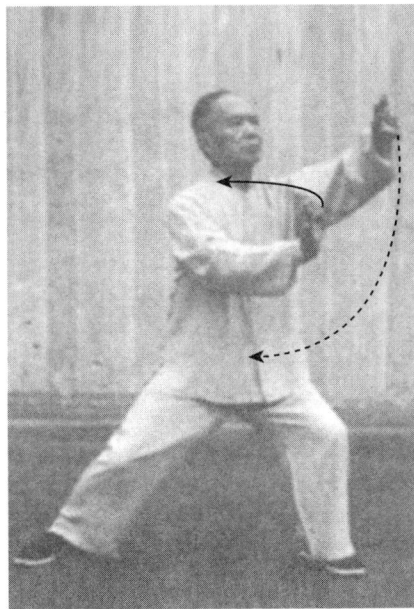

图 201

腰胯左转，身向左前约45°，左腿站稳，右足提起向右横侧迈出，平实踏地，左腿弓，右足蹬，成左弓蹬步。同时，左手内旋，掌心向左微向上划弧捋去，高与鼻齐，意注指尖；右手外旋，紧跟左手向左横按，掌心向左，指尖向南。沉肩垂肘，落胯塌腰。眼从左手平视左前（图201）。

右运手（二）

动作一：参见右运手（一）动作一（图202）。

动作二：参见右运手（一）动作二（图203）。

动作三：参见右运手（一）动作三（图204）。

动作四：参见右运手（一）动作四（图205）。

右运手（三）

动作一：参见第二十七式左转肱掌的最后定势（图206）。

动作二：参见右运手（一）动作一（图207）。

动作三：参见右运手（一）动作二（图208）。

动作四：参见图209、图210。

图202

图203

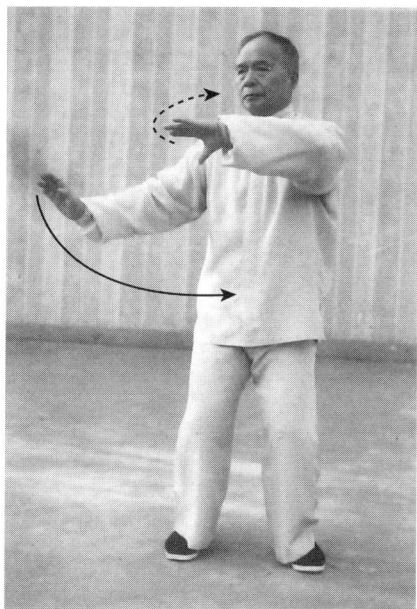

图 204

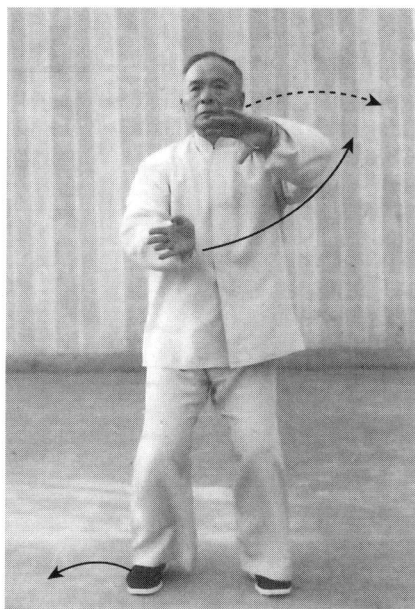

图 205

图 206

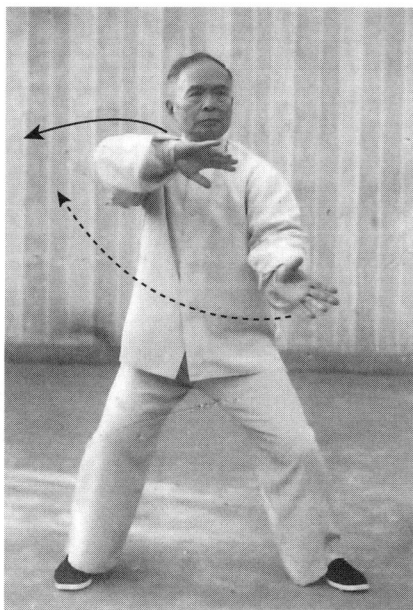

图 207

图 208

图 209

图 210

说明事项：

1. 运手，象形两手旋转运行如双环缠绕形状。又叫作云手，象形两手来往旋转，似云之旋绕，变化无常。

2. 右运手是向右横行，左运手是向左横行。

3. 陈式太极拳第一路中运手，横行是用倒插步。第二路炮捶中运手，横行是用跟步。

注意事项：

1. 两手转圈要柔和，速度要均匀。以腰裆劲带动手足徐徐运转，熟练后再加快速度。同时，要注意上下相随，内外相合。

2. 两肾的虚实转换形成横 8 字形状的腰部转动，带动上肢左右圆形旋转，下肢的左右横行"主宰于腰"。进一步形成右手与左足，左手与右足的斜 8 字形状。再加上头顶百会穴与裆部会阴穴之间的小周天圆形行气运动，形成上下内外错综复杂的圆弧运动，对健身和技击都有很大的作用。

3. 左手管左半身，右手管右半身，两手运转各自不超过身前中线。左手向右去，右手向左去，全凭转腰移动身前中线，使两手不越过中线。

技击作用：

1. 如对方以两手按我手臂，我手臂划弧引之近我身，待其力尽，我手臂一转便还击。原则是"化而后打""但依着我何处，便从何处还击"。

2. 彼以左顺步拳打我，我双手边採边挒，如刀砍斧削，劲带螺旋，使其手臂剟痛，并前倾失去平衡，我右足套住其前足，我两手螺旋横打其身手。是进步进身，跌打兼用之法。

3. 如彼以左拳击我，我左手黏其小臂，彼又急起左足踢我中部，此时我速腰左转，右手抄其小腿。同时，我左手黏抓其左手脉道（一变），速起右足蹬彼右膝节，我右手前送，彼必跌出，而膝节受创。以腿还腿，来得凶，去得猛。（右运手附图 1、2、3 抄腿蹬膝跌法）。

（一变）我左手黏抓彼左手脉道，右手抄其左小腿，随即进右足套住彼右足跟，我右膝前挺，撞其膝节，两手前送，彼必横跌于我身前（右运手附图4）。

右运手　附图1

右运手　附图2

右运手　附图3

右运手　附图4

第二十九式　左高探马（右转、面西胸北）

动作一：（吸气）承上图210，动作不停。左腿站稳，右足向右前（西）迈出一大步，轻着地，足尖向西南。同时，左手外旋，掌心向右，右手内旋，掌心向下。项右转，眼视右前。

动作二：（呼气）两胯根右旋前送，腰右转，重心前移，成右弓蹬步。同时，右手内旋，向右上划弧捌去，高不过眉，反掌，小指在上，掌心向右前，意注指尖。左手外旋，向右前按去，劲点在掌缘，掌心向上、向右前，意注指尖。沉肩垂肘，落胯塌腰。眼平视前方（西）（图211）。

动作三：（吸气）左足尖内扣，足尖向西南，腰胯右转，重心移左腿，右足尖点地后移，成丁字步，身向正西。同时，右手外旋，沉肘，掌心翻向左前上，指尖向前（西）；左手内旋，掌心翻向右前下。右手在前在下，左手在后在上，两掌心前后遥对，左掌根距胸窝约二横拳，右掌根距胃部约六横拳。眼平视前方（西）。

动作四：（呼气）左腿站稳，腰胯继续右转，身向北，右足跟贯劲向右后上方勾挑，膝高于脐，膝尖距右乳下约三横拳。右足尖自然下垂。同时，右手内旋，掌心翻向下，从胸前中线划弧捋回，再内旋向右后捌去，肘尖后挤与肩平，右手反掌，小指在上，食指在下，距右乳约四横拳。当右手在胸前捋回时，左手内旋，掌心向下，从右手上交叉而过，边捋边按，向左前（西）横掌按出，小指在上，掌心向左前，高与胸窝平。顶劲、沉气，眼平视左前（图212）。

技击作用：

1. 高探马拳式，比喻马四足高大，不易使之倒地，要用一手探按马头眼部，向内旋，一手托住马下颌，向外旋，使马颈疼痛而翻身倒地。是旋头扭颈的跌法。

2. 我前足跟勾挑对方前足向右后挑勾，使其失平衡而倒地。我右手采、捋、捌对方之手，左手捋、按对方胸部，是跌、打兼施的方法。动作要螺旋，发劲要干脆。

说明事项：

1. 戚继光《拳经》三十二势中第三式歌诀曰："探马传自太祖，诸势可降可变。进攻退闪弱生强，接短拳之至善。"是说明"探马"拳式传自宋太祖赵匡胤，是长拳类的拳式。

2. 据陈氏两仪堂本旧拳谱，太极拳长拳一百〇八势中第四式为"探马拳，太祖留传"。太极拳十三势头套中"高探马势"两见（第二十一式、四十八式）。四套中第一式为"太祖立势高强"，末两句为"要知此拳出何处，名为太祖下南唐"。五套第二十五式为"高探马"。但该旧谱中"炮捶架子"式名中，无"高探马"。

3. 陈家沟所传长拳一百〇八势，至陈长兴（1771—1853）时期已失传，故杨露禅、武禹襄都未知有长拳。陈氏长拳于乾隆年间由河南郭永福镖师传于山西洪洞贺家庄，称作通背一百〇八势。1936年由樊一魁编印成《忠义拳图稿本》，每势有图、有歌诀。以非陈氏旧传，概不引证。

图 211

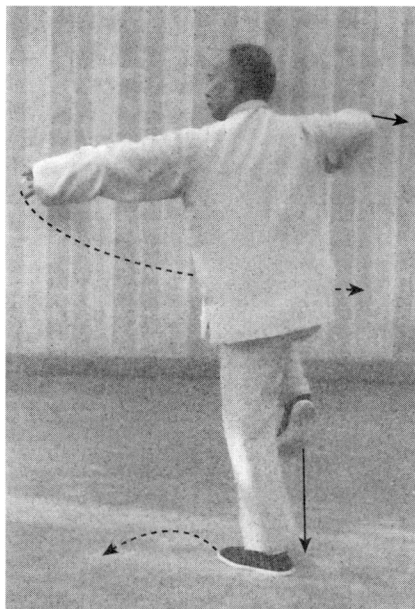

图 212

第三十式　左运手（后三、 北）

左运手（一）

动作一：（吸气）右足落地，震足或不震足，屈膝站稳；左足提起，稍离地面。同时，两手外旋，沉肘，两手合在右胸前，左掌根距胸窝约二横拳，指斜向左上，掌心向右。右手掌根距右乳约五横拳，指斜向右前上，掌心向左。眼平视前方（北）。

动作二：（呼气）右胯下沉，左足向左横侧迈出平实踏地，膝微屈内扣。腰胯右转约45°，右膝弓出，成右弓蹬步。同时，右手内旋向右斜角捋去，掌心向右前，劲点在拇指侧，反掌，小指在上；左手外旋，向右斜角按去，劲点在掌缘，掌心向上，指尖向右前。沉肩垂肘，落胯塌腰。眼平视右前（图213）。

动作三：（吸气）两胯根左旋，腰胯左转，重心左移，成骑马步，身向北。同时，左手内旋，劲点在掌缘，微向左上划弧，至下颌前中线，掌心向下，掌根距下颌约四横拳；右手外旋，向左、向下划弧至脐前，掌根距脐约二横拳，劲点在掌根，掌心横向左前，指尖向右前，沉肩垂肘。眼平视前方（北）（图214）。

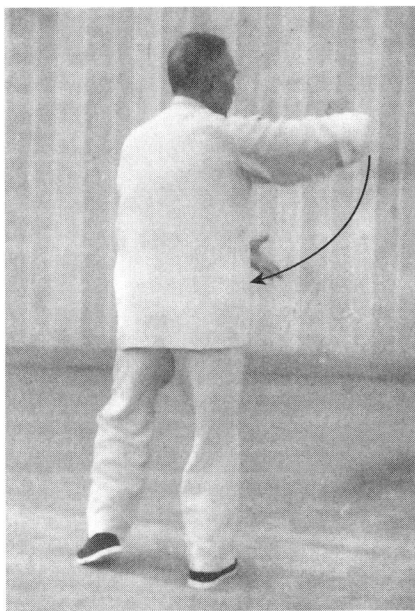
图213

图214

动作四：（呼气）腰胯继续左转，重心左移，成左弓蹬步。胸腹中线对左前方约45°。同时，左手内旋，向左上方划弧捌去，反掌。小指在上，指尖高不过眉，掌心向左斜角；右手外旋，劲点在掌根，向左上方按去，掌心向左上，意注掌指，高度在脐、胃之间水平线，掌根距肋约二横拳。眼平视左前（图215）。

动作五：（吸气）左足站稳，左胯沉住，右足提起向左移，落在左足右边，成小开立步马裆，宽与肩齐，两足尖对向前方稍外撇。同时，两肩骨节向右下旋，左手外旋，向下、向右将至左腹前，掌心向前下，指尖向前上；右手内旋向右上划弧至左肩前，掌心向下，掌根距左锁骨约四横拳。眼向左平视移至左前（图216）。

图215

图216

动作六：（呼气）腰胯微右转，重心落两足。同时右手内旋，向右微向上捌去至下颌前，掌心向右前下，反掌，小指在上；左手外旋，向右横掌按至脐前，掌根距脐约一个半横拳，掌心横向右，指尖向左前。沉肩垂肘，落胯塌腰。眼平视前方，耳听身后（图217）。

腰胯右转，身向右前约45°，右腿站稳，左足提起向左横侧迈出，平实踏地，弓右腿，蹬左足，成右弓蹬步。同时，右手内旋，掌心向右微向上划弧捋去，高与鼻齐，意注指尖；左手外旋，紧跟右手向右横按，掌心向右，指尖向南。沉肩垂肘，落胯塌腰。眼从右手平视右前（图218）。

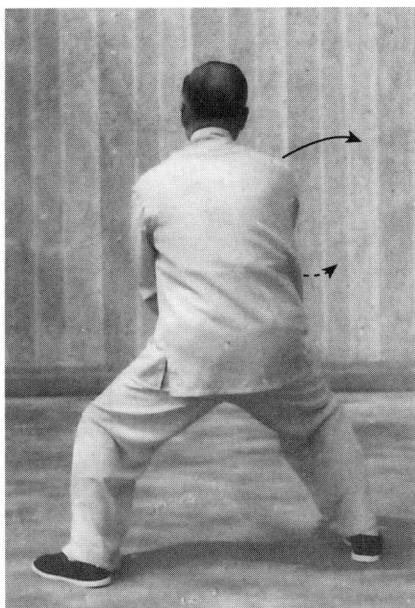

图 217

图 218

左运手（二）

动作一：参见左运手（一）动作三（图219）。

动作二：参见左运手（一）动作四（图220）。

动作三：参见左运手（一）动作五（图221）。

动作四：参见左运手（一）动作六（图222）。

左运手（三）

动作一：参见左运手（一）动作二（图223）。

动作二：参见左运手（一）动作三（图224）。

动作三：参见左运手（一）动作四（图225）。

动作四：参见左运手（一）动作五（图226）。

说明事项、注意事项和技击作用，参见第二十八式"右运手"。

图 219

图 220

图 221

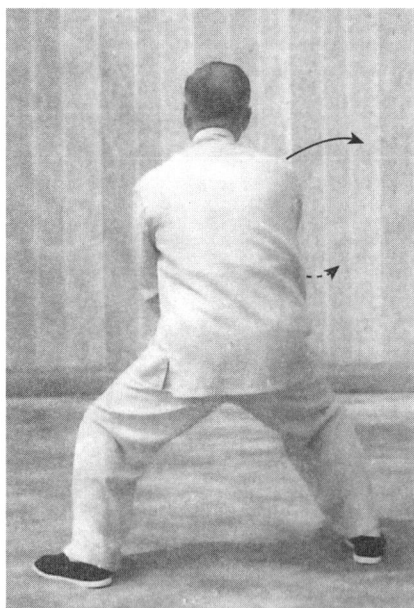

图 222

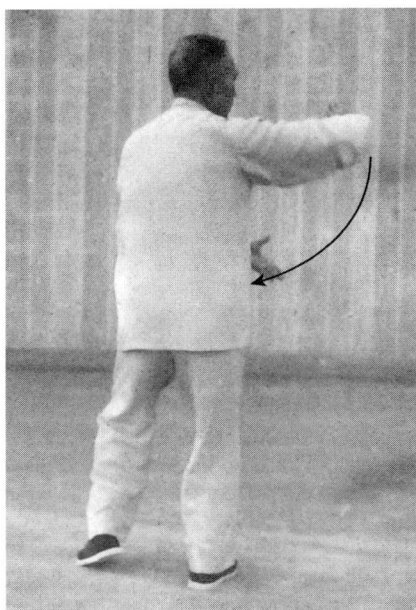

图 223

图 224

图 225

图 226

第三十一式　双拿双分（西北）

动作一：（吸气）右手先外旋翻腕，左手外旋翻腕，经右小臂之上交叉于胸前，掌心均向内。同时，左足尖外撇45°，腰胯左转，左腿站稳。右足提起，向右前斜角迈出（图227）。右足落地踏实，腰胯右转，重心右移，成骑马步，身向西北。同时，两肘下沉，两手绞紧，左手在内，腕节对向胸窝约二横拳。眼平视西北方（图228）。

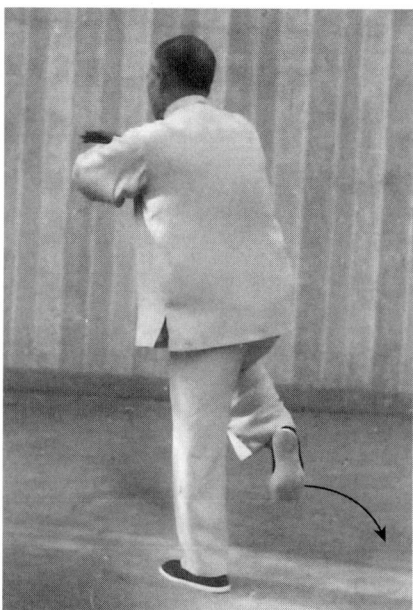 

图 227　　　　　　　　　　　　图 228

动作二：（呼气）裆劲下沉。两手内旋，分向左右水平线划弧伸展，沉肘，坐腕，指尖与肩平，反掌，小指在上，掌心向外，意注掌指，两虎口遥对。顶劲、沉气，落胯塌腰。眼神关顾两手分出，平视西北方，耳听身后（图229）。随接沉肘、坐腕，两掌心转向前，指尖上扬。

说明事项：

参见第二十五式（图176～图179）。

图 229

第三十二式　右高探马（胸南面西）

动作一：（吸气）右胯骨节右旋下沉，重心右移，右腿站稳。左足跟提起，左足尖贴地向右内划弧至右足旁，成丁字步。同时，右手外旋，掌心向上，收至右耳侧，掌心向耳，拇指距耳约一横拳。沉肘，肘尖距右肋约二横拳。同时，左手外旋，掌心向上，沉肘，肘与膝对，手尖与足尖对，方向一致，肩与胯对，成肩与胯合、肘与膝合、手与足合的"外主合"。左手小指侧内扣，拇指侧内合，似采拿状。眼视左前（西）（图230）。

动作二：（呼气）腰胯左转约180°，身向南。右腿屈膝落胯，右足尖内扣，足尖划弧向后勾退于右足跟旁，成左丁虚步。同时，左手随转腰，后收至胃部前，掌心向上，掌缘距胃部约一横拳，左肘尖距左肋约一横拳，腋下可容一立拳。同时，右掌向前与左掌交叉而过，推向右前，掌心向前，指上扬，高与鼻齐。顶劲、沉气、涵胸拔背。眼平视右前（图231）。

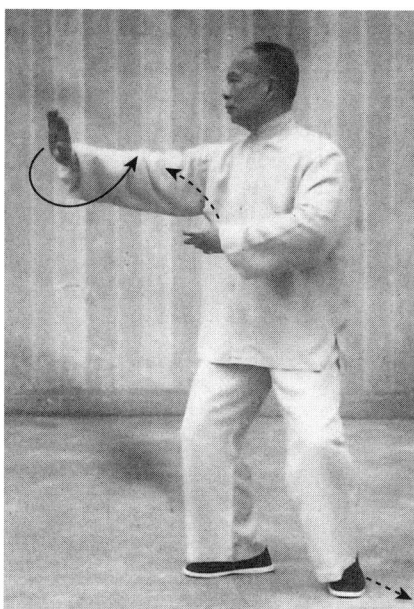

图230   图231

第三十三式　连珠炮（西、三次）

连珠炮（一）

动作一：（吸气）左足向后退半步，重心后移，落胯塌腰，成骑马步。同时，右手向左下捋，再向上而右划一小圈，仍回原处；左手微外旋，向右前上掤出，掌心向右乳，拇指上扬，沉肘横小臂。身向南，眼平视西方（图232）。

右手微外旋向左外捋，劲点在掌缘，掌心转向南，指上扬，沉肘。左手劲点在掌背，微左上掤旋。腰胯微左旋。眼稍向左平移前视（图233）。

两胯骨节向左旋，腰胯左转，重心左移，成左弓蹬步，落胯塌腰，胸腹中线对向左前约30°。两手向左横侧划弧，左手掤，右手捋，左手在左耳前，掌心向耳，手背用掤劲，拇指距耳约四横拳；右手掌根在锁骨中线前，相距约四横拳。顶劲、提气，落胯塌腰。眼神关顾两手移动，眼视右前（图234）。

图 232

图 233

图 234

动作二：（呼气）右足上半脚，两胯骨节右旋前送，重心右移，腰右转约30°，成骑马步，身向南。同时，两手内旋下按于两乳前，右掌心向左前下，左掌心向右前下，虎口遥对，掌根各距乳约二横拳，两肘尖各向外挤撑。顶劲、沉气，落胯塌腰，涵胸拔背，沉肩垂肘。眼平视右前（图235）（右足上步可震足，也可不震足）。

两胯骨节继续前送，腰胯右转，重心前移，右腿站稳，左足上半步，落地时足跟用前拖劲震足作声，或不震足作声。同时，双手右前左后向右前方按出，右手做内旋，按至定点成反掌，小指在上，手与右足尖对齐；左手亦内旋，按至定点，掌心向前，指上扬，劲点在掌根，掌根距胃部约二横拳。顶劲、沉气，落胯塌腰。胸腹中线对向左前约45°。眼平视右前（西）（图236）。

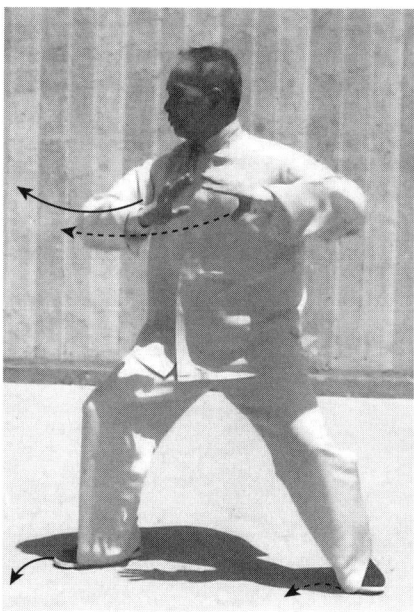

图235

图236

连珠炮（二）

动作一：参见连珠炮（一）动作一（图237～图239）。

动作二：参见连珠炮（一）动作二（图240、图241）。

图 237

图 238

图 239

图 240

连珠炮（三）

动作一：参见连珠炮（一）动作一（图242～图244）。

图 241

图 242

图 243

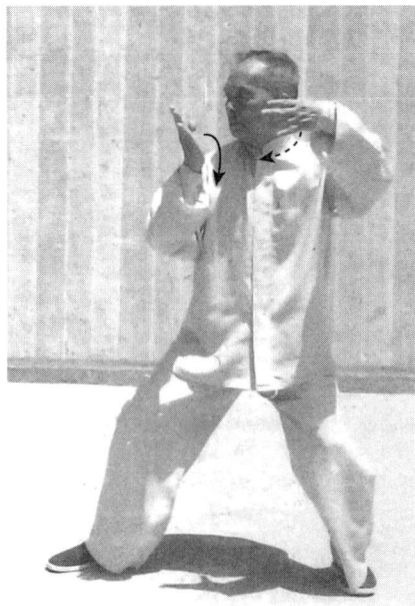

图 244

动作二：参见连珠炮（一）动作二（图245、图246）。

图245

图246

说明事项：

1. 戚继光《拳经》三十二势中第六式歌诀曰："倒骑龙诈输佯走，
诱追入遂我回冲，凭伊力猛硬来攻，怎当我连珠炮动。"

2. 陈氏旧谱中长拳谱第二十六、二十七式歌诀为"倒骑龙、连珠炮
打的是猛将雄兵"。"炮捶架子"旧谱第十三、十四式为倒骑龙、连珠炮。
但太极拳十三势五套中都无此二式名称。

技击作用：

左手掤，右手捋，身后坐，化解来力，然后前足进半脚（或插裆占
势，或踩对方足背，或套住其前足）黏随进右肘还击，乘势两手向其身
手发劲。戚氏拳经所谓"凭伊力猛硬来攻，怎当我连珠炮动"，符合太极
拳"以柔克刚""避实就虚，以实破虚"的原则。

连珠炮为练习发劲的拳式之一。

连珠炮和白蛇吐信的（二）（三）重复动作，都可以练成后足退半

步，前足再退半步；然后前足进半步，后足跟进半步。这样可以在原地进行发劲练习，在技击作用上也富于变化。

第三十四式　倒骑麟（西转东）

动作一：（吸气）两胯骨节右旋，腰右转约45°，左胯骨节前送，身向西。同时，右手外旋内收，沉肘，肘尖距右肋一横拳，掌心向上，指尖向前。左手外旋前伸，当左手前伸时从右手上交叉而过，劲点在掌缘，向前切出，掌心向右上，指尖前伸，左手在前，右手在后。左膝向右内扣，沉肩垂肘坐腕，以助两手螺旋抱合之劲。眼平视前方（图247）。

动作二：（呼气）腰胯左转约30°。右手微内旋前伸，指尖向前，掌心向左，意注指尖，右手指尖与右足尖一致对向前方；左手内旋，从右手上交叉而过，向里收至右小臂中段，横掌，掌心贴于右小臂。顶劲、沉气，落胯塌腰，沉肩垂肘坐腕。眼平视前方（图248）。

图247　　　　　　　　　　　图248

动作三：（吸气）腰胯右转至胸腹中线对向右前约45°。右足尖外撇约45°，两胯骨节右旋，右腿站稳；左膝向右内扣，左足跟离地外旋，成磨转步状。同时，两肩骨节右旋，右手内旋随转腰往后将，劲点在拇指侧，掌心向下，掌跟距胃部约一个半横拳，右肘尖距右肋约一横拳。同时，左肘随转腰向右前横挤，肘尖有前顶之意，左掌心仍向下，下对右腕关节，掌根距胃部约一横拳。小腹内收，膈肌上升，提气至胃部，胃部自然隆起，两肘尖前后对拉各向外挤撑，沉肩垂肘坐腕，胸廓自然开张。眼平视左前（西）（图249）。

图249

动作四：（呼气）右腿落胯站稳，左膝向前上提起，高与脐平，腰胯再右转约15°。两肩平、松沉，两肘沉住（图250）。左足向前上横蹬，足掌缘、足跟贯劲，蹬出至落点时有往下踩之意。同时，左手内旋，向前横掌捌出，劲点在拇指侧，反掌、小指侧在上，掌心横向左前，手足方向一致。右手劲点在拇指与小指，往右后采将，肘尖向右后挤击，右手掌根距右侧前肋约一个半横拳。顶劲、沉气。眼向左前平视（图251）。

说明事项：

1. 戚继光《拳经》三十二势中第六式歌诀曰："倒骑龙诈输佯走，诱追入遂我回冲，凭伊力猛硬来攻，怎当我连珠炮动。"

2. 陈氏两仪堂本拳械谱中的长拳谱，第二十六、二十七式为"倒骑龙、连珠炮，打的是猛将雄兵"。谱中太极拳十三势共五套，都无倒骑龙、连珠炮式名。但谱中"炮捶架子"中第十三、十四式是倒骑龙、连珠炮。可以证明"倒骑麟"的原名是"倒骑龙"。

图 250 　　　　　　　　　　　　图 251

3. 图 251 拳式之后，另有一练法：右转身 180°，身向东，左脚向上向右经面前以足底横扫，至正东面前，右手外旋自右上向左以掌迎拍左脚底，声响干脆，叫作挂面脚。然后成图 252 拳式。右转身左足高举跨下，故叫作"倒骑龙"。

技击作用：

此式缠拿法用一手反拿、一手前切，与金丝手拿法不同。左右手可以连续使用，反复互喂实验，可以提高拿法技巧，轻灵制人而不犯硬。在缠拿中用肘压拿、用肘打击，并起腿踢、踩对方膝节、膝盖骨和蹬腰部。

第三十五式　白蛇吐信（三次、东）

白蛇吐信（一）

承上图251，（吸气）以右足跟为轴，身向右转，身向东，右足尖稍外撇。同时，左足向上、向右横跨，至东提膝（完成倒骑麟势）。

动作一：（继续吸气）右手随腰右转，手微外旋，劲点在掌缘，向右划弧至东下沉按至胸窝前，掌心斜向左前下，指尖向手背方向弯，指尖向前，沉肩垂肘坐腕，掌根距胸窝约二横拳，右肘距右肋约一横拳。同时，左手外旋向右划弧至东，掌心向右，指上扬，高与鼻齐，坐腕、掌根距锁骨中线约五横拳，左肘距左肋约一横拳。右腿落胯站稳，顶劲领起。眼从食指尖前平视（图252）。

图 252

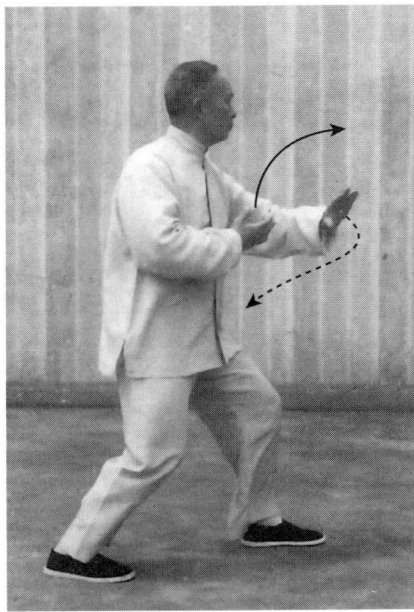

图 253

动作二：（呼气）腰胯右转约30°，左足向前大步迈出落下。同时，左手内旋往下按，掌心斜向右前下。右手外旋，掌心向内上，指尖向前上，伸于左肘弯里侧，两手俱管住胸前中线。眼平视前方（图253）。腰胯左转30°，身向东。重心移左腿，右足上半步，稍离地面前迈，落地时

右足跟用拖劲蹬地作声，或落地无声。同时，左手下沉划弧用按、採劲

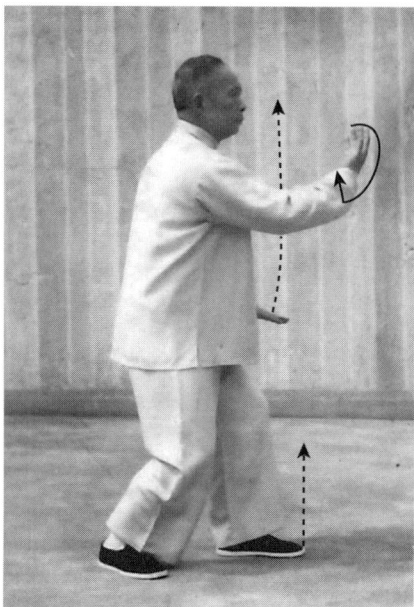

图 254

落于左胯前侧之上，掌心向下，指尖向前，掌根下距胯根约一横拳；右手向前上掤出，意注指尖，掌心向内，指尖高与下颌齐，相距约四横拳。沉肘，肘尖距肋约一横拳。右小臂伸出时含掤劲。顶劲、沉气，涵胸拔背，落胯塌腰。眼平视前方，耳听身后（图 254）。

白蛇吐信（二）

动作一：（吸气）腰胯右转约30°，身向右前约30°，重心移于右腿。左膝稍提起，足尖自然下垂。同时，右手内旋，掌心向下；左手上提至与肩平，掌心斜向右前。

左膝上顶，足尖对向正前，腰左转约30°，身向东。同时，右手下沉按至胸前，掌心斜向左前下，指尖向前，掌根距胸窝约二横拳，右肘距右肋约一横拳。左手向右上横推，掌心向右，指上扬，高与鼻齐，掌根距锁骨中线约五横拳，左肘距左肋约一横拳。眼从食指尖前平视（图 255）。

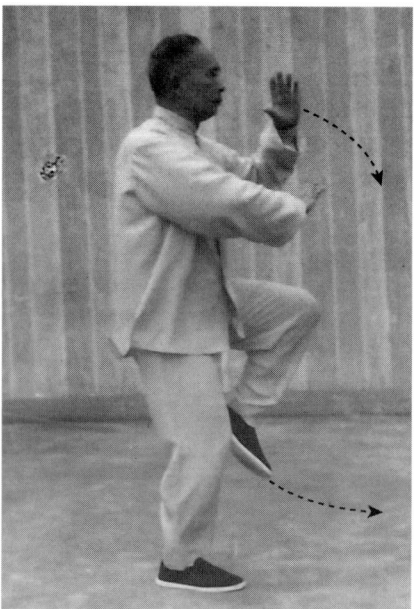

图 255

动作二：参见白蛇吐信（一）动作二（图256、图257）。

图 256

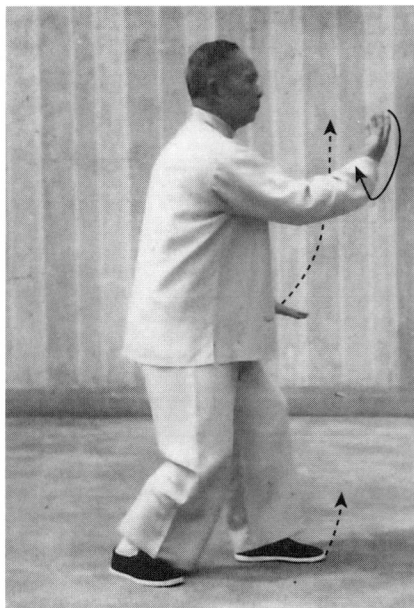

图 257

白蛇吐信（三）

动作一：参见白蛇吐信（二）
动作一（图258）。

动作二：参见白蛇吐信（一）
动作二（图259、图260）。

说明事项：

在陈氏两仪堂本旧拳谱中，
太极拳七个套路（太极拳五路、
长拳一路、炮捶一路）都没有白
蛇吐信式名。陈发科老师初去北
平教授陈式太极拳时，炮捶中也
没有这个式名，显然是陈老师后
来加进去的。

图 258

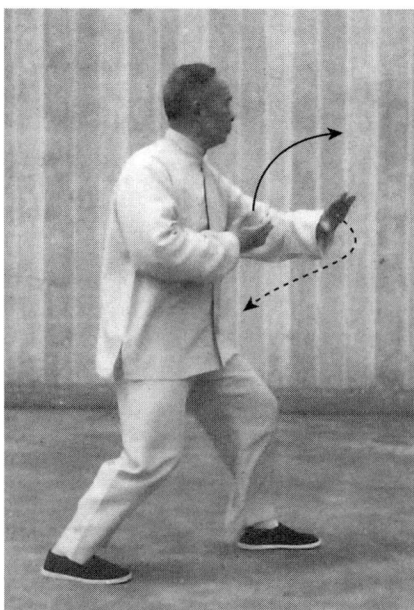
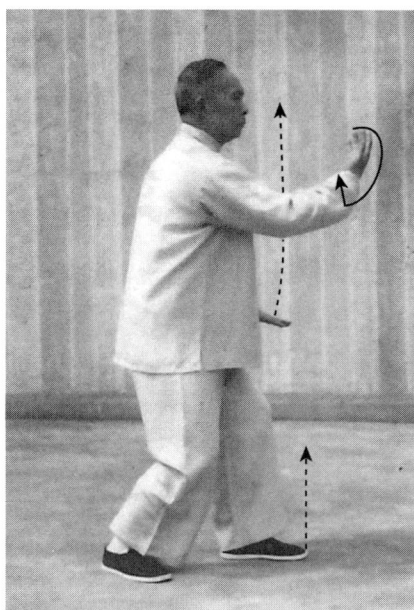

图 259　　　　　　　　图 260

注意事项：

1. 动作一，右手按，左手推，稍有先后之分，但都须管住中线，沾黏不脱，方能管住来手。

2. 动作二，左足上半步与左手横按动作要一致。右手前掤与右足跟半步要一致。上下相随，节节贯串，使劲起脚跟，形于手指。

3. 此式练时要像形蛇之缠绕，柔活而气势逼人。身法有起伏，侧身化解，前足进半步时身法要低，后足跟半步、后手前掤时身法要高。但两肩须平齐，不可一高一低。

技击作用：

白蛇吐信和连珠炮都是连续进攻的拳式。动作快而猛，极柔顺又极刚猛，足踩中门而进，搭手如钢钩，发手如钢锉，勇往直前，敏捷如蛇之吐舌，猛烈如炮之轰炸。

第三十六式　闪通背（右转退右足、西）

动作一：（吸气）腰胯右转，右手内旋向右上划弧，掌心向南，举于头右前侧，掌根距头约四横拳。

动作二：（呼气）在腰右转同时，左足上半步横踏，右足尖外撇，两足站在平行线上。落胯塌腰，成骑马步。同时，左掌力点在掌根外侧，往左胯外侧一捌，右手配合向右上一採，成右上、左下对拉式。眼平视左前下（图261）。

动作三：（吸气）腰胯右转，左足尖内扣，重心移左腿，胸腹中线对向右前约45°，右足跟贯劲轻贴地向内划弧收到左踝内侧，相距约二横拳。同时，右手外旋向右前採下，手与肩平，肘屈沉；左手向左上划弧，举至左耳侧，掌心向右前，拇指距耳约一横拳，指上扬，肘屈沉。眼平视右前（图262）。

图 261

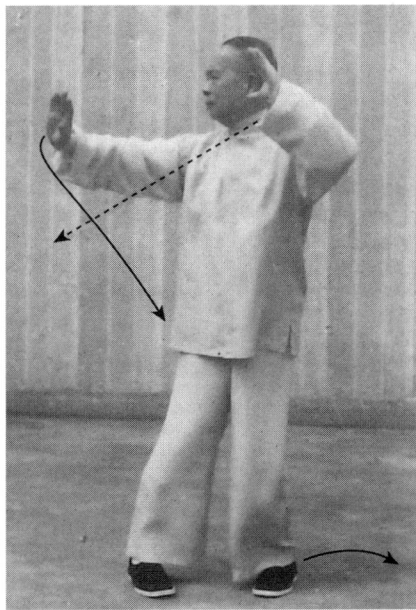

图 262

动作四：（呼气）右足继续向右后划弧一大步，落点时用拖劲震足作声或用意贯劲于足跟足掌，落地无声，落胯塌腰，成前三后七的左丁八步。左胯与右胯同时沉住，胸腹中线对向右前约45°。同时，右手向右下划弧採按，掌根沉住，掌心向下，指尖向前，掌根距右小腹前侧约一横

图 263

拳。左手劲点在掌根，向前下按切，沉肘坐腕，掌心向下，指尖向前，掌根距左小腹前侧约四横拳。前后足的横向距离约与肩同宽。眼平视前方（图 263）。

说明事项：

1. 陈氏两仪堂本拳械谱中，长拳有"回头闪通背"，头套有"闪通背"，二套有"通背"。

2. 炮捶中原来没有"闪通背"。陈发科老师所传有三个"海底翻花"，余将"白蛇吐信"后之"海底翻花"改为"闪通背"，以丰富炮捶之拿、跌方法。

注意事项：

1. 动作一、二为拧腰变脸，猛按对方胯根之跌法，动作须柔活，身、手、步要协调，一时俱到。

2. 动作三、四转身要柔活圆转，不僵不滞，左腿支撑要稳固，两肩松沉，但不可有高低。在腰裆劲的主宰下，右足落点与两手的採按要一时俱到。

3. 动作轻灵而不飘浮，沉着而不僵滞。看似极柔，其实极刚；看似极刚，其实极柔。行气运劲，达于四梢（即两手尖、两足尖）。

技击作用：

1. 动作一、二为插裆按胯跌法，须动作螺旋，猝然发劲，动短劲长，方能伸手见跌。

2. 动作三、四为"闪通背"拿摔之法，近似摔跤中之"倒口袋"摔跌法。"闪通背"擒拿摔跌法，进步插裆，拿住对方手腕，肩挑其肘节，臀一蹶，身一俯，两手下摔，使对方从我背上摔跌下去。古法实践中，这一背摔将对方腕节、肘节、肩节都折裂，这是决死生于俄顷的技法，不可轻用。今天宜采用摔跤中"倒口袋"法，以摔人而不伤残对方肢体为原则。

第三十七式　演手红捶（西）

与第二十二式演手红捶动作相同，惟方向相反。第二十二式方向为东，此式方向为西。动作说明相同，但说明中"东"应作"西"，"东南"应作"西北"，故不另写。

图264同图155。惟方向相反，故背向南（读者）。以下九图均背向南（读者），不另注明。

图265同图156。图266同图157。图267同图158。

图268同图159。图269同图160。图270同图161。

图271同图162。图272同图163。图273同图164。

图264

图265

图 266

图 267

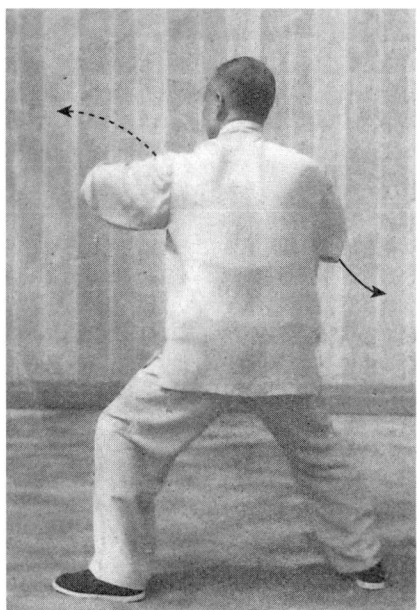

图 268

图 269

图 270

图 271

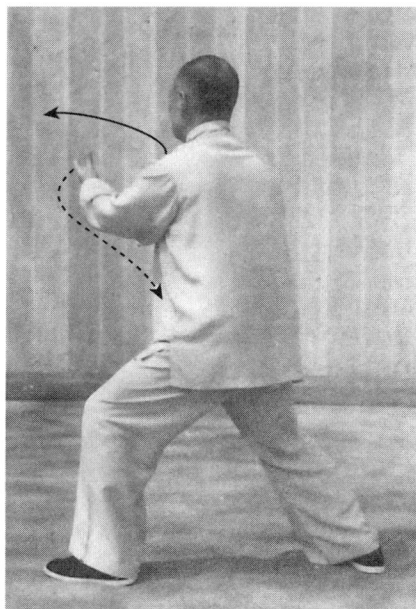

图 272

图 273

第三十八式　转身六合（北）

动作一：（吸气）承演手红捶右拳向西击出。腰胯右转，重心渐渐向右移，身向左前约45°。右拳外旋划弧收至左肩前，拳心向内，相距约二横拳；左手变拳，内旋下伸于裆前，拳心向内，距裆约一横拳。眼平视左前（图274）。

腰胯继续右转，重心右移约为左六右四，落胯塌腰。同时，右拳下沉于左拳手腕之上，两手腕骨处交叉，拳心向内，左拳向右下，右拳向左下。眼向左平移前视（图275）。

动作二：（呼气）腰胯继续右转，重心右移。右足尖外撇，左足尖内扣，成骑马步。同时，两拳劲点在拳背，拳眼向上，向左右分开。眼平视前方，耳听身后（图276）。

动作三：（吸气）以左足跟为轴，腰胯右转180°，身向南。右膝乘势提起，高于脐。左足独立站稳。两拳随转身向内合抱交叉于脐前，相距约一横拳，拳心向内上，左拳在内在下。眼平视前方（图277）。

图274

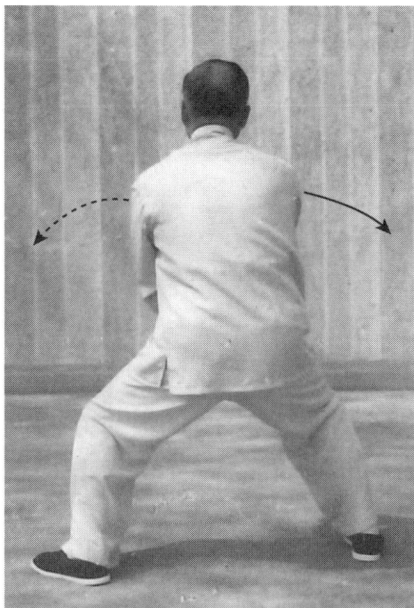

图275

图 276

图 277

动作四：（呼气）右足向左足旁下蹬，独立站稳。左膝上提，高于脐。顶劲、沉气。眼平视前方，耳听身后（图278）。

说明事项：

六合指内三合、外三合。内三合是心与意合、意与气合、气与力合；外三合是肩与胯合、肘与膝合、手与足合。是内外并练，身手端正的意思。转身六合这个拳式，着重在行气运劲，桩步稳固。

注意事项：

图 278

由弓蹬步变骑马步，注意腰裆的变换，与呼吸行气协调。两拳分开时，裆劲下沉，桩步稳固，带脉、冲脉有充盈勃发之感觉。独立有不可摇撼之气势。

第三十九式　左裹鞭炮（南、　二次）

动作一：（吸气）右腿屈膝下蹲，左足落下稍离地面，向左侧横伸，落地不踏实，重心仍落右腿。当左足落下时，左肘和左拳即向左微展，右肘和右拳同时向右微展。沉肘，两拳拳面相对，相距约一横拳，两拳拳眼向上，拳距脐上两侧各约一横拳。眼平移左视，眼神关顾左拳外展。

两胯根左旋向左前送，重心向左移，成骑马步。两拳内旋向内合拢交叉于脐前，但左拳改为在下在外。眼平移视正前方（南）。是为合、为蓄、为吸（图279）。

动作二：（呼气）裆劲下沉，两足蹬地似下沉入地。两拳外旋分向两侧上举至乳前，拳心向内，各距乳约二横拳。沉肘坐腕，即分向两侧以拳背横击，拳眼向上，肘微屈沉。顶劲、沉气、涵胸拔背，落胯塌腰。眼向左平移视左前，是为开、为发、为呼（图280）。

动作三：（吸气）重心移至左腿，两胯根内收，右足提起，经左膝盖前，落于左足之左侧。可以震足蹬地作声，也可以落地无声。同时，两拳向内合拢交叉于胃部前，拳心向内，左拳在下在外，右拳在上在内，拳根距胃部约一个半横拳。眼视左前（图281、图282）。

当右足刚落地，左足随即向左前伸出踏下，重心左移，成骑马步。两拳内旋交叉下沉于脐前。眼向前平视（图283）。

动作四：（呼气）裆劲下沉，两足蹬地似下沉入地。两拳外旋分向两侧上举至乳前，拳心向内，各距乳约二横拳，沉肘坐腕，即分向两侧以拳背横击，拳眼向上，肘微屈沉。顶劲、沉气、涵胸拔背，落胯塌腰。眼向左平移视左前。是为开、为发、为呼（图284）。

图 279

图 280

图 281

图 282

<table>
<tr><td>图 283</td><td>图 284</td></tr>
</table>

说明事项：

裹鞭炮式名的含义是：发劲前先要蓄势裹紧，发劲如鞭子甩出柔顺快速，落点时一刹那又像炮弹爆炸一般猛烈。左右裹鞭炮是陈式太极拳练习发劲的势法之一。据沈家桢同学语我：20 世纪 20 年代初，他在北京，曾请杨澄甫老师到家中教杨式太极拳，动作舒展、柔和、均匀，但教的发劲式子很猛烈，不似杨式风格。后陈发科老师到北平教陈式太极拳，又请陈老师到家中教拳，学到炮捶后，才明白杨氏所教发劲动作，是从炮捶中抽出来的单练方法。

注意事项：

1. 左裹鞭炮动作一、二，右腿屈膝下蹲要求做到胯与膝平，身体正直，不犯俯仰歪斜之病。左足横伸要柔顺轻灵，迈步如猫行。蓄势吸气裹紧，身躯不显蜷缩，全身大小骨节随吸气而一齐紧缩，所谓"百骸筋骨一齐收"，身形仍端正，显得凛然不可侵犯，这是太极拳的行气蓄势方法。发劲动作，劲起脚跟，注于腰间，形于两拳，落点时一抖鞭开，如炮弹爆炸。

2. 动作三、四，右足向左盖步，左足向左跳出，能远尽管远，此系蹿蹦跳跃动作，须如猫窜之轻灵迅速、虎扑之威武勇猛，方显刚柔相济、虚实互换之妙用。

技击作用：

我左手尺骨处沾着来手即一卷如刀刮、斧削，出手即使对方一惊，手痛步摇。我迅即横身进左足套住其前足，左拳向左横击其身，使之受创倒地。全凭在平日推手时多做发劲实验，日久自能随手而发，一哼一哈，胜负立判。

第四十式 右裹鞭炮（北、二次）

动作一：（吸气）右足尖内扣，重心移右腿，以右足跟为轴，腰胯向左转。左足跟用意贯劲，向左后划弧扫转半圈（180°），身转向北，仍为骑马步。同时，两拳随转体逐渐合拢交叉抱合于胃部前并内旋下沉于脐前，右拳在下在外，左拳在内在上，掌根距脐约一横拳，肘不贴肋。眼平视正前（图285、图286）。图286可参考图279正面图。

动作二：（呼气）裆劲下沉，两足蹬地似下沉入地。两拳外旋分向两侧上举至乳前，拳心向内，各距乳约二横拳，沉肘坐腕，即分向两侧以拳背横击，拳眼向上，肘微屈沉。顶劲、沉气，涵胸拔背，落胯塌腰。眼向右平移视右前（图287）。可参考图280正面图，惟方向相反。

动作三：（呼气）重心移至右腿，两胯根内收，左足提起，经右膝盖前，落于右足右侧。可以震足蹬地作声，也可以落地无声。同时，两拳向内合拢交叉于胃部前，拳心向内，右拳在下在外，左拳在上在内，掌根距胃部约一个半横拳。眼平视右前（图288、图289）。可参考图281、图282正面图，惟方向相反。

当左足刚落地，右足随即向右前伸出踏下，重心右移，成骑马步。两拳内旋交叉下沉于脐前。眼向前平视（图290）。可参考图279正面图。

图 285

图 286

图 287

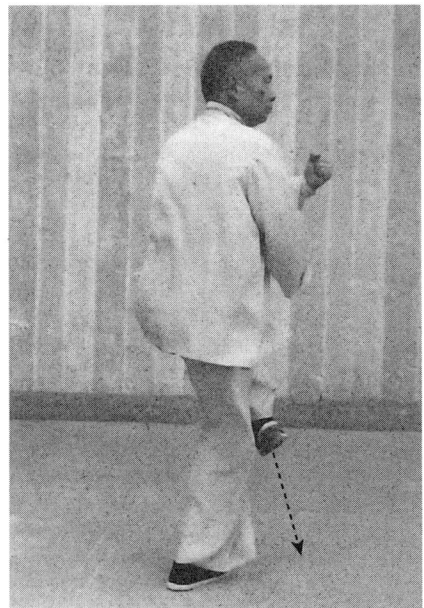

图 288

图 289

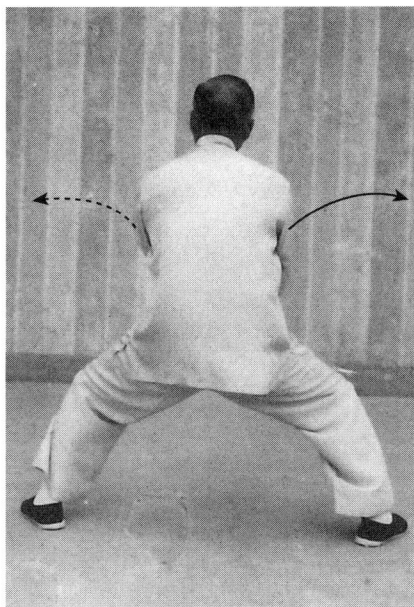

图 290

动作四：（呼气）裆劲下沉，两足蹬地似下沉入地，两拳外旋分向两侧上举至乳前，拳心向内，各距乳约二横拳，沉肘坐腕，即分向两侧以拳背横击，拳眼向上，肘微屈沉。顶劲、沉气，涵胸拔背，落胯塌腰。眼向右平移视右前，眼神关顾右拳横击（图291）。可参考图280正面图，惟方向相反。

说明事项、注意事项、技击作用，可参考第三十九式左裹鞭炮。

图 291

第四十一式　兽头势（东）

动作一：（吸气）左足内扣，两胯根内旋，腰胯右转，重心后移于左腿，胸腹中线对向东北（左前 45°），右足跟稍提起，足尖轻贴地向内向后划弧半步。同时，右拳外旋，劲点在尺骨处，微向左划弧，收至胸前中线，高与锁骨齐，沉肘，拳心斜向内左；左拳内旋向下向内收至左腰外侧，拳心向后，拳眼距腰约一横拳，再外旋而上至胸窝前中线掤住，拳心向内，相距约二横拳。右拳心与左拳背相距约二横拳。眼平视前方（图 292）。

腰胯继续右转，右足收至左足跟侧，足尖轻贴地，与左足相距约一横拳。同时，右拳内收至胸窝前，拳心向内，相距约二横拳；左拳向前上掤出，高与锁骨齐，相距约三横拳。身向正东。眼平视前方，眼神关顾右拳移动，左拳掤出（图 293）。

图 292

图 293

动作二：（呼气）腰胯继续右转，右足继续往后偏右退半步，踏实，重心移于右腿，胸腹中线对向东南（右前 45°）。左足跟提起，足尖轻点地。同时，右拳继续内收，距胸窝约一横拳；左拳继续向前掤出，与锁骨相距约五横拳，意注拳背。顶劲、沉气，涵胸拔背，落胯塌腰。眼平视正前方（东）（图294）。

动作三：（吸气）右腿站稳，两胯根内旋，腰胯左转，左足轻贴地往后退半步至右足跟侧，两足跟相距约一横拳，身向东。同时，左拳外旋，劲点在尺骨处，往内下收至胸窝前沉住，拳心向内上，相距约二横拳；右拳微外旋向前上掤出，高与锁骨齐，拳心向内，相距约三横拳。眼平视正前方，眼神关顾两拳移动（图295）。

图294

图295

动作四：（呼气）腰胯继续左转，左足继续后退半步，踏实，重心移于左腿；右足跟提起，右足尖轻点地。胸腹中线对向东北（左前45°）。同时，左拳继续内收，拳心向内，距胸窝约一横拳；右拳继续前掤，拳心向内，与锁骨相距约五横拳，意注拳背。顶劲、沉气，涵胸拔背，落胯塌腰。眼平视正前方（图296）。

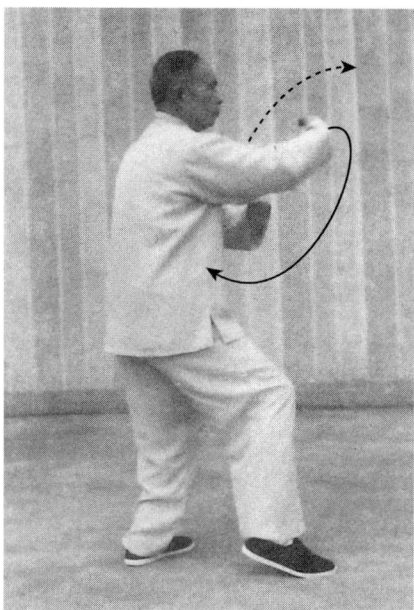

图 296

说明事项：

1.《纪效新书·拳经》第十八式为"兽头势"，诀曰："兽头势如牌挨进，凭快脚遇我慌忙，低惊高取他难防，接短披红冲上。"陈氏两仪堂本"长拳谱"第七式为"兽头势如牌挨进"；"炮捶架子"第十七式为"兽头势"。太极拳十三势五套中，都没有"兽头势"。

但《拳经》和"长拳谱"都作"兽头势如牌挨进"，动作是前进的，今炮捶内此式动作是后退的，有可能是陈氏后人臆改。因不读戚氏《拳经》而臆改式名、拳式者不独陈氏太极拳如此，某些著名拳种也有此现象。余当二十多岁时在上海精武体育会学吴式太极拳，有寄寓该会的四川人林济群，精松溪派内家拳，余与同学吴云倬与林君谈拳技甚欢洽，遂教余二人拳、剑、枪、棍。林君拳法式式相承，式名多与《拳经》同，但林君虽识文字，而不知有戚氏《拳经》，余遂购赠一部。内家拳授拳择人甚严，故不绝如缕。四川南充人王维慎君，得内家拳真传，年逾花甲，今在上海，罕有知其精技击者，余愿其将内家拳法整理公布，使流传六百年许之古拳法不致失传耳。

2. 兽头势含义为面容怪模怪样似凶兽形状，使人望而生畏。

注意事项：

1. 两拳回护胸部，不离中线，边化边打，边退边攻。动作要圆转柔和，上下协调，内外相合。

2. 以意行气，以气运身，劲起于脚跟，贯于两手。短打拳法，着重在近身发劲，落点时，落胯塌腰，沉肩垂肘，突然一抖。忌手伸直。

技击作用：

对方冲打勇猛，我两手管住中线，边退边打，边化边打。也可一手抓拿其手腕，扭转反拿，另一手击其肘节。打法与拿法结合使用。

第四十二式　迎门铁扇（东）

动作一：（吸气）两胯根右旋，腰右转，身向正面（东）。同时，两肩骨节右旋，两拳变掌，右手内旋，沿中线往下捋，落于胸窝前，掌心斜向下，指尖向左前，掌根距胸窝约三横拳。左手外旋，向前上伸于右手背之上，掌心斜向内，指尖向右前，掌根距胸窝上约二横拳。眼平视前方。

动作二：（呼气）腰胯继续右转，身向右前约45°。右手继续内收下沉，掌心向下，指尖向左前，拇指根距胃部约一横拳。左手继续向前上捆出，掌心向内，指上扬，意注手背、四指，高与眉心齐，掌根距下颌约五横拳。眼平视前方（图297）。

动作三：（吸气）两胯根左旋，腰左转，身向正面（东）。同时，两肩骨节左旋，左手内旋，沿中线往下捋，落于胸窝前，掌心斜向下，指尖向右前，掌根距胸窝约三横拳；右手外旋，向前上伸于左手背之上，掌心斜向内，指尖向左前，掌根距胸窝上约二横拳。眼平视前方。

动作四：（呼气）腰胯继续左转，身向左前约45°。同时，左手继续内收下沉，掌心向下，指尖向右前，拇指根距胃部约一横拳；右手继续向前上捆出，掌心向内，指上扬，意注手背、四指，高与眉心齐，掌根距下颌约五横拳。眼平视前方（图298）。

说明事项：

迎门铁扇动作原属于兽头势内，因其动作技法以掌背击对方面部。可以独立成式，不易遗漏，故定名为迎门铁扇。原来仅为左手背击面，今加右手背击面，使此式连环应用，动作对称，也便于连接下式"劈架子"。

图 297　　　　　　　　　　　　　　图 298

注意事项：

两手回环，不离中线，要三尖相对（手尖、足尖、鼻尖对齐）。两手一收一放，要同起同止，并要与腰胯转动相互协调。动作熟练后，还须注意呼吸与动作协调，行气运劲与呼吸、动作协调。最后达到"内外相合""无内无外，融为一体"。

第四十三式　劈架子（东）

动作一：（吸气）腰胯左转，胸腹中线对向左前约60°。同时，右手内旋，向下捋至脐前，经左腹侧转为外旋，向上报至左肩前，掌心斜向左后下，指尖向左上，掌根距左乳约二横拳；左手下捋至左胯前，划弧上举至左耳后外侧，掌心向前，指上扬，指尖距左耳尖约五横拳（图299）。

右膝向中线提起，高与脐平，腰胯右转，身向正前方。两手随转腰，右手捋至胸前中线，掌心斜向左下；左手前按至下颌前，指上扬，掌心向右前，食指尖距下颌约五横拳。眼平视正前方（图300）。

动作二：（呼气）右胯根外
旋，腰右转，右足尖外撇 45°，
向前踏下，右足跟与左足跟站在
一条线上，相距约三横拳，屈
膝，重心移右腿。左足跟离地外
撇，左足屈膝，足掌轻着地，足
尖对正前方，膝尖贴于右膝节弯
内，成半坐盘步，身向右前约
45°。同时，两肩骨节右旋，左手
向前下中线按，指尖向前，掌心
向前下，沉肘坐腕；右手向中线
往下捋按收在上腹部（脐上一横
拳），掌心向下，指尖向前。眼
视正前方，眼神关顾两手捋按（图301）。

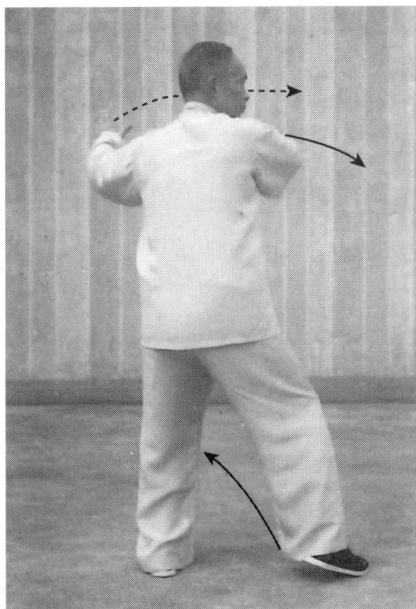

图 299

图 300

图 301

左膝上提，高过于脐，足尖向前。同时，左手外旋，劲点在尺骨处，往下将劈，距裆约二横拳，掌心向右，指尖向前。右手外旋，劲点在桡骨处，向前上挑至左肩前，掌心向内，指上扬，拇指根距左乳约一个半横拳。顶劲、沉气，涵胸拔背，落胯塌腰，沉肩垂肘，屈膝裹裆。眼平视前方，眼神关顾两手移动（图302）。

动作三：（吸气）右胯根稍落下，左足稍落下，足尖向前，劲点在足尖，向前迈出一步，足跟轻着地，膝微屈。同时，右手稍下沉，左手稍前伸，有进步蓄势待发之势。眼仍平视前方（图303）。

图 302 　　　　　　　　　　　　图 303

动作四：（呼气）两胯根前送，腰微右转，重心前移，弓左腿，蹬右腿，成左弓蹬步。身躯前移时，劲点在左肩头，身向正南。同时，右手上移仍在左肩头前，左手后移仍在裆前（图304）。

裆劲下沉，左手从裆中向前上掤挑，手心向右，指尖向前，手与肩平，肘节微屈，意注指尖。同时，右手从左肩前往下往后划弧采按于右胯外侧，掌根沉住，掌心向下，食指尖向前，掌根距右胯骨约二横拳。

眼平视前方（图305）。

图 304

图 305

说明事项：

戚氏《拳经》三十二势第十一式为"抛架子"，诀曰："抛架子抢步披挂，补上腿哪怕他识，右横右採快如飞，架一掌不知天地。"

陈氏两仪堂本《拳经总歌》（陈氏文修堂本下有"一百〇八势"副题，两仪堂本无此副题）第十式为"抛架子短打休延"。唐豪从陈家沟陈省三处抄得之"长拳谱"，第十式为"抛架子短当休延"。查"短当休延"见戚氏《拳经》第二十五式雀地龙，有"冲来短当休延"句。

两仪堂本有"二套炮捶"，式名中"兽头势"下有"劈架子"，另有"二套捶"，式名中"兽头势"下有"劈架子"。

陈发科老师所传炮捶中"兽头势"下亦为"劈架子"。其动作与戚氏《拳经》中"抛架子"动作近似。

陈氏所传炮捶中"劈架子"式名，似应改称为"抛架子"。至于乾隆年间传至山西洪洞的一百〇八势（改称通背拳）其第十图作"抛架子当头按下"，式名与戚氏《拳经》同，但动作作用与《拳经》诀语不同。足证传久而误。

注意事项：

1. 此式手、腿、肩、身并用，动作须连贯圆活，起、转、落、翻分明。两手缠绕，不离中线。移步进身，一足须落胯屈膝，身法低而正，方能两手披挂得劲，採劈得势；膝撞、足踢、肩靠，轻捷勇猛如意。

2. 要诀云："发步进入须进身，身手齐到是为真。"步进须手管住而后进；手进须步进而发用。手足俱进而身不进则摧迫不灵。身手足一时俱到始可言发用。

技击作用：

沾手即进身披、挂、採、劈，进膝撞腹，发脚踢臁、踩脚、靠胸，挑打掷跌。

第四十四式　翻花舞袖（东）

动作一：（吸气）两胯右旋往后抽，重心移右腿，左足尖轻贴地退至右足跟前，成丁字步，两足跟相距约二横拳。同时，左手内旋，劲点在尺骨处，往下捋劈至左小腹前，掌心向内右下，指尖向左前；右手稍向后移，食指仍向左前，掌心向下。眼平视前方（图306）。

左膝上提，高过于脐。同时，左手向右上划弧举至右肩前，掌心向下，指尖向右，掌根距右乳约二横拳；右手向右上划弧举至头右侧外，指上扬，掌心向左，手高过于头，肘尖沉住与肩平。右膝节随两手上举之势而挺起，但仍微屈不挺直。眼平视左前（东）（图307）。

动作二：（呼气）两胯根左旋，腰柔活左转，左膝向左外撇，左足尖向左前。左足横踩落下踏实，重心移于左腿；右足跟离地，足掌轻着地，右膝内扣跪膝，右足跟外撇，此时身向东。同时，两手随转腰，左手向左下採按，掌心向下，指尖向前，掌根距胃上部约一横拳；右手内旋向左前劈下，掌心向前，指上扬，手高与眉齐。眼平视前方（图308）。

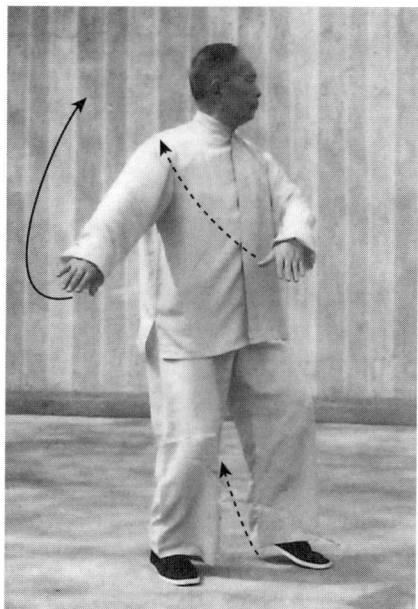

图 306

图 307

图 308

图 309

右足提起，向前偏右跨出一步落地，可以震地作声，也可以落地无声，腰左转，身向东北（左前45°）。同时，左手向左下采按至脐前，掌根与脐相距约一横拳，掌心向内右，指尖向右前；右手劈下带捋劲，劲点由四指移至掌缘或尺骨处。眼平视前方，眼神关顾两手移动，耳听身后（图309）。

注意事项、说明事项可参阅第二十一式翻花舞袖。

第四十五式　演手红捶（东）

动作一：（吸气）两胯根内收后移，重心移左腿，右足跟稍离地，足掌轻贴地，足跟往后勾回，至左足跟内侧，两足跟相距约二横拳。同时，左手继续向左下采按至左小腹侧，掌根距左小腹约一横拳，掌心向内右，指尖向右前；右手沉肘捋回，指尖向前，与右足尖方向一致。身稍上升，眼平视前方（图310）。

图 310

以下动作说明同第二十二式演手红捶（图311～图320）。

说明事项、注意事项，均见第二十二式演手红捶。

图 311

图 312

图 313

图 314

图 315

图 316

图 317

图 318

图 319   图 320

第四十六式　伏虎势（东）

动作一：（吸气）两胯根左旋内收，腰左转约30°，重心稍后移。同时，右拳外旋，劲点在尺骨处，向胸前中线挒，拳心向内上，肘沉住，拳高与锁骨中线齐。左手抓成拳，拳心向内上，掤出于左小腹前外侧。眼平视前方（图321）。

动作二：（呼气）两胯根右旋，腰右转，胸腹中线仍对向右前60°。重心再稍后移，成前六后四的左弓蹬步。同时，右拳内旋向后划弧收至胸窝前，拳心向内，沉肘坐腕，尺骨处沉住，拳心距胸窝约二横拳，拳背用意掤住，与小臂成垂直，勿内凹外凸；左拳内旋，向前上方掤出，高至与口平，拳心向内右。眼平视正前方，眼神关顾两拳移动（图322）。

动作三：（吸气）小腹内收，膈肌上升，提气聚于胃部，胃部自然隆起，裆劲微下沉。同时，左拳内旋，向右微向下收至锁骨中线前，拳心

陈式太极拳第二路炮捶图解

向内下，拇指距锁骨约二横拳。左肘屈沉，肘尖距左下肋约二横拳。

图 321　　　　　　　　　　　　　　　　图 322

右拳内旋随右肘上提至左拳外下。眼仍平视前方，眼神关顾两拳移动。顶劲领好，两肩松沉（图323）。

动作四：（呼气）两胯右旋，腰右转，右脚尖向外撇，重心右移，重心落两足，成骑马步，裆撑开撑圆，两足尖外撇，两膝微内扣，落胯塌腰。同时，边呼气边胃部之气下沉，膈肌下降，小腹外凸，肛门微提（即括约肌微收紧）。一紧之后，立即松开（每式逢呼气将尽，贯劲或发劲的一刹那，须肛门微提，术语叫做"提肛"或"吊裆"。"提肛""吊裆"之练法，不每势做说明）。同时，右拳内旋，上举至头上前面，拳心向外，食指根节距前额约二横拳；左拳内旋向裆中插下，拳心向内，距裆约一横拳。上下对拉，顶劲、沉气，正身向东南，面向正东。眼平视左前方（图324）。

说明事项：

太极拳十三势五套，都无"伏虎势"，"长拳"谱有"上山伏虎"一式，"炮捶架子"谱有"伏虎势"。伏虎势左手抓拳按至裆下，象形抓住虎项下按使不能反抗。据驯虎者说：虎虽勇猛，但最怕项中部被抓，立即四肢无力，听人拳打脚踢。绘画"武松打虎"也都是左手抓虎项下按，举右拳做打击状。"伏虎势"亦做此形状。

图 323

图 324

注意事项：

此式结合腹式逆呼吸的练法，作为举例。学者先须熟练动作路线及其技击作用，然后结合腹式逆呼吸，以自然舒适、不胸闷憋气为原则。学太极拳以医疗保健为目的者，可以不结合腹式逆呼吸。若旨在强壮身体，发挥技击作用，而不结合呼吸行气，熟练推手，那就等于缘木求鱼，终无所得。

技击作用：

动作一可作为截击来手的防中有攻、化中有打的着法，也可作为右勾拳使用，与动作二的左勾拳可以作为基本着法来单独反复练习。

第四十七式　抹眉红（东）

动作一：（吸气）右胯微左旋后移，腰微左转，重心稍移右腿，左足轻贴地退回一脚，成前三后七的反弓蹬步。胸腹中线先左转90°向正东方，再右旋对向右前（东南）约30°。同时，右拳变掌，随腰左转时向面前中线捋下至指尖齐喉，随腰右转时沉肘后抽带回右手至胸窝前，掌根距胸约一横拳，掌心向前下，指尖向前；左拳变掌，当腰左转时左掌上提至胸窝前，掌心向下，当腰右转时左掌从右掌下交叉而过，向前上按出，掌心向前下，指尖向前，高与喉齐。眼平视前方，眼神关顾两手移动。是为合、为蓄、为吸气（图325）。

动作二：（呼气）右腿站稳，左足前进一脚，腰胯前送，重心前移，成左弓蹬步。同时，左手内旋，反掌向前上伸，高与眉齐，掌心向左，指尖向前，意注指尖，小指在上，左掌指到落点时两胯根、两肩节同时一旋，左掌指向左一捌。右肘向后一撑，与前手对拉。是为开、为发、为呼气（图326）。

图 325

图 326

说明事项和技击作用参见第二十三式"抹眉红"，图165、图166。

第四十八式　饿虎跳涧（东）

动作一：（吸气）两胯根左旋，腰左转，左肘沉下向内收，肘尖距左前侧下肋约一个半横拳。左手外旋带回，手低于肩，掌心向下，手指向前，下与足尖对齐；右手稍向前伸，掌根距胸窝约一横拳。眼平视前方。

动作二：（呼气）左足稳住，右足向前跃出，愈远愈好，左足紧随跃出。右足落地踏实，左足落在右足后足掌着地，相距约二横拳。同时，右手前按，指尖上扬与眉齐，掌心向前，与右足尖方向一致。左手移至右肩前，掌心向前下，掌根距右乳约二横拳，指尖向前上，身向左前45°。眼从右手中指前视。

动作三：（吸气）左足跟落地，左腿坐实，右足跟提起，足掌轻着地。右手下捋稍向右下划弧至乳下水平线；左手向左下划弧至胃部左侧，掌心向前下，指尖向前，拇指尖距胃部中线约一横拳。

动作四：（呼气）裆劲下沉。同时，右手指尖向前上中线划弧推出，至指尖与肩平；左手向前上推至右乳前，掌根距右乳约二横拳。顶劲、沉气，涵胸拔背，落胯塌腰。眼平视前方（东）（图327）。

说明事项：

饿虎跳涧系陈发科老师所传炮捶中式名，陈氏旧拳谱七套（太极拳五套，长拳一套，炮捶一套）中均无这一式名，当系后来增入，或系从原有某一拳式中

图327

陈式太极拳第二路炮捶图解一

223

抽出动作，另立式名。原抄本作"卧虎跳涧"，我以为饿虎跳涧较为合理。

技击作用：

虎扑抓面而下，经胸窝乳侧划弧而下绕向外侧软肋再向上、向乳部推去，这是古代决死生的打法。这种缠绕、折叠的方法用于友谊竞赛性质的推手中，可以牵动对方重心，用长劲把人掷跌而不致伤残。这不但可以增强体质，提高技巧，还可以进一步研究太极拳的拳理和拳法。

第四十九式　右黄龙三搅水（南、西）

右黄龙（一）

动作一：（吸气）两胯根左旋，重心移在左腿，腰左转，胸腹中线对向左前45°。左足尖从东北外撇至西北，右足掌贴地向左划弧至左足前，足尖对正北方，两足跟相距约二横拳。同时，两肩节左旋，右手外旋，向左下划半圆至与乳齐，掌心向左，劲点在掌缘，再向左划弧平移，至指尖对向正北方，右足尖、右手尖与鼻尖成三尖相对。左手向左下划弧，微外旋，掌指贴于左小腹外侧。眼随右手移动平视右前方（正北）（图328）。

前动不停。左足尖继续外撇至对向正南方，左腿落胯站稳，腰继续左转至胸向南；右足稍后收，足尖轻点地，对向右前（西），足跟提起，成右丁字步。同时，右手内旋往下将采至右胯前，掌心向左下，指尖向右前（西），与足尖同一方向。眼平视右前方。顶劲、沉气，涵胸拔背，落胯塌腰，沉肩垂肘，屈膝、圆裆（图329）。

动作二：（呼气）右足向西迈出约半步，两胯根俱下沉，身稍下蹲。右手内旋，掌心向下，掌缘稍向外掤（图330）。

两胯根前送，重心前移右腿，身形稍高起，左足跟上，足尖轻点地，置于右足之后，两足跟前后在一条直线上，相距约二横拳。身向左前约60°。右手内旋往前上划弧，高与眉齐时，劲点在掌缘，掌心向前，意注掌指。顶劲、沉气。眼视前方，眼神关顾右手划弧（图331）。

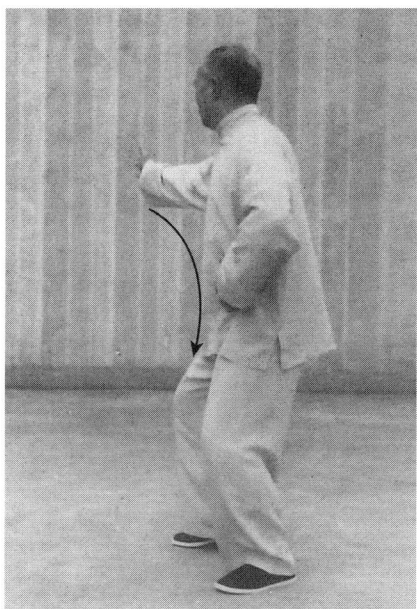

图 328

图 329

图 330

图 331

右黄龙（二）

动作一：（吸气）左足向后退至原地，两胯根左旋内收，重心移左腿，右手外旋下沉，手尖与肩平，掌心向外，指上扬，沉肩垂肘（图332）。两胯根继续左旋内收，右足轻贴地，劲点在拇趾侧，向内划弧勾回至左足前，足尖轻点地，对向右前成右丁字步。同时，右手继续外旋，劲点在掌缘，继续向下向内将采，至右胯前，掌心向左下，指尖向右前（西），与足尖同一方向。眼亦平视右前（图333）。

图 332

图 333

动作二：

动作说明参阅右黄龙（一）动作二（图334、图335）。

右黄龙（三）

动作一：

动作说明参阅右黄龙（二）动作一（图336、图337）。

动作二：

动作说明参阅右黄龙（一）动作二（图338、图339）。

图 334

图 335

图 336

图 337

图 338   图 339

说明事项：

"长拳"谱（一百○八势）中涉及"龙"的式名有"倒骑龙""下海擒龙""雀地龙""二龙戏珠""青龙献爪""罗汉降龙""苍龙摆尾""双龙抹马"（抹，一作探）、"蛟龙出水"9个式名。太极拳十三势头套有"青龙出水""青龙戏水""黄龙绞水"3个式名，四套（一名红拳）有"二龙戏珠""雀地龙""蛟龙出水"3个式名，"炮捶架子"中"倒骑龙""黄龙左右三搅水"2个式名。据此，陈氏旧拳谱中，只有四套拳和"炮捶架子"中有"黄龙绞水"式名。

注意事项：

1. 右足收回成丁字步，身宜稍高，右足上步时身宜稍低；左足跟步时身又宜稍高，左足后退时身又宜稍低。身法起伏似波浪。但仍须立身中正，两肩不可有高低。身法的起伏，手法的上下缠绕，如龙在水中绞转之形状。

2. 右足拇趾侧须贴地用劲勾回，这是将对方前足往里一勾，将对方前手往里一捋一採，使之跌扑倒地。动作"上下相随"地协调。

3. 右足迈出有踢、踩、套之意，并须与右手向前上横按发劲动作协调。接着使用勾脚跌法，术语所谓"上惊下取一跌""拳去不空回，空回不为奇"。

4. 足前迈落地似斧劈，足跟震地作声，后足紧跟上步足跟用拖劲震地作声，后足退步用足跟往后锉劲震地作声。前足后退也可用锉劲足跟震地作声。但也可前进、后退，落地无声。

第五十式　左黄龙三搅水（北、西）

过渡动作一：（吸气）两胯根左旋内收，左足向后退至原地，成右弓蹬步，右手外旋下沉至手尖与肩平，掌心向外，指上扬，沉肩垂肘，落胯塌腰。眼平视前方（图340）。

图340

过渡动作二：（呼气）两胯根左旋内收往后移，腰微向左转，重心移左腿，身向正南，面向正西。左足尖外撇对向正南。右足收回至左足前，屈膝，足尖、膝尖对向西南，落胯塌腰。同时，右手外旋，劲点在掌缘，向下划弧至与胃部齐，掌心向右前下，坐腕，指尖稍向右前上扬，再外旋向左前横按，掌心横向南，意注掌指。眼神关顾右手移动，仍平视右前方（西），耳听身后（图341）。

过渡动作三：（吸气）左膝稍挺起，微屈不直，右膝随着上提，高过于脐。左手内旋向后、向上提至高与肩平，肘微屈沉，掌心向下，指尖向左前。右手内旋向右上划弧至胸窝前，掌心向下，指尖向左，肘屈沉。眼平视右前（西）（图342）。

图341　　　　　　　　　　　　　图342

过渡动作四：两胯根右旋内收，腰大幅度右转，右足右膝外旋向左腿内侧前落下，在将踏未踏之际，左足即提起，左膝高过于脐，当右足落地时，身向西北。同时，两手向前上划弧而下，右手经面前鼻部而下至两乳中间，掌心向下，指尖向前，掌根距胸约一个半横拳。左手向上高举，肘微屈，向前、向下劈至高与头齐，掌心向前，指尖向前上（图343）。

上动不停，左足向前大步迈出，足尖向前，成左丁字步。左手连劈带按至与胸窝齐，意注指、掌；右手向右下按、捋，至右小腹外侧，掌心向下，指尖向前，掌根距腹一横拳。肘尖往后撑，与左手前按成对拉。身向西北（右前45°），眼平视西方。顶劲、沉气，涵胸拔背，落胯塌腰。左手尖，左足尖与鼻尖三尖相对（图344）。

图 343   图 344

以上是右黄龙三绞水向左黄龙三绞水转换的过渡动作。须注意动作的连贯圆活、周身协调。右足落地与左足迈出落地，都可以震足作声，但右足是用松沉劲直下震脚，左足是与左手劈按之劲相应，足跟着地如斧劈，一震作声。也可练成两足落地无声，用暗劲沉住。

左黄龙（一）

动作一：（吸气）两胯根右旋内收，腰右转，重心移右腿，身向北。左足劲点在拇趾外侧，足跟稍离地，左足掌轻贴地向里勾回至右足跟内侧，两足跟相距约二横拳。同时，左手外旋，劲点在掌缘，向下、向右划弧内收至左胯前，掌根距胯约二横拳，掌心向北，指尖向西，与足尖方向一致。右手外旋稍向右内移，掌指贴于右小腹外侧，指尖向前。眼平视左前（图345）。

动作二：（呼气）两胯根俱
左旋下沉，左足向左前迈出约半
步，身稍下蹲。左手内旋，掌心
向下，掌缘稍向外掤（图346）。
两胯根前送，腰左旋，重心移左
腿，右足上半步，足掌轻着地，
也可以足尖轻点地，两足跟相距
约二横拳。同时，左手内旋向左
上划弧，劲点在掌缘，举至高与
眉齐，掌心向前，意注掌指，身
向左前（西北）约60°。顶劲、
沉气，落胯塌腰。眼平视左前
（西）（图347）。

图 345

图 346

图 347

左黄龙（二）

动作一：（吸气）两胯根右旋，右足向后退至原地，腰微右转，重心稍向右移。同时，左肩节右旋，左手内旋往下捋，沉肘，手尖与肩平，掌心向前下，指尖向前上。眼视左前（西），眼神关顾左手旋动（图348）。两胯根右旋内收，腰继续微右转，重心移至右腿，身向西北。左足劲点在拇趾外侧，轻贴地面向内划弧勾回至右足前，足尖轻点地，对向左前（西），成左丁字步。同时，左手继续外旋，劲点在掌缘，继续向下、向内捋采至左胯前，掌心向右下，指尖向左前（西），与足尖同一方向。眼平视左前（西）（图349）。

图 348　　　　　　　　　　图 349

动作二：同左黄龙（一）动作二（图350、图351）。

左黄龙（三）

动作一：同左黄龙（二）动作一（图352、图353）。

动作二：同左黄龙（一）动作二（图354、图355）。

图 350

图 351

图 352

图 353

图 354

图 355

说明事项和注意事项参阅第四十九式右黄龙三搅水。

第五十一式　左蹬一根（西）

动作一：（吸气）两胯根右旋内收，左胯根稍下沉，右足轻贴地，劲点在足跟，向右后退步，重心稍后移，腰微右转，成左弓蹬步。同时，左手外旋，沉肘，至手尖与肩平，掌心向前（西），指上扬，手尖与足尖同一方向。眼平视前方，眼神关顾左手旋动（图356）。

右足尖外撇对向正北方，腰胯右转，重心移右腿，身向北偏西。同时，左手继续外旋，向右捋至胸窝前，掌根距胸窝一横拳，掌心向右，指尖向前上。右手往左上伸，尺骨交叉于左腕尺骨之上，掌心向左，指尖向前上。眼视左前（图357）。

动作二：腰胯继续右转，右腿站稳，左足提起，向前、向左横迈落下，与右足并行成骑马步。面向正北方，眼向前平视。（呼气）落胯塌腰，两手内旋，向两侧下方弧形捋按，至两膝弯外侧，食指尖距膝弯各约一横拳，掌心向下，指尖向前，掌根沉住，意注指尖。两足足掌足跟沉住，意注趾尖。顶劲领起，气往下沉。眼平视前方（图358、图359）。

图 356

图 357

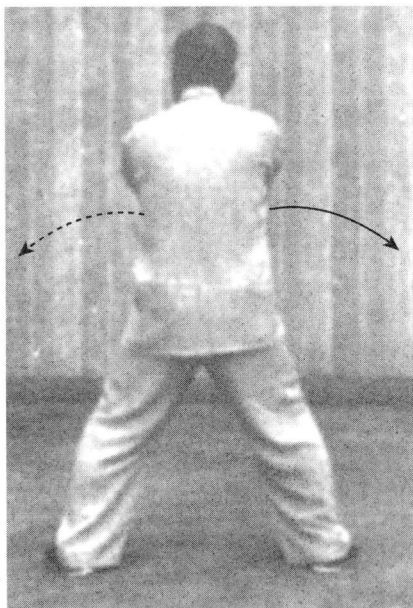

图 358

图 359

动作三：（吸气）两胯根外旋内收，重心移右腿，腰左转，胸腹中线对向左前约30°~45°，左足收至右足前，足尖轻点地，对向左前，左足跟对向右足跟内侧相距约二横拳。同时，两肩节外旋内收，两手外旋向内、向上收至两小腹外侧，掌根距小腹约一横拳，掌心相对似抱球，指尖俱斜向前外。眼平视左前（图360）。

动作四：（呼气）右胯根稍下沉，身稍降低，左足向左前迈出约半步，踏实，重心前移于左腿，右足随着跟上踏实，两足跟相距约二横拳。同时，两手劲点在掌根，意注指尖，向前按出，与右足上步"上下相随"，同起同止。两肘尖各距肋约一横拳，腋下可容一立拳。顶劲、沉气，落胯塌腰。眼平视左前（图361、图362）。

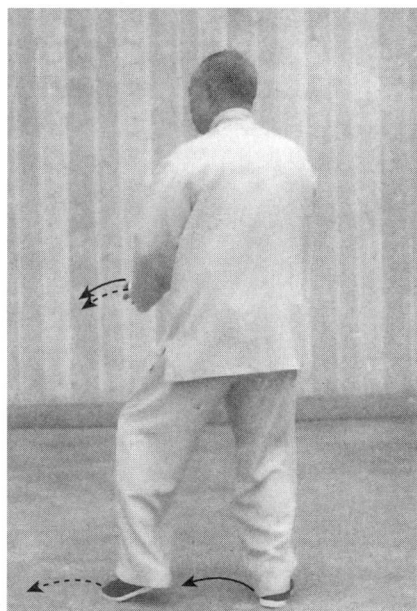

图 360

图 361

动作五：（吸气）两胯根右旋左转，腰右转，重心移左腿，身向北，面向西，左胯下沉，身稍蹲下，左腿站稳，右足移至左足跟后方，足掌轻着地，右膝尖贴左膝弯内，成半坐盘步。同时，两肘分向两侧稍外撑，两手内旋抓成拳，右拳向左下方，左拳向右下方，交叉在腹中线脐前，左拳心距脐约一横拳，两拳心俱向内，拳眼向上。左拳尺骨处沉住，似压住对方手臂，右拳劲贯拳面，似逼近攻击。眼平视左前（图363）。

图362（图361的反面）　　　　　　　　　　图363

动作六：（呼气）右足跟落下踏实，右足对向正北面，重心移右腿，右腿站稳，右膝节上伸，微屈不直；左膝上提，高过于脐。同时，两拳内旋上掤至乳上锁骨前，拳眼向内，与锁骨相距约四横拳，中指根节骨向上。两肘屈沉，肘尖各距腰肋约二横拳。眼平视左前（图364）。参阅图369两拳两肘位置。

左足跟向前上蹬出，足尖向上，膝微屈不直。两拳向上（高不过头顶）、向左右两侧分出，意注两拳小指根节，拳眼向上，拳与肩平，肘微屈沉。眼从左拳前平视（图365）。

说明事项：

1. 图356～图362，似可另立式名。图363、图365才是蹬一根动作。

2. 脚跟蹬出，高仅及腰，炮捶内设有踢、蹬、点、踹腰部以上的腿法。可见受"抬腿半边空"的影响，不用高腿。

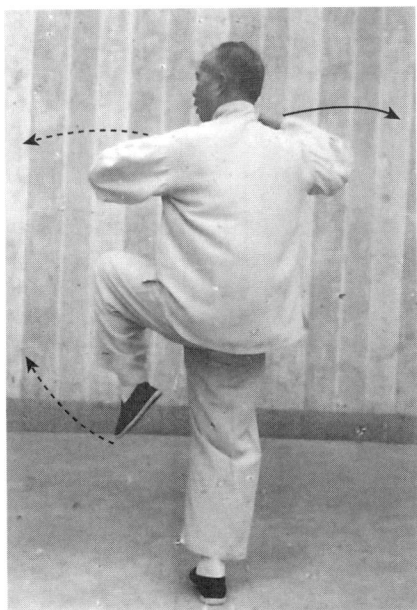

图 364   图 365

注意事项：

1. 图 360、图 361，左足上步，右足跟步，可震脚作声或落地无声。

2. 图 363 是短打拳法中逼近身的打法。螺旋式的缠绕转圈要紧小。一触即发的抖劲，这需要在推手实践中不断提高其动短、慧远、劲长的质量。使能练成掷跌人较远而不伤害人的技术。

第五十二式　右蹬一根（西）

动作一：（吸气）右足站稳，屈膝落胯、身稍下蹲，左足跟用劲勾回，膝顶高于脐。同时，两拳向上内收合拢于面前两侧，肘尖下沉，两拳下落于乳上两锁骨前，相距各约四横拳。眼平视左前，眼神关顾左拳收回（图 366）。

动作二：（呼气）腰胯左转，左足尖外撇，向前半步落下横踏，足跟与右足心相对，右足跟离地外撇，足掌轻着地，膝屈向前下，身向正西方，腰胯稍落下。同时，两肩节左旋，左拳微外旋，肘屈沉，拳向左前掤，与肩平，拳心向内右，拇指距左肩约五横拳。右拳微外旋，微向前掤，拳与肩平，拳心向内左，拇指距右肩约两横拳。眼视正前方（西）（图367）。

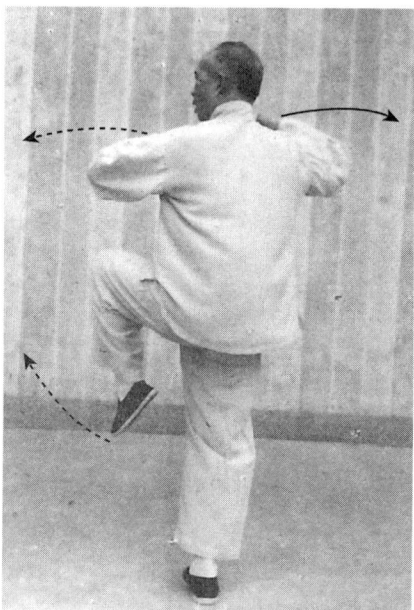

图 366

图 367

腰继续左转，左胯根左旋下沉，右膝向前下屈沉，膝尖对向左膝弯内侧，成左半坐盘步。身向左前（西南）约30°。同时，左拳外旋收至左腹侧，拳心向上，小指侧距腹约一立拳；右拳微外旋，劲点在尺骨处，向左下切至脐前，拳眼向内上，与脐相距约一横拳。左拳内旋，向右前从右手桡骨上击出，拳眼向上。眼平视前方（西），眼神关顾两拳移动（图368）。

动作三：（吸气）左足尖外撇，足尖对向正南方，腰胯左转，身向南，身稍高起。两拳外旋，向上交叉于胸窝前，拳心向内，左腕节对胸窝相距约一立拳。

动作四：左膝上挺微屈，身上升，右足提起，膝上顶，高过于脐，足尖自然下垂，脚面勿绷紧。两拳内旋上掤向两侧分开，至两乳之上，高与锁骨齐，拳眼向内，与锁骨相距约四横拳，中指根节骨向上。两肘屈沉，肘尖各距腰肋约二横拳。眼平视右前（西）（图369）。

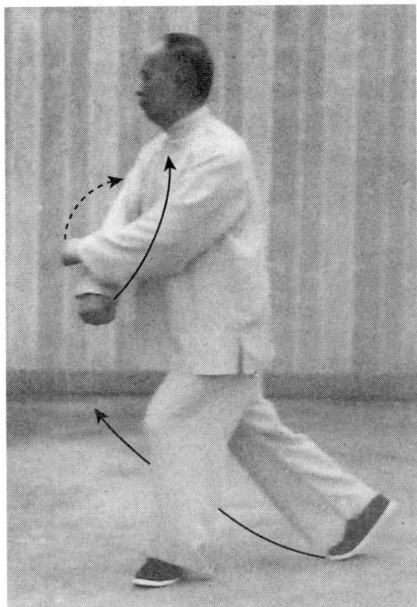

图 368

图 369

右足跟向前上蹬出，足尖向上，膝微屈不直。两拳向上（高不过头顶）、向左右两侧分出，意注两拳小指根节，拳眼向上，拳与肩平，肘微屈沉。眼从右拳前平视（图370）。

说明事项和注意事项，可参阅第五十一式左蹬一根。

图 370

第五十三式　海底翻花（西）

动作一：（吸气）左腿站稳，顶劲领起。右足跟用意勾回，足尖自然下垂，膝稍内收，高过于脐。同时，两拳劲点在尺骨处，向下稍向内捋至与胃部齐，肘屈沉，掌根各距肋约三横拳，拳面向外，拳眼向上。两肩骨节外旋向前内合，再两拳外旋向前、向内合拢于胃部前两侧，右拳心向左内，左拳心向右内，拇指根各距乳约二横拳（图371）。

动作二：（呼气）腰向右一拧，左足掌向内一扣，使足尖对向正西方，身向正西方。同时，两拳继续外旋向上掤，高与锁骨齐，拳心向内。右拳外旋，肘尖下沉，尺骨和拳背向下旋沉发劲，拳心向前上，掌缘距右胯约一横拳；左拳外旋，桡骨用掤劲，拳面向前上冲击，高过于头，拳心向左额角，相距约三横拳。顶劲、沉气，眼视正前方（西）（图372）。

图 371

图 372

说明事项：

1. 陈氏旧拳谱七个套路中没有"海底翻花"式名。陈发科老师20世纪20年代去北平传拳时，所传抄"炮捶"拳谱第四十五式有"海底翻花”式名，当时还叫作“泰山升气”。

2.“海底翻花”的含义是：内劲缠绕涌出之气势犹如海底翻腾出的浪花，怒涛汹涌。

注意事项：

1. 蹬脚向里勾回，设想对方将我蹬脚抓住或抱住，我趁对方抓抱之时，即将脚跟勾回，使对方前倾欲跌，并用手将其头颈使倒地。

2. 右拳旋臂化解擒腕，以拳背下击脉道。左拳旋臂化解擒腕，乘势上冲对方下颔。下击发劲与上冲发劲要一时俱到。

第五十四式　演手红捶（西）

与方向向西的第三十七式演手红捶动作完全相同。这两个向西的演手红捶的动作又和第二十二式向东的演手红捶动作完全相同，但方向相反。因此，这两个向西的演手红捶，其动作说明可参阅第二十二式，此处不另写。但说明中东应作西，东南应作西北（图373～图382）。

说明事项和注意事项见第二十二式。

图 373

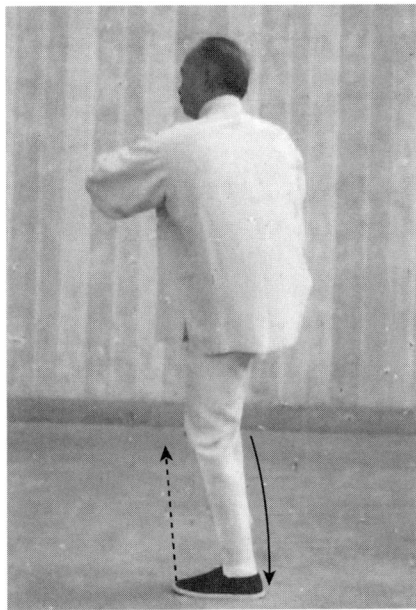

图 374

图 375

图 376

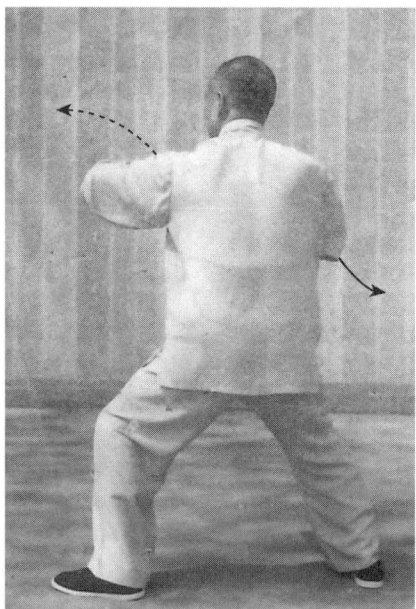

图 377

图 378

图 379

图 380

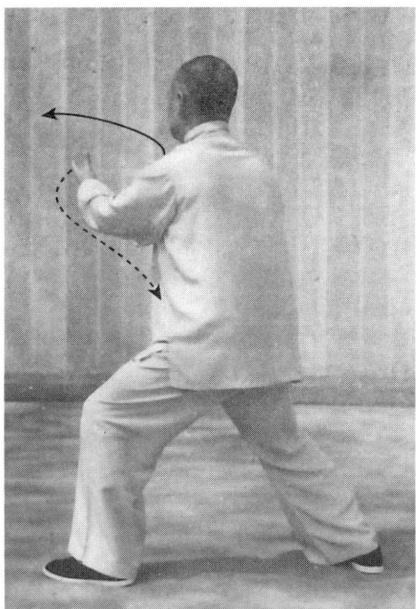

图 381

图 382

第五十五式　转胫炮（右转东北）

动作一、二：两胯根右旋，腰微右转，右足尖外撇约30°，左足尖内扣约30°，重心稍右移，身由西北转向东北。成左六右四的骑马步。同时，右肩节松沉右旋，右肘微沉，右拳外旋，劲点在尺骨处，经胸前中线划弧内收，肘向右下沉至右腰肋前，相距约一横拳。右拳回收，至胃部前，掌心横向内，拳眼向上，掌心距胃部约二横拳，小臂含掤劲。左手抓成拳，拳眼向上，从左小腹前侧，拳外旋拳面向上偏右冲击至高与下颌齐，拳心向内，拳面与下颌相距约五横拳，小臂含掤劲。眼神关顾两手移动，眼向右平视右前侧。右拳收回至胸前中线时为吸气，左拳上冲时为呼气。顶劲、沉气，落胯塌腰（图383）。

动作三：（吸气）两胯根左旋，重心左移，左膝节稍上挺，右膝上提，膝尖高过脐。同时，右拳劲点在尺骨处，拳外旋稍向左捋（约一横拳）至胃部左侧，拳心斜向内左上，小臂含掤劲，尺骨处沉住；左拳稍向左上移，小臂含掤劲，上下合劲。眼平视前方（图384）。

图383

图384

动作四：（呼气）右足往下松沉蹬地作声（也可落地无声），屈膝落胯，成小开立骑马步。同时，右拳外旋，拳背向右下沉，至右小腹前沉住，拳心向上，掌缘距小腹约一立拳，腋下可容一立拳，肘不贴肋（当右足蹬下、右拳沉下时，左拳同时一抖发劲，左足同时着力下蹬。叫作"四心相印"，通身发力）。顶劲领好，裆劲下沉。眼平视前方（图385）。

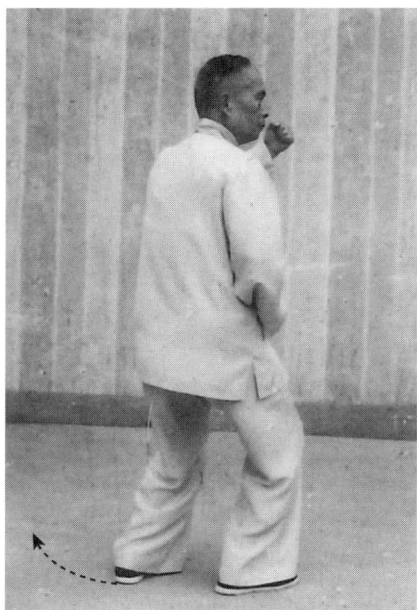

图 385

动作五：（吸气）两胯根右旋，右足以跟为轴，急速向右转，右足掌向右外圆转至图383原地位置，左足前伸贴地随转体向右横扫360°至图383原地位置。同时，左拳随势稍向右下移至胸锁骨前中线，相距约四横拳，落胯塌腰。眼随转体平移前视（图386）。

动作六：（呼气）两胯右旋前送，重心前移，成右弓蹬步。右拳内旋向前上掤出，高与右乳齐，拳眼向上，拳心向内左，小臂含掤劲，意注中指根节，与右足方向一致。左拳向前下掤出，拳背横向前，小臂含掤劲。在右拳与右乳中间沉住。裆劲下沉，劲往前发。眼平视前方，耳听身后（图387）。

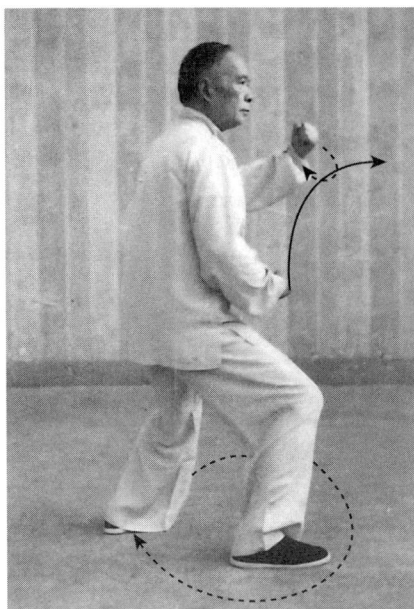

图 386   图 387

说明事项：

1. 转胫炮，一名扫堂腿。练法有二种：（一）如上图解，左腿不仆地而扫转，右腿落胯最低以胯与膝平为度。（二）左腿横伸，足贴地，右腿屈膝下蹲，左腿仆下去，向右圆转横扫，叫作"扫堂腿"。

2. 陈氏文修堂旧谱"炮捶架子"，注有"十五红十五炮，走拳用心"，故本书采用"转胫炮"式名，以符"十五炮"之说。

注意事项：

1. 济南洪钧生同学有云："太极是掤劲，动作走螺旋。"在螺旋式的弧形动作中，掤劲不可丢失，即是太极拳柔中寓刚的特征。所谓"掤劲"，其实质是"似松非松，不柔不刚"的在意识指挥下的"内劲"。在此式中述及的"掤""掤劲"，在其他式中也应注意到。

2. 左足向右扫转一圈时，须顶劲领起，立身中正，两肩平齐。

3. 当右足蹬地、右拳沉下时，左拳一抖发劲，左足着力下蹬，叫作"四心相印"，周身发力。对强健内脏，加大爆发力有益。

第五十六式　穿心炮（东）

动作一：（吸气）两胯根左旋，重心移左腿，左腿屈膝落胯下蹲，右膝内收上顶，高过于脐，足尖向前。同时，两肩节左旋下沉，左拳随沉肘划弧向左下至胃部左侧，小臂含掤劲，拳眼向上，拳心横向内，距胃部左侧约一个半横拳。右拳随沉肘内收，拳微外旋，劲点在尺骨处，向内捋至胸窝前，尺骨处沉住，小臂含掤劲，拳心向内左。全身有裹紧团聚之意。眼平视前方，眼神关顾两拳移回（图388）。

动作二：（呼气）右足稍落下，足尖向前踢出，即足跟落地作声（或不作声），踏实。腰胯前送，重心前移，两拳稍向前移（图389）。左足跟上半步，用拖劲震地作声（或不作声）。两拳再向前掤出，右拳在前，劲点在中指根节，肘屈沉，拳心向内左上，距胸窝约五横拳（拳如果伸直，相距约十横拳）。左拳在后，再前掤，拳心横向内，距胸窝约两横拳，两小臂含掤劲。顶劲、沉气，涵胸拔背，落胯塌腰。眼平视前方，耳听身后（图390）。

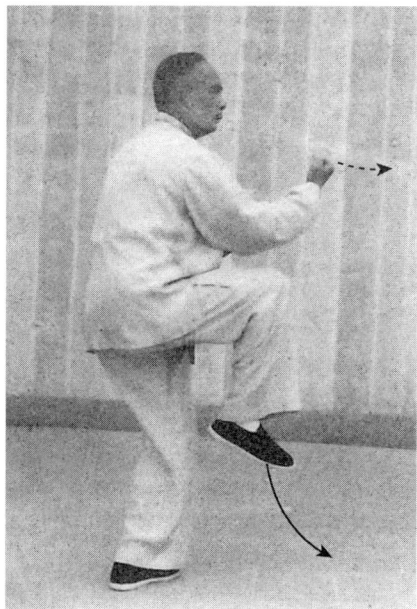

图388

图389

动作三：（吸气）两胯根左旋，重心移左腿。两胯根右旋，腰胯右转，右足尖往外撇，身向东。同时，右拳先外旋，劲点在尺骨，稍向左捋，拳心向上，即转为内旋，劲点在拇指侧，向内捋，拳心向下，掌根距胃部约一个半横拳；左拳外旋，向前上中线以拳背击出，高与下颌齐，拳心向内上，相距约四横拳。两拳同起同止。眼神关顾两拳移动，眼平视前方（图391）。

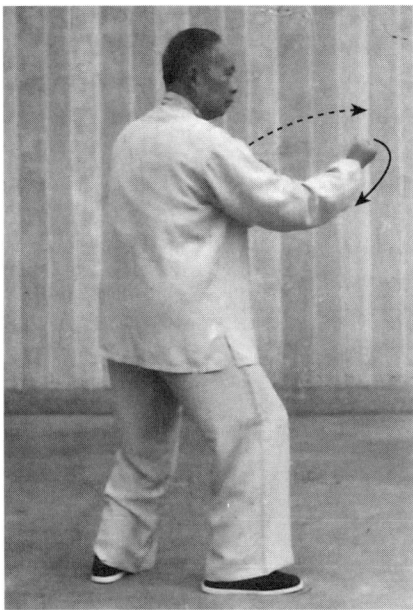

图390   图391

腰胯继续右转，右足踏实，重心移右腿。左足跟提起外旋，左膝前对右膝弯内侧，成右半坐盘步，身向右前约45°。同时，左拳外旋，沉肘，劲点在尺骨处，拳下沉至胸窝前，拳心斜向内上，拳根距胸窝约一横拳；右拳外旋，随转腰后移，拳眼向上，拳心向内，距胸窝约一横拳，两小臂含掤劲，眼平视前方（图392）。

右胯根下沉，右腿屈膝下蹲；左膝向前上顶，高过于脐，足尖向前。同时，两拳微内收，仍带掤劲。眼平视前方（图393）。

动作四：（呼气）左足稍落下，足尖向前踢出，足跟落地作声（或不作声），踏实。腰胯前送，重心前移。同时，两拳稍向前掤（图394）。
右足跟上半步，用拖劲震地作声（或不作声）。两拳再向前掤出，左拳在

图 392

图 393

图 394

图 395

前，劲点在中指根节，肘屈沉，拳心向内右上，距胸窝约五横拳；右拳在后再前掤，拳心横向内，距胸窝约两横拳。两小臂含掤劲。顶劲、沉气、落胯塌腰。眼平视前方，耳听身后（图395）。

注意事项：

1. 右、左穿心炮在一条直线上前进，前足跟、后足跟要对齐在一条直线上。

2. 转腰要柔活，动步要稳固轻灵，蓄势要有裹紧团聚之意，发劲似雷震电闪。

技击作用：

1. 提膝起护裆、护臁作用，"足来提膝"，以腿破腿。如低腿踢我臁，我提膝，足尖前上翘起，彼足尖踢在足底，足尖容易受伤。彼踢我裆，我提膝护裆，随即还踢其臁或膝节。

2. 前踢其臁，再震脚踏其足背。

3. "拳来肘拨"，两手以护心为本，尺骨处旋拧，是即化即打的作用。穿心炮要有"运劲似百炼钢，何坚不摧"之功力。

第五十七式　演手红捶（东）

动作一：（吸气）左足尖里扣，对向右前45°，左腿屈膝站稳。两胯根右旋内收，腰右转，右膝上提与脐平（或高过于脐）。同时，右拳内旋向右内划弧至胸窝前，拳心横向内；左拳变掌，内旋向右、向前划弧至胸窝前，掌心横向下，在右拳之上。再交叉而过，右拳内旋向右侧伸展，拳心向下。左掌内旋，劲点在掌缘向左侧捯去，两手似撕丝棉。左掌心横向左前方，小指侧在上；右拳心向下。两手与肩平，两肘微屈。眼视左前（图396）。

以下动作说明同第二十二式演手红捶（图397～图405）。

说明事项、注意事项和技击作用，均见第二十二式演手红捶。

图 396

图 397

图 398

图 399

图 400

图 401

图 402

图 403

图 404

图 405

第五十八式　左冲（东）

动作一：（吸气）两胯根先微左旋再右旋，腰先微左转再右转，重心稍移向左腿。同时，右拳先外旋，劲点在尺骨处，向胸前中线稍回收，拳心斜向内左，再内旋稍回收至与胸窝齐，拳眼向上，掌根距胸窝约四横拳；左掌变拳向前上中线伸至与胃部齐，拳眼向上，拳心向胃部，相距约一个半横拳。身向东稍偏南（图406）。

动作二：（吸气）腰胯继续

图 406

右转，重心稍后移，仍成左弓蹬步。身向右前约45°。同时，右拳继续内旋收至胸窝前，拳心向下，拇指根与胸窝相距约一个半横拳；左拳内旋向前击出，拳心向下，拳与足尖方向一致，鼻尖与手足方向一致。眼平视前方，眼神关顾两拳移动（图407）。

动作三：（吸气）两胯根右旋内收，重心移右腿，左足向后收回，成左丁字步，足尖轻点地，两足跟前后对齐，相距约二横拳。右腿屈膝落胯、坐实，身向右前约45°。同时，左拳内旋，劲点在尺骨处，向右下划弧，拳心向右内上，掌缘距裆前约二横拳。左肘距左腰软处约一横拳。右拳微外旋，劲点在尺骨处，向右下沉至右小腹侧，拳心向内下，相距约一横拳。右肘尖距右腰软处约一横拳。眼平视左前（图408）。

图407

图408

右腿稍挺膝，身提高，左足提膝上顶，高过于脐。两肩节右旋，右拳外旋向后向上划弧高举过头，拳面上冲，拳心向左，屈肘。左拳微内旋，向右、向上划弧至右乳上，拳心向内，掌缘距右乳约一个半横拳，沉肘，肘尖距左腰肋软骨处约一横拳。腰微右转，身向南稍偏东。眼平视左前（东）（图409）。

动作四：（呼气）两胯根左旋，腰左转，左膝用劲往外撇（左足掌横斜，仍护臁护裆）。左足向前横踏落下（约半个弓步），足尖向左前，左足跟与右足跟在一条直线上（右足尖向右前），重心移左腿。右腿以足掌为轴，足跟提起外撇至与足尖俱对向前方；右膝向前下挤压在左膝弯内侧，成左磨转步，身向左前约30°。同时，两肩节左旋，两拳外旋，劲点均在尺骨处，左拳向左下沉，拳心向内，距胃部约一个半横拳。右拳向前从头部中线捋下至胸窝前，拳心向内左，掌根距胸窝约四横拳。两小臂沉住含掤劲（图410）。

图409

图410

两胯根微左旋，左腿落胯站稳，右足向前迈出一步，虚踏地，腰微左转，身向左前约45°。两拳外旋往里收、往下沉，左拳收至左腹前，与脐平，拳心向内上。右拳收至脐前，拳心向左上，掌根与脐相距一个半横拳。左胯沉下，两足下蹬如植地生根，成后七前三的反弓蹬步。两小臂含掤劲沉住，蓄而待发。眼平视右前（东）（图411）。

两胯根右旋前送，腰右转，重心移右腿，成前七后三的右弓蹬步，身向正东方。同时，两肩节右旋，两拳内旋，在身前各划半个小圈，在胃部两侧沉住，拳眼向上，拳心相对，掌根各距胃侧约一横拳。再内旋向前上击出，高与乳平，拳心向下，两拳以中指根节领劲击出。气往下沉，劲往前发。眼平视前方，眼神关顾两拳下将与前发（图412）。

图411　　　　　　　　　　　　　　图412

说明事项：

　　1. 陈氏两仪堂本"二套炮捶"有"前冲、后冲"两式。另有"二套捶"有"左冲、右冲"两式。陈氏文修堂本一百〇八势中有"前冲、后冲"两式。陈发科老师于1928年10月在北平授拳所传"二路炮捶"拳谱中写作"左冲蹬脚、右冲蹬脚"。

　　2. 此式在某些拳种中称作"双撞拳"。

注意事项：

　　1. 此式左足横踏落下，右足前迈落地，都可震足作声，也可落地无声。动作三，左足向后收回，也可足跟用拖回劲震地作声。

2. 此式和下一式可按"蹿蹦跳跃、闪转腾挪"练法，左（右）足往上跳起，右（左）足随即往上跃起，先后落地，蹬脚作声，动作圆转，龙身虎步，有闪转腾挪之意。也可落地如猫纵之无声。

技击作用：

两拳捋劈滚转，化即是打，打即是化。膝撞脚踩，进步套脚，双拳齐发。

第五十九式　右冲（东）

动作一：（吸气）两胯根左旋内收，重心移左腿，右足向后收回，足尖轻点地，成右丁字步。腰左转，身向左前约45°。同时，两肩节左旋内收，随身法后移。右拳内旋，劲点在尺骨处，向左下划弧，掌缘距裆前约二横拳，拳心向左内上。右肘屈沉，肘尖距右腰软处约一横拳。左拳外旋，劲点在尺骨处，随转腰向左下划弧，至左小腹侧沉住，拳心向内下，相距约一横拳。左肘尖距左腰软处约一横

图 413

拳。两小臂含掤劲，沉住。眼平视右前，眼神关顾两拳回收（图413）。

左腿稍挺膝，身提高，右足提膝上顶，高过于脐，足尖自然下垂（起护裆护臁作用）。同时，两肩节继续左旋，左拳外旋，向后、向上划弧高举过头，拳面上冲，拳心向右，肘屈；右拳内旋，劲点在桡骨处，向左、向上划弧至左乳上，拳心向内，掌缘距左乳约一个半横拳。沉肘，肘尖距右腰肋软骨处约一横拳。腰微左转，身向北稍偏东。眼平视右前

（东）（图414）。

动作二：（呼气）两胯根右旋，腰右转，右膝用劲往外撇，右足仍护
臁护裆。右足向前横踏落下（约半个弓步），足尖向右前，右足跟与左足
跟站在一条直线上（左足尖向左前），重心移右腿。左腿以足掌为轴，足
跟提起外撇至足尖俱对向前方，左膝向前下挤压在右膝弯内侧，成右磨
转步，身向右前约30°。同时，两肩节右旋，两拳外旋，劲点在尺骨处，
右拳向右下沉，拳心向内，距胃部约一个半横拳；左拳向前从头部中线
将下至胸窝前，拳心向内右，拳根距胸窝约四横拳。两小臂沉住、含掤
劲（图415）。

图414

图415

两胯根微右旋，右腿落胯站稳，左足向前迈出一步，虚踏地，腰微
右转，身向右前约45°。两拳外旋往里收、往下沉，右拳收至右腹前，与
脐平，拳心向内上；左拳收至脐前，拳心向右上，掌根与脐相距一个半
横拳。右胯沉下，两足下蹬如植地生根，成后七前三的左丁八步。两小
臂含掤劲、沉住，蓄而待发。眼平视左前（东）（图416）。

两胯根左旋前送，腰左转，重心移左腿，成前七后三的左弓蹬步，身向正东方。同时，两肩节左旋，两拳内旋，在身前各划半个小圈，在胃部两侧沉住，拳眼向上，拳心相对，拳根各距胃侧约一横拳。再内旋向前上击出，高与乳平，拳心向下，两拳以中指根领劲击出，气往下沉，劲往前发。眼平视前方，眼神关顾两拳下挒与前发（图417）。

说明事项、注意事项和技击作用，均见第五十八式左冲。

图416

图417

第六十式　倒插（面东、胸东北）

动作一：（吸气）两胯根右旋，重心后移，腰右转，胸腹中线对向右前约45°，成前六后四的左弓蹬步。同时，两肩节右旋内收，右拳外旋向中线划弧收回至中途，劲点在尺骨处，拳心向内上；左拳沉肘，拳外旋收至胸窝前，拳心向内，相距约二横拳。当右拳外旋时，左拳内旋从右拳下交叉。

动作二：（呼气）右拳转为内旋划弧收回至胸窝前，拳心向下，拇指

图 418

根距胸窝约一横拳；左拳向前击出，拳心向下，落点时一抖发劲，右肘往后一撑，以助左拳发力。裆劲下沉，两足蹬地有力。两足心、右拳心当左拳发劲的一刹那同时呼应，此为"四心相印"。眼平视左前（图418）。

动作三：（吸气）两胯根右旋内收，重心移右腿，两肩节右旋内收，两拳外旋，劲点在尺骨处，左拳向内、向右划弧捋至裆前，拳心向内上，拳根距裆约二横拳；右拳在右小腹侧，拳心向内，相距约一横拳。两小臂含掤劲。眼视左前（东）。

上动不停，两拳向右后上举，右拳举至高过头，拳面上冲，拳心向左；左拳划弧举至右乳上，拳心向内，掌缘距右乳约一个半横拳，肘尖距左腰肋软骨处约一横拳。身向南稍偏东。眼平视左前（东）。参考图409两拳位置。

动作四：（呼气）两胯根左旋，左足尖外撇约45°，腰左转，重心移左腿，胸向东。左拳变掌，沉肘，手向左上经头顶前划弧，小指侧向前，指上扬，掌心向右，似采拿状下至鼻尖前，食指尖距鼻尖约五横拳，左肘屈沉，距左肋前约二横拳。右拳内旋，向左前合在右额前，拳眼距右额约一个半横拳。

上动不停。右足向左足前迈，足尖点地，成右丁字步。腰左转，身向东北（右前）约45°。同时，左掌往下采，掌心向内右下，至掌根距胃约一横拳；右拳从头前直下插至右膝前，劲点在中指根节。眼平视右前。顶劲领好，气往下沉（图419、图420）。

图 419　　　　　　　　　　图 420（图 419 的反面）

说明事项：

1. 戚继光《拳经》第九式"下插势"诀曰："下插势专降快腿，得进步搅靠无别。勾脚锁臂不容离，上惊下取一跌。"第二十二式"倒插势"诀曰："倒插势不与招架，靠腿快讨他之赢，背弓进步莫迟停，打如谷声相应。"第二十三式诀曰："神拳当面插下，进步火焰攒心，遇巧就拿就跌，举手不得留情。"

2. 陈氏两仪堂本四套拳谱中有"下插势谁敢立攻（立字疑为来字之误）"。"二套炮捶"谱有"上步倒插"式名。"一百〇八势"拳谱中有"下插势闪惊巧取，倒插势谁人敢攻"。

注意事项：

1. 手高举时不可耸肩，两手缠绕时两肩要平齐，不可一高一低。

2. 上步宜稳、宜活、宜轻，不可重滞。

技击作用：上步踩脚、套脚，拳从面部插下经胸（兼用肘）、腹直下裆部。拿、跌兼用。近身跌打贵紧贴，陡然一发以跌人。

第六十一式　海底翻花（东）

动作一：（吸气）两胯根右旋内收，腰右转，身向东，左腿落胯站稳。同时，两肩节右旋，右拳外旋向上缠，劲点在尺骨处，拳眼向上，拳心向内，距胃部约一横拳；左手变拳，外旋，劲点在尺骨处，缠在右拳之上（图421）。左拳继续外旋向下缠，拳心对胃部，相距约一横拳；右拳继续外旋上缠，拳心对向胸窝。沉肘，两小臂含掤劲。是为合、为蓄、为吸（图422）。

动作二：（呼气）上动不停。左腿稳住，两肘下沉，左拳上缠至胸窝，右拳下缠至胃部，两拳心均向内（图423）。

右膝上顶，高过于脐。同时，左拳面往上冲，高与眉齐，拳心向内，拳面距左眉尖约三横拳；右拳外旋，拳背向右下沉于右腿外侧，拳心向上，拳面向前。眼平视前方（图424）。

图 421

图 422

图 423 图 424

说明事项：

陈氏旧拳谱中，无"海底翻花"式名。陈发科老师所传"炮捶"拳谱中"海底翻花"又叫作"泰山升气"。"井栏直入"和"倒插"，都是下击裆部动作，都可接"海底翻花"。这一式名是比喻从裆部（海底）翻出浪花，冲击力很大。

注意事项：

1. 顶劲领起，气往下沉，左腿用力蹬地，使独立时稳定。

2. 两拳在胸前绞转是练习解脱擒腕，反击脉道之法，转圈要小，要用腰腿力，不要单用腕臂之力。

3. 右膝上顶、左拳上冲、右拳背下击，要同时发劲。

技击作用：

1. 黏随绞转解脱擒腕与反拿之法，要从推手中熟练掌握，从重到轻，从有劲到轻灵圆转。光靠单练想象，不能用好任何拿法。

2. 近身相持，忽然提膝撞击裆、腹、胸，两拳上冲下击，周身一震而发力。

参见第五十三式海底翻花（面向西）的说明事项和注意事项。

第六十二式　演手红捶（东）

动作一：（吸气）左足尖里扣，对向右前约45°，左腿站稳，两胯根右旋内收，腰微右转，身向右前约45°。右膝仍提起与脐平（或高过于脐）。同时，右拳内旋向上、向中线划弧至胸窝前，拳心横向内；左拳变掌，内旋向右、向中线经鼻前而下，至胸窝前，掌心横向下，在右拳之上。再两手交叉而过。右拳内旋向右侧伸展，拳心向下；左掌内旋，劲点在掌缘，向左侧捌去；左掌心横向左前方，小指侧在上。两手似撕丝棉，到落点时用意贯劲。两手与肩平，两肘微屈。眼平视左前（图425）。

以下动作说明同第二十二式演手红捶（图426～图434）。

图425

图426

图 427

图 428

图 429

图 430

图 431

图 432

说明事项、注意事项和技击作用，均见第二十二式演手红捶。

图 433

图 434

第六十三式　跺二红（一、　掤连捶。　右转西）

动作一：（吸气）两胯根左旋，腰微左转，右拳外旋。同时，劲点在尺骨处，向胸前中线捋，拳心向内左上，拳根距胸窝约六横拳，右肘尖沉下，距右肋前约一个半横拳。同时，左掌变拳，向前伸，拳眼向上，拳心向内右，拳根距左小腹侧约二横拳。

动作二：（呼气）两胯根引旋，腰右转，身向南。同时，右拳内旋捋至胃部前。拳心向内，拳眼向上，相距一横拳。右肘尖距右肋软骨处约一横拳。左拳微外旋，向前上齐肩时以尺骨处向右侧中线横截，拳心向内右上。眼平视左前（东），眼神关顾两手移动（图435）。

动作三：（吸气）两胯根右旋，右足尖向外撇，腰右转，重心移右腿，右膝弓出。左拳随转腰拦住中线，右拳外旋收置右腰侧，拳心向上，掌缘贴腰。眼向

图435

右平移前视（南）（图436）。腰胯继续右转，成右弓蹬步，面转向西，身向左前约30°。左拳横拦至右前。眼平视右前（西）（图437）。

动作四：（呼气）两胯根左旋，身稍后坐，腰左转，重心移左腿，胸向南。同时，左拳内旋划弧以尺骨处捋至胸窝前，拳心向内，相距约一横拳，再外旋向左下划弧收置左腰侧，拳心向上；右拳向前上伸展至与肩平时以拳面向中线横勾。眼平视前（西）方（图438）。

动作五：（吸气）两胯根左旋内收，重心移左腿，右足往后收，足尖轻点地，成丁字步。同时，右拳外旋，向下划弧捋至裆前，拳心向上，

劲点由尺骨处转至中指根节落点。手、足、鼻要三尖相对。眼平视前
（西）方，眼神关顾右拳移动（图439）。

图 436

图 437

图 438

图 439

上动不停。右拳面上冲至与下颔平，相距约三横拳，拳心向内，沉肘；左拳变掌向前上伸至胃部前，掌心横向上，与右拳上下对齐。右膝同时上顶，高过于脐（图440）。

动作六：（呼气）右足往下松沉，蹬地作声（或不作声），两足跟相距约二横拳。右拳外旋以拳背下击，与左掌同时下落于小腹前，右拳背横落于左横掌掌心内，与右蹬足同时作声（或同时不作声），掌缘距小腹约一立拳。顶劲领好，裆劲下沉，两小臂含掤劲（图441）。

图440

图441

动作七：（吸气）左腿稳住，右足向前（西）迈一大步，足跟着地作声（或不作声）。眼平视前方，耳听身后（图442）。

动作八：（呼气）右足前弓，落胯塌腰，两胯根右旋前送，腰微左转，左足用劲蹬地，成右弓蹬步，身向南。同时，右拳内旋，向前上尽力击出（或到落点时用意贯劲，不发劲），手与肩平，拳心向下。左掌变拳，左肘尖向后击，左拳掌缘靠近左腰软处，拳心向上。两足用劲蹬地，腰一拧，与右拳发劲、左肘后击须同时完成，称作整体劲，也称作"四心相印"。眼平视前（西）方（图443）。

图442　　　　　　　　　　　　　图443

说明事项：

1. 陈氏两仪堂本旧拳谱中"二套炮捶"有"朵（跺）二红"式名，在"上步倒插"之后，"抹眉红拳"之前。但其后另有一则"二套捶"，其"倒插""抹眉红"之间，并无"跺二红"式名，显见"跺二红"一式，系后来所增入。陈氏文修堂本"长拳"谱有"躲（跺）子二红"。

2. 图435～图438为"跺二红"的过渡动作，但其拳式作用别具一格，似可另定式名。

注意事项：

1. 图435～图438练习左旋右转，截前顾后的横劲，并使用勾拳，腰腿变转须柔活，两手缠绕须圆转柔顺，发劲的一刹那要刚脆。

2. 式名"跺二红"是表示跺人脚面见红，拳着人胸见红。

3. 图442，假定有人在背后用双手抱住，我即拧身一抖，右拳前冲，左肘后击其胸。因此我全身动作须协调，桩步必须稳固（图443）。

第六十四式　踤二红（二、上步拦连捶。　右转西）

动作一：（吸气）右胯根右旋内收，左胯根左旋前送，左膝内扣，足跟提起，足掌轻着地。腰右转，身正对西，重心移右腿。同时，右肩节右旋内收，左肩节左旋前送，右拳外旋内收，劲点在尺骨处，向胸前中线将至胸窝前，拳心向内左上，相距约二横拳，沉肘，肘尖距右腰软肋约一横拳；左拳变掌，下伸至裆中，再向前上中线撩起，高与小腹齐，掌心向前上，指尖向前下，意注掌指。落胯塌腰，两小臂含掤劲。眼平视前方，眼神关顾手在身前移动（图444）。

动作二：（呼气）左足提起，足尖向左前，膝外撇，向右小腿之前横踹，踏落于右足前（用足跟内侧向前下蹬出），并乘势落地震脚作声（或落地无声）。重心移左腿，腰左转，身向左前约45°。同时，左掌往上、往内收，沉肘，掌心横斜向上，掌缘距脐上腹前约一立拳；右拳再外旋，以拳背横着下击左掌心作声（或用意轻轻沉落于左掌心，不作声）。眼平视前方（图445）。

图444

图445

动作三：（吸气）左腿稳住，右足向前（西）迈一大步，足跟着地作声（或不作声）。两手随势下沉于小腹前，腰微左转。眼平视前方（图446）。

动作四：（呼气）右足前弓，落胯塌腰，两胯右旋前送，腰微左转，左足用劲蹬地，成右弓蹬步，身向南。同时，右拳内旋，向前上尽力击出（或到落点时用意贯劲，不发劲），手与肩平，拳心向下；同时，左掌变拳，左肘尖向后击，左拳掌缘贴左腰软处，拳心向上。两足用劲蹬地，拧腰，与右拳发劲、左肘后击，须同时完成，称作整体劲。眼平视前（西）方（图447）。

图446

图447

技击作用：凡上步勿忘踹、踢、点、踩、接、衬、套的作用和进步占势的作用。

说明事项和注意事项，参见第六十三式。

第六十五式　连环炮（西）

动作一：（吸气）右胯根右旋内收，左胯根左旋前送。腰右转，身向西。同时，右拳外旋内收，劲点在尺骨处，向内、向中线捋回，拳心向内左上，掌根距胸窝约二横拳；左拳微内旋，向前上中线伸至胸窝前，拳心向内右上，中指根节领劲，拳心距胸窝约一横拳。落胯塌腰，两小臂含掤劲。眼平视前方（图448）。

动作二：（呼气）右拳继续向右下捋至腰，拳心向上，掌缘靠近腰；左拳微内旋，从捋回右拳腕上交叉而过，向前击出，拳与乳平，拳眼向上，成右拗步拳。裆劲下沉，腰胯微向右一拧，身向西稍偏北。眼平视前方（图449）。

图448　　　　　　　　　　　图449

动作三：（吸气）左胯根微左旋，右胯根微右旋前送，腰右转，身向西。左拳外旋内收，劲点在尺骨处，向中线捋，拳心向内右上，距胸窝约三横拳；右拳微内旋，向前上中线伸出，拳心向内左上，距胸窝约一横拳。眼平视前方，眼神关顾两拳在身前移动（图450）。

动作四：（呼气）左胯根左旋内收，右胯根右旋前送，裆劲下沉，腰左转，身向南。左拳外旋向左下收至腰，拳心向上，掌缘靠近腰；右拳微内旋，当左拳捋回时从左腕上交叉而过，中指根节领劲，向前击出，拳与乳平，拳眼向上，成右顺步拳。顶劲领起，气往下沉，劲往前发。眼平视右前（西）方（图451）。

图 450

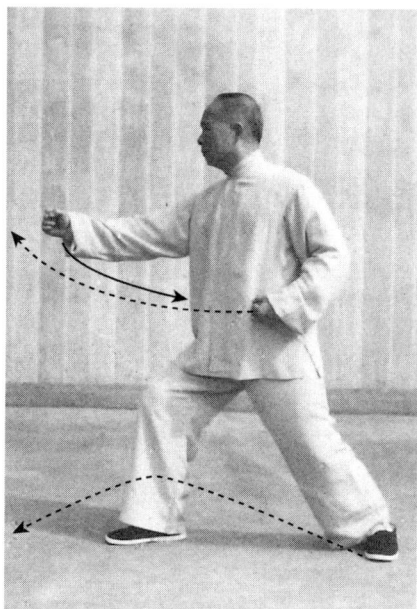

图 451

说明事项：

"连环炮"式名在陈氏旧拳谱中未载。陈发科老师所传二路炮捶谱中，有"左右二肱"，凡两见，后改为"连环炮"，亦两见。

注意事项：

连环炮为左右二拳，前拳高不过乳，落点时有上冲前击之意。肘宜稍屈，用腰腿劲贯之于拳。

第六十六式　玉女穿梭（跳、西、右转南）

动作一：（吸气）右胯根右旋内收，腰右转，胸向左前约30°。同时，右拳外旋，劲点在尺骨处，向中线捋至胸窝前，拳心向内右上，掌根距胸窝约五横拳；左拳微内旋，向前上伸至胃部左侧，拳心向内上，掌缘距胃部左侧约一立拳。两拳合住劲，小臂含掤劲。右足用劲往下一沉，准备前跃。眼平视前（西）方。

动作二：（呼气）右足向前跃出，愈远愈好，右足随着跟去，成左弓蹬步，身向北。同时，左拳内旋前击，拳心向下；右拳收至右肋前，拳心向上。眼平视左前（西）（图452）。

上动不停。右足跟用意贯劲，足掌轻贴地，劲点在足跟，往右后扫转180°（半圈），至左足后方，腰右转，左足尖随着往里扣，身由北向南。成左足前弓、右足后蹬，两足足跟站在一条直线之上。同时，右肘随转身向右后划半个圆圈，以防护、拦截身后（右侧）来拳，仍收回至右肋前，拳心向上；左拳外旋，劲点在尺骨处，随转身向右侧水平线划弧，拳心向右内上，尺骨处管住胸前中线，下与左足尖同一方向。眼平视左前（东）（图453）。

图452　　　　　　　　　　　　图453

说明事项：

陈氏两仪堂本、文修堂本"长拳"谱和"二套炮捶"谱中有"玉女攒梭"式名。而在另一则"二套捶"谱中则无此式名。在"头套十三势"拳歌中也无此式名。但另有"太极拳"标题，注有"太极拳，一名头套拳，一名十三势"中则有"玉女穿梭"式名。另在式名增多的"头套锤架子"拳谱中，也有"玉女穿梭"式名。可见此式初名"玉女攒梭"其后"攒"字改为"穿"字。

注意事项：

玉女穿梭是平纵法，未纵之前，周身一合劲，右足用力下蹬，然后左足一跃而前，左拳前击如钢锥抛出，身随左拳如燕飞之轻疾。左右足先后落地，势不停留，立即身往右转，右足跟扫转，右肘划圈护腰肋，左拳拦截横勾，其势勇猛灵活，乃遇众出围之法。练时须象形会意，以增长功力。拳谚说："十法九灵，无功不成。"又说："拳无功，一场空。"

第六十七式　回头当头炮（左、 面东胸南）

动作一：（吸气）两胯根右旋内收，重心移右腿，腰右转，身向右前约30°，右足收回，足尖轻点地，成丁字步。同时，左拳外旋，向右下中线划弧挒至脐下小腹前，拳心斜向内上，拳根距脐约二横拳；右拳稍内旋以助左拳挒势，垂肩沉肘，两小臂含掤劲。周身合住劲。眼平视前方，眼神关顾左拳挒回（图454）。

动作二：（呼气）左足大步迈出，两胯根左旋前送，左腿弓，右足蹬，成左弓蹬步，身前移。同时，左拳内旋，劲点在尺骨外侧，往前上横臂掤发，拳背贯劲，拳心向内右下，拳略高于肩，肘稍低于肩，拳根距锁骨中线约五横拳；右拳微外旋，沉肘，向左前上击出，以助左拳攻势，拳心向内，距左乳约二横拳。顶劲领好，裆劲下去。眼平视左前（东）（图455）。

图 454

图 455

说明事项：

1. 戚氏《拳经》三十二势图诀第三十式诀曰："当头炮势冲人怕，进步虎直撺两拳，他退闪我又颠踹，不跌倒他也忙然。"

2. 陈氏文修堂、两仪堂本拳谱中"长拳一百〇八势"式名中第五式为"当头炮势冲人怕"。太极拳头套、四套、五套式名中，都以"当头炮"作末式。三套无"当头炮"式名。二套式名缺载，"二套炮捶"式名中，末后倒数第六式为"上步当头炮"。"二套捶"式名中倒数第五式为"下步当头炮"。

3. 本式作"回头当头炮"是联系上一式"玉女穿梭"跃出后立即右转身回头，叫作"回头当头炮"。

注意事项：

1. 当头一炮，在象棋中亦为攻势凌厉之着法。"当头炮"势勇猛，但须智勇兼备，不单凭血气之勇。未落点时，柔顺而气势腾然，落点的一刹那，拳到、步到、身到，全身劲力集中于左拳的黏着点一抖发劲，有"何坚不摧"之势。意与气合，气与力合。抖发之后，立即松开，保持动作的善变性和不浪费体力。

2. 左拳后捋之黏劲质量，要在练拳中不断提高，方能黏着来手一捋，使对方有突如其来的痛觉和失去平衡的前倾，才显示出捋劲的威力。

3. 推手中试验"当头炮"发劲，使掷人腾空而出又不伤人。

第六十八式　连环炮（东）

动作一：（吸气）左胯根左旋内收，右胯根右旋前送，腰左转，身向正东。同时，两肩节左旋内收下沉，左拳外旋，沉肘内收，劲点在尺骨处，向内、向中线捋回，拳心向内右上，拳根距胸窝约二横拳。右拳外旋，小臂外侧用掤劲往右下划弧引进，拳心向内上，距胃部右侧约一横拳。全身用合劲，蓄势待发，顶劲领起。眼凝视前方（图456）。

动作二：（呼气）两胯根微旋沉，牵动肋骨节节下沉，脊柱松沉直竖。同时，两肩节松沉，右拳微内旋向前击出，拳与乳平，拳眼向上，肘微屈沉；左拳向左下划弧收至左腰侧软处，掌缘靠近腰，拳心向上，成左拗步拳。眼平视前（东）方（图457）。

动作三：（吸气）右胯根右旋内收，左胯根左旋前送。同时，两肩节右旋内收下沉，右拳外旋，沉肘内收，劲点在尺骨处，向内向中线捋回，拳心向内左上，拳根距胸窝约二横拳；左拳外旋，向前上中线胃部前击出，拳心向内右上，距胃部约一横拳，在右拳腕节之下。全身用合劲，蓄势待发。顶劲领起，眼凝视前方（东）（图458）。

动作四：（呼气）右胯根右旋内收，左胯左旋前送，腰右转，身由东转向南。腰裆劲下沉。同时，两肩节松沉，右拳微内旋从左腕上交叉而过，向右下收至右腰侧，拳心向上，掌缘靠近腰；左拳微内旋，从右腕下交叉而过，向前上击出，拳与乳平，拳眼向上，击出时，中指根节领劲，成左顺步拳。顶劲领起，气往下沉，劲往前发。眼平视左前（图459）。

图 456

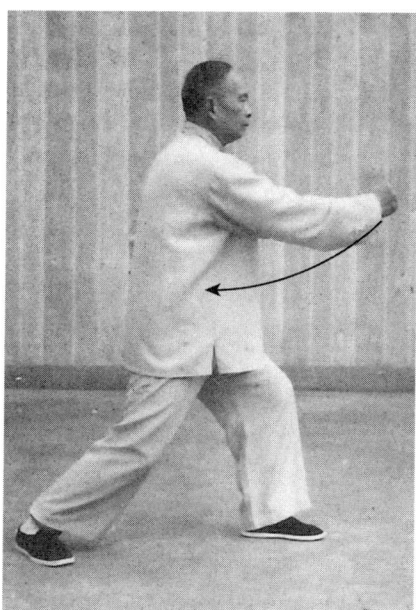

图 457

图 458

图 459

说明事项和注意事项，参见第六十五式连环炮图448～图451。该式为向西左、右二拳（直拳），此式为向东右、左二拳（直拳）。

第六十九式　玉女穿梭（跳东、　左转南、　西）

动作一：（吸气）左胯根左旋内收，右胯根右旋前送，腰左转，身向正东。同时，两肩节左旋内收松沉，左拳外旋，沉肘内收，劲点在尺骨处，向内、向中线捋回，拳心向内右上，拳根距胸窝约五横拳；右拳微内旋，向前上伸至胃部右侧，拳心向内上，掌缘距胃部右侧约一立拳。两拳合住劲，小臂含掤劲。右足用劲往下一沉，准备前跃。眼平视前（东）方。

动作二：（呼气）右胯根前送，右足向前跃出，愈远愈好，左足随着跟去，重心在右腿，腰左转，身向北。同时，右拳内旋前击，拳心向下；左拳内旋收至胸窝前，拳心横向内，拳根距胸窝约一横拳。眼平视右前（东）（图460）。

图 460

图 461

上动不停。左足跟用意贯劲，足掌轻贴地，劲点在足跟，往左后扫转180°（半圈），至右足后方，腰左转，右足尖随着往里扣，身由北左转向南，成右腿前弓，左足后蹬，两足跟站在一条直线上。同时，左肘随左转身向左后划半个圆圈，以防护、拦截身后（上侧）来拳，仍绕回至胸窝前。右拳外旋，劲点在尺骨处，管住胸前中线，随左转身向左侧水平线划弧，拳与肩平，拳心向左内上，拳与右足尖方向一致。眼随转身平移视右前（西）（图461）。

说明事项、注意事项，参见第六十六式玉女穿梭（图452、图453），但方向相反。

第七十式　回头当头炮（右、　面西胸南）

动作一：（吸气）两胯根左旋内收，重心后移于左腿，右足稍收回，足尖轻点地，成丁字步。同时，两肩节左旋内收松沉，左拳从胸窝前微外旋，拳背、小臂含掤劲向左下划弧引进至脐左侧，拳心向内右上，掌根距腹侧约一横拳；右拳外旋，劲点在尺骨处，向胸前中线划弧捋回向下至胃部前时，拳心向内上，与左拳引回至胃部左侧时，两拳相对合住劲，然后两拳各下沉至脐侧，两小臂含掤劲，左拳

图 462

心向内右上，右拳心向内左上，拳根各距腹侧约一横拳。周身合住劲，顶劲领好，裆劲下去。裆撑开撑圆。眼平视右前（西）。腰微左转，身向左前约45°。是为合、虚、蓄、吸气（图462）。

动作二：（吸气）右足向前大步迈出，足跟先落地（可以震脚作声，也可以落地无声），两胯根右旋前送，身前移。右足全面踏实，右腿弓，左足蹬，成右弓蹬步。同时，右拳内旋，劲点在尺骨处外侧，往前上横着小臂掤发，拳背贯劲，拳心向内左下，拳略高于肩，肘稍低于肩，拳根距锁骨中线约五横拳；左拳微内旋，沉肘，向右前上中线击出，以助右拳攻势，拳心横斜向内，距右乳约二横拳。顶劲领好，裆劲下沉，气往下沉，劲往前发。是为开、实、发、呼气（图463、图464）。

图463　　　　　　　　　　图464

说明事项、注意事项，参见第六十七式回头当头炮（图454、图455）。惟方向、动作相反。

第七十一式　撇身捶（面东、胸南）

动作一：（吸气）两胯根右旋内收，腰微左转，两肩节右旋松沉。左拳微外旋，小臂含掤劲，往左引进，拳心向内上，拇指齐胸窝相距约二横拳；右拳外旋，劲点在尺骨处，向胸前中线捋回，拳心向左内上，拳根距胸窝约三横拳。两拳转为内旋，向右下松沉至右胯前，左拳在内，右拳在外，拳心俱向内。左拳心距右胯约一立拳。涵胸拔背，落胯塌腰，吸气蓄势。眼平视右前约30°（图465）。

以下动作参照第十九式图解（图466～图470）。

说明事项，注意事项，参见第十九式撇身捶。

图 465

图 466

图 467

图 468

图 469

图 470

第七十二式　拗鸾肘（南、　左转南）

动作一：（吸气）腰胯右转，重心移于右腿，落胯屈膝，胸腹中线对向右前约30°。左足收回，足尖轻点地，成丁字步。同时，左拳内旋，劲点在尺骨后，向里下划弧捋回，拳心向内，置于左胯根前，相距约一横拳；右拳向里收，拳眼距胯骨约一横拳，两小臂含掤劲。眼平视左前（东）（图471）。

动作二：（呼气）左足向前（东）迈出，足尖向前，两胯根左旋，腰左转，重心前移于左腿，身向东稍偏南。同时，两肩节松沉右旋，左拳变掌向前上提至手与肩平，沉肘，臂成半圆形，掌心横向下，掌缘横向前（东），与左足尖方向一致；右拳上提至拳与肩平，沉肘，拳心横向前（东），拳面向南。眼平视前（东）方，眼神关顾左掌上举（图472）。

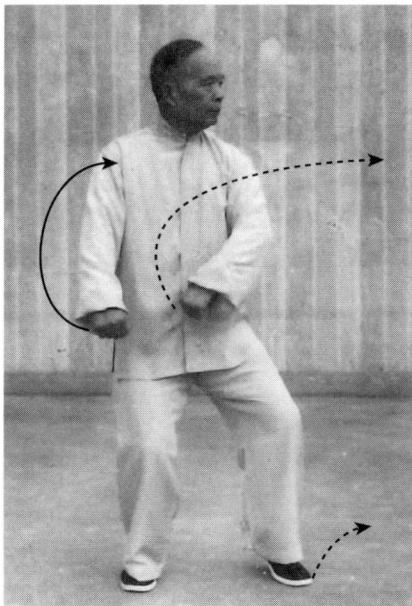

图 471

图 472

动作三：（吸气）腰胯继续左转，左足尖向左撇至足尖对西北，右足掌轻贴地向前扫转小半圈，足尖对向北，重心在左腿，胸向北。同时，

图 473

两肩节松沉左旋，左手向左划弧横捋至左肩前，手与肩平，掌心向下，沉肘，臂成半圆形，掌根距左肩内侧约五横拳；右拳随转腰向左平勾半圈（180°）至右肩前，拳与肩平，沉肘，臂成半圆形，拳心向左内，拳根距右肩内侧约五横拳，两小臂含掤劲。眼向左平移，平视前方（北），眼神关顾两手移动，耳听身后（图473）。

以下动作说明参见第二十四式（图474～图480）。

说明事项、技击作用参见第二十四式跃步拗鸾肘。

图 474

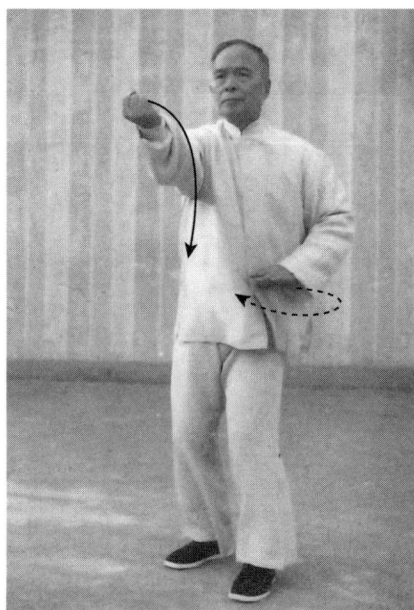

图 475

图 476

图 477

图 478

图 479

图 480

第七十三式 顺鸾肘（面西胸南）

动作一：（吸气）两胯根微内旋松沉，由右向左上转下至右划个小圈，裆劲下沉，重心全部移于左腿，足底如植地生根。同时，两肩节内旋松沉，由右转左再转右划个小圈，两臂相应在胸前转一小圈，两小臂含掤劲，腰微右转。眼神关顾两臂旋动，转视右前（西）（图481）。

动作二：（呼气）左腿稳住，右足稍离地经左足前轻贴地向前（西）铲出一大步，虚踏地，足尖向西南。腰左转，身向南。两臂稍向左移，掤劲不丢（图482）。

两胯根右旋，重心移至右腿，左足稍离地向右横上半步，足跟用拖劲震地作声（或落地无声）。同时，两肘尖分向两腰侧下击，左手变拳，两肘各距腰一横拳。两拳心横斜向内，拳眼向上，拇指根节各距乳一横拳，肘不贴肋，腋下可容一立拳。胸、背部肌肉向下松沉，肋骨节节松沉，脊柱节节松沉直竖，顶劲领起，裆劲下沉。眼平视右前（西）（图483）。

图 481

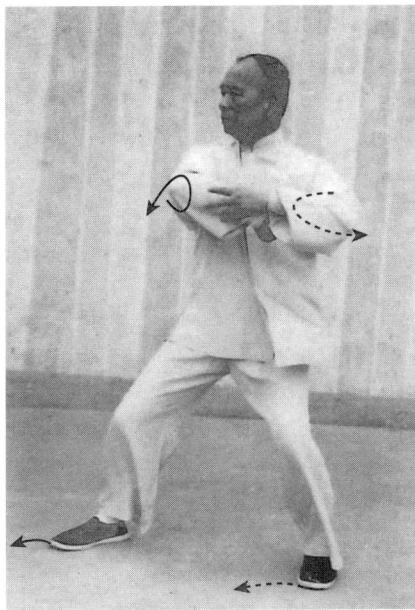

图 482

说明事项：

1. 戚氏《拳经》第三十一式诀曰："顺弯肘，靠身搬，打滚快，他难遮拦，复外绞刷回拴，肚搭一跌，谁敢争前。"

2. 陈氏旧谱"一百〇八势"中有"顺弯藏肘"式名。"二套炮捶"中有"顺拦肘"式名。

注意事项：

1. 右足上步与左足跟步，都可震脚作声，也可落地无声，用暗劲沉住，以增强腿力。此时两足俱踏实，体重落两足。

图 483

2. 肘法为近身时使用，着人身一抖，爆发力较拳为大。推手时不可用肘击伤人。用肘发劲，要贴着对方手臂用长劲将其掷出，使能分胜负而不伤人，也就发展了推手技巧。

第七十四式　穿心肘（面西胸南）

动作一：（吸气）两胯根由左向右旋半小圈，重心移左腿，右足掌缘轻贴地向右前铲出，虚着地，成骑马步形状。同时，两手前合，左拳仍变掌，横向贴于右小臂及拳背，掌心贴右腕节。右拳心对胸窝，相距约一横拳，随即右肘尖向右前上挤出，高不过肩，再向左下绕回，划弧成椭圆形。右拳心对左乳，相距约一横拳。眼神关顾两小臂抱合转圈，仍平视右前（西）（图484）。

动作二：（呼气）两胯根向右前送，重心移右腿，左足随即跟上半步，成小骑马步。足跟用拖劲震地作声（或落地无声）。同时，两肩节向右送，右肘尖向右前击出，高与胸窝齐。右拳根距右乳约一横拳。胸、背肌肉旋动松沉，肋骨节节下沉，脊柱节节松沉直竖。顶劲领起，裆劲下沉。眼平视右前（西）（图485）。

图484　　　　　　　　　　　　　　　　图485

说明事项：

1. 穿心肘式名，陈氏两仪堂、文修堂本旧谱都无此式名。陈发科老师于1928年去北平授拳时，初期所传二路炮捶谱亦无此式名。可能是后来增加的。

2. 戚氏《拳经》第十六式末句云："穿心肘靠妙难传。"

第七十五式　窝里炮（西）

动作一：（吸气）两胯根右旋内收，重心后移在左腿，右足跟提起，足尖点地似钢锥入地。两肩节右旋内收左移，右拳微外旋向前上中线掤出，劲点在中指根节，拳心向内，高与口平，沉肘，肘尖距右肋约二横拳。左手变拳，随着外旋向前上掤出，拳心向内，距右乳约二横拳，沉肘，肘尖距左肋约一横拳。两臂柔和划弧含掤劲，随即右拳渐外旋，劲点在尺骨处，向中线回将至胸窝前，拳心向内左上，掌根距胸窝约四横拳；左拳随着外旋，向左下引进，拳心向内，距胃部约一横拳，左肘尖距腰软肋约一横拳。腰微左转，身向右前（西南）约45°。吸气蓄势，顶劲领起，落胯塌腰。眼平视右前（西）（图486、图487）。

动作二：（呼气）右足前迈半步，足跟着地作声（或不作声）。两手稍前掤（图488）。重心前移，右足踏实，左足前跟半步，用拖劲震地作声（或落地无声）。右拳外旋向右前用拳背击出，高与鼻齐，劲点在中指根节；左拳外旋，向左下采将至腰前外侧发劲，拳心向上，掌缘贴腰。两足用劲下蹬，两拳用劲抖发，胸窝、右腰肋前外侧同时挺掤发劲，叫作"五心相印"。虚领顶劲，气沉丹田，带脉、冲脉气旺，裆劲下沉，劲往前发。眼平视右前（西），耳听身后（图489）。

说明事项：

陈氏旧拳谱"一百〇八势""二套炮捶""二套锤"中都有"窝里炮"式名。但太极拳十三势五套中都无此式名。

图 486

图 487

图 488

图 489

注意事项：

两拳旋转捋回，要柔顺，柔中寓刚，要周身团聚，以裹紧为蓄势。右足上步和左足跟步，可以先后震脚，使两拳前后对拉的爆发力更强。也可练成"意动形随""意到劲到"，不震脚，不刚发。前者为明劲，后者为暗劲。

技击作用：

我左手采拿彼左手，我左手外旋里缠；我右拳外旋里缠，以尺骨黏捋彼小臂近肘节处，使彼感痛前倾近我身。我进右足踩彼脚面，左足跟半步，我左手急采彼左手至腰侧，我右肋前侧挺击彼肘节，我右拳背横击彼头部，周身一齐着力。彼必肘节、头部受重创，甚至倒地。此为拿、跌、打并用的短打拳法。当年陈发科老师教我此法时，其老邻居王老（银行退休职员）连声说：老师手轻，手轻。后王老语我：曾见陈老教某生此法，一崩劲把某生肘节骨折。

撞胯背肘击面法

第七十六式　井栏直入（西北）

动作一：（吸气）两肩节右旋，右拳内旋向前微向下伸，拳与肩平，拳眼向上，肘微沉；左拳内旋向右前上方伸出，拳心向内，拳眼向上，拇指根节距右乳约一横拳。随即双拳变掌内旋，掌心俱向前下，指上扬对向前方（西）（图490、图491）。两胯右旋内收，身渐后移，两手往下划弧捋回，至右手在脐下小腹前，指尖向前，掌根距小腹约二横拳；左手在脐左侧，指尖向前，掌根距脐左侧约一立拳。腰稍左转，胸腹中线对向左前约45°。左腿落胯坐实，右足跟提起，足尖点地似锥入地。眼平视前方（西）（图492、图493）。随即左手向左外、向上提至左耳侧，掌心向左前，指上扬，拇指距左耳约二横拳；右手向左划弧至左胯前，再向上提至左乳前，劲点在掌缘，向右划弧至胸窝前，掌心向下，掌跟距胸窝约二横拳。腰微右转。眼平视前偏右（图494）。

动作二：（呼气）两胯左旋内收，右膝向腹前中线顶起，高过于脐，腰右转，身由西南转西北，右膝和右足尖外撇，右足向前下蹋出约半个弓步，横斜踏下（可以震脚作声，也可以落地无声），足跟与左足跟在一条直线上，足尖对向右前约45°。重心移右腿，左膝稍里扣。同时，右手劲点在掌缘，旋腕转掌向右下採，掌心向下，指向前，掌根距胸窝约二横拳；左掌向前上（高与头齐）扑出而下，中指高与鼻尖齐，掌心向前下，掌根距锁骨中线约五横拳（图495）。

腰继续微右转，两手稍下沉，左膝继续前顶，左足跟提起外旋，与足尖对直，成半磨转步。眼平视左前（西、稍偏北）（图496）。

左膝向右足前腹前中线提起，向右足前约半个弓步落下，两足尖俱向西北，重心稍前移，成前三后七的半弓半马步。右手下採至左小腹前，掌心向内向左，距小腹侧约一横拳；左手劲点在掌根，乘势向下按至左胯根前，肘尖向前下经胸窝水平线时也乘势一沉，随即两胯根微右旋，腰微右转，左掌再内旋向左后一沉，右掌内旋向右后一沉。眼平视左前（图497）。

图 490

图 491

图 492

图 493

图 494

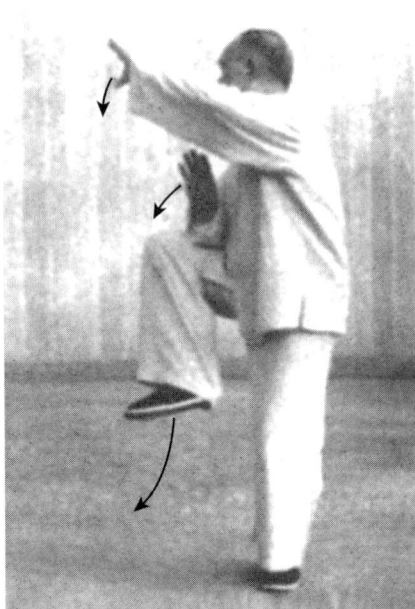

图 495

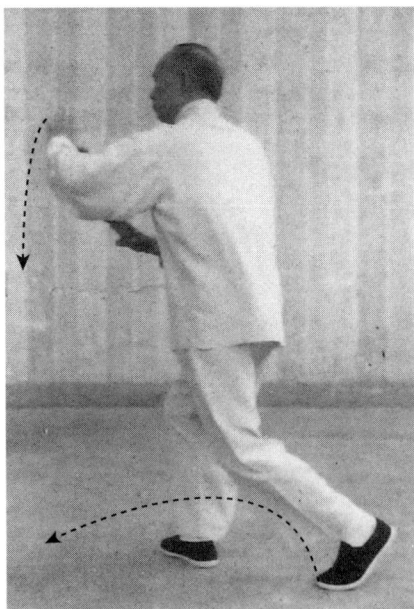

图 496

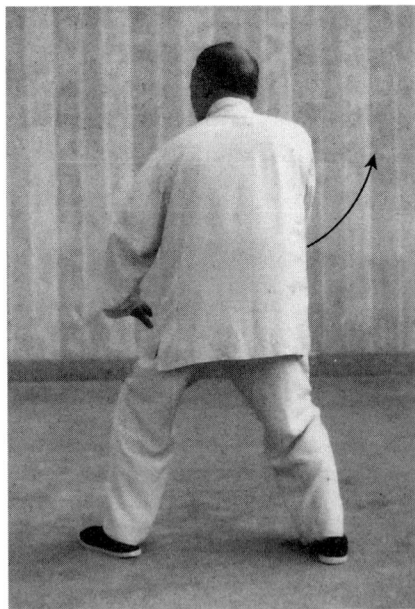

图 497

说明事项：

此式面向西北，与第十二式井栏直入面向西南在方向上不同，在承接上式动作上也不同。第十二式是上接煞腰压肘拳，此式是上接窝里炮。

技击作用：

採拿、扑面掌、膝撞、剪臁、踢膝、踩脚、套脚、掌与肘击胸、锉肘节、按胯根旋跌等，拿、抓、踢、跌，技法随势而用。

注意事项和技击作用，可参阅第十二式井栏直入。

第七十七式　风扫梅花（右转至南）

动作一：（吸气）腰胯右转，两足尖向右撇，从西北转向东北，成右弓蹬步，胸向北偏东。同时，右肘尖向右前上挤出，肘尖与肩平，掌心向下，拇指尖距右乳约二横拳。左手坐腕，劲点在掌缘，意注指尖，指尖向东北，肩与胯垂直。眼平视右前（东北）（图498）。

动作二：（呼气）左足尖内扣，重心移左腿，腰胯向右后转。右足轻贴地面，足后跟贯劲往右后划半圆扫转约180°，左足尖随着再内扣，重心落右足，身向南。右足踏实，足尖向右前，左足尖点地，足尖向前。右手随着向面前划弧（高不过头），至右头侧，沉肩垂肘，指与头顶平，掌心、指尖向前，意注指尖；左手坐腕，指尖向前，掌根距左胯约二横拳。两手有外向前合之意。顶劲、沉气，涵胸拔背，落胯塌腰，骶部有力，尾闾正中（即尾闾骨尖对向正前方，动作欲向何处，尾闾骨尖即直对何处，叫作"尾闾正中"）。眼平视前方（南）（图499）。

动作三：（吸气）左足跟内旋，使足尖对左前方，足跟落地踏实，腰胯左移，重心移左腿；右足跟提起外撇，使足尖、足跟俱对前方，右足尖点地似钉入地。左手向左上划弧高与肩平，掌心向下，指尖向左前；右手向右下划弧高与肩平，掌心向右前下，指尖向右前。两手似侧平举，意注指尖。眼神先后关顾左、右手移动。

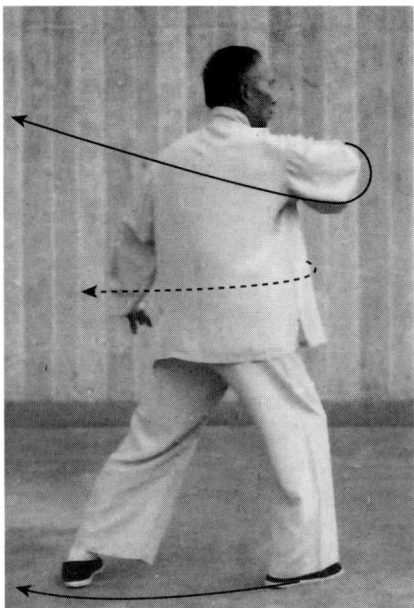

图 498

图 499

图 500

动作四：（呼气）两胯根右旋内收，两肩节右旋。左手上举至左头侧前，掌心向前，指上扬，指尖向前上；右手下落至右胯侧，掌心向下，指尖向前，掌根距胯约二横拳。两臂含掤劲，意注指尖。两肩节松沉，肌肉、骨节向下松沉，两腹侧内劲有外向前合之意，两臂内劲亦有外向前合之意。虚领顶劲，气沉丹田，涵胸拔背，落胯塌腰，骶部有力，尾闾正中，带脉（腰部一圈）有膨胀之感觉，冲脉（脐下小腹处）有气旺涌出之意。眼平视前方，眼神关顾两手移动（图500）。

动作五：（吸气）两肩节微外旋再微向内合，两手微外旋，沉肘，左手稍落下，指上扬，食指尖距口左侧约四横拳，左肘尖距肋约二横拳，掌心转向右前；右掌心转向左前。两掌心一上一下，左右遥对呼应。

动作六：（呼气）左腿稳住。左掌向前上中线推出，指上扬，掌心向右，掌根高与鼻齐，相距约五横拳；右掌向中线稍下按，置于裆前，沉肘、坐腕，掌心向左，指尖向前。同时，右足向中线前迈，蹈趾点地，似针插地，劲点在蹈趾内侧。动作要三合一，同起同到。眼从左拇指前平视。此式为陈式太极拳扳跌法之一。

注意事项参见第十三式风扫梅花。

第七十八式　金刚捣碓（南）

动作一：（继续呼气）右膝稍提起，带动足跟、足尖离地，足跟提起时稍往里收，即前伸以足尖踢出，意注拇趾尖。同时，左手向面前中线划弧而按，劲点在掌缘，置于胃部前，拇指距胃部约一横拳；右手外旋，向前上中线划弧，掌心向前上，意注指尖，置于裆前，腕节距裆部约四横拳。右足与两手同起同止，足掌贴近地面踢出，到定点时，拇趾尖点地，意注趾尖，如钉入地。眼平视前方，耳听身后（图501）。

图 501

以上动作二至五的动作说明，参见第三式金刚捣碓（图 502 ~ 图505）。

注意事项、技击作用亦参见第三式。

图 502

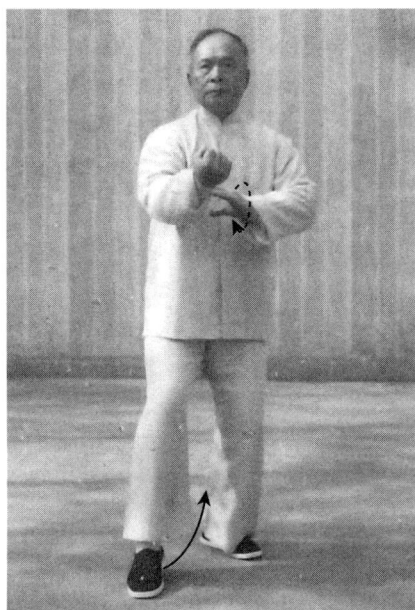

图 503

图 504

图 505

第七十九式 收势（南）

动作一：（吸气）两胯根松沉。右拳变掌，两掌心俱横向上，随即横向分开，两手尖相距约一横拳，上举至胃部上端，两掌缘距胃部两侧各约一横拳，两手指尖相对。背圆、胸圆、臂圆、虎口圆、掌心圆（图506）。

图 506

动作二：（呼气）两手内旋，掌心翻向下，随即下按至脐两侧，两肩节松沉，胸、背部肌肉往下松沉，脊柱节节松沉直竖，虚虚对准，肋骨亦节节松沉。随即两手尖由相对各向外旋下沉至两胯根前，掌根与胯根相距一横拳。坐腕，掌根轻轻沉住，掌心向下，指尖向前，微向上翘，意注指尖。膝微挺不直，两足踏实，意注趾尖。眼平视前方，要"内固精神，外示安逸"（图507～图509）。

立正收势：两手各收至大腿外侧中线，指尖自然下垂，中指尖轻贴大腿外侧中线。呼吸自然，身体中正自然站立。回复第一式站式姿势（图510）。

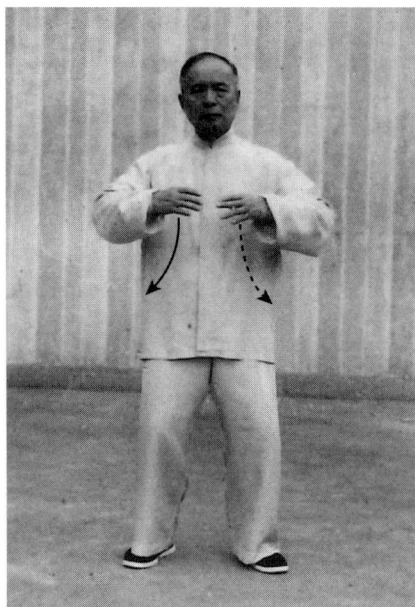

图 507

图 508

图 509

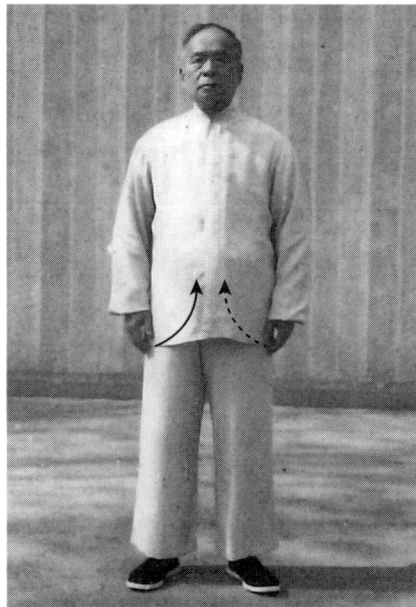

图 510

说明事项：

1. 收势图506~图510和预备式图1~图11，都是练习腹式逆呼吸的基本方法，内外并练，以内壮为主，可以治病，可以健身，可以加强技击效果，法简效显。如果每天坚持反复练习数十下（一分钟约练四到五次的一吸一呼），以轻柔舒适，不头胀、胸闷、憋气为原则，那么一个月后便可感觉到对治病、健身有益。

2. "以意行气，以气运身"是太极拳锻炼的重要原则，缠绕圆转，内外相合，上下相随，弧形螺旋，劲贯四梢，内气发源于丹田，上行为旋腕转膀，劲贯两手尖，下行为旋踝转腿，劲贯两足趾。畅通经络，增长内劲。但勿刻意追求穴位，以免练出偏差，欲益反损。又练内气运转时，勿追求小周天、大周天的运转路线，因为拳式动作复杂，又有长短、快慢之处，如果结合静坐功的小周天、大周天通任、督二脉之法，就易生偏差。故本书中不愿试述其结合方法，免误读者。

3. 凡逢吸气将足，或内气下沉、鼻呼气将尽之际，肛门括约肌都自然地微紧一下，随即松开。这对保持泌尿系统功能的正常，防治大便不利、小便频数和失禁等有效。

炮捶路线示意图

说明：

1. 本示意图基本标示出炮捶整套拳式的运动路线、方向和角度等，供练习者比较清晰地了解整套拳式的运动概况，同时亦可供练习者结合拳式动作说明与拳照进行自学。

2. 拳套基本是在一条直线上进行左右来回运动，但图上无法标示出来。练习者只要把示意图上的拳式上下叠视为一条直线，就基本上接近于实际拳套运动路线。

3. 图中长方格内的拳式名称和方格外拳式号码，均以字（号码）所向标示出练拳时面（胸）运动的方向和角度。如 |起势| 2，标示面（胸）向南；⌷标示面（胸）向北；⌷，标示面（胸）向东；⌷，标示面（胸）向西。其余类推。

4. 两个或几个长方格纵向或横向相连，如 ▭ 与 ▭，标示两个或几个拳式均在同一位置运动；▭ 与 ▭，标示前后拳式在同一位置做前进或后退约半步运动之距离。

5. 长方格之间的符头，标示练拳时拳式前进、后退的路线与形式。

如 " ⟶ "，标示前后拳式是在直线继续运动；

" ⌒ "，标示前后拳式有 45°～90°的转体动作；

" ⌒ "，标示前后拳式有 90°～180°的纵跳转体动作；

" ⟳ "，标示前后拳式有 360°的转体动作；

" ⌒ "，标示前后掌式有 180°的跳跃转体动作；

" ⟵ "，标示前后拳式有 180°远跃转体动作；

" ⟵---- "，标示 71 式以后，原来拳套练法示意图。

6. 长方格有长、短之别，长的标示此号拳式步型活动度较大；短的标示此号拳式活动度较小。

7. 两格之间的空隙距离，标示前后拳式前进或后退时活动度之距离大小，因绘图条件限制，只能象形近似标示。

附

录

《纪效新书》 卷十四　戚继光

拳经捷要篇第十四（此艺不甚预于兵，能有余力，则亦武门所当习，但众之不能强者，亦听其所便耳。于是以此为诸篇之末。第十四。）

拳法似无预于大战之技，然活动手足，惯勤肢体，此为初学入艺之门也，故存于后，以备一家。学拳要身法活便，手法便利，脚法轻固，进退得宜。腿可飞腾，而其妙也；颠起倒插，而其猛也；披劈横拳，而其快也；活着朝天，而其柔也。知当斜闪。故择其拳之善者三十二势，势势相承，遇敌制胜，变化无穷，微妙莫测，窈焉冥焉，人不得而窥者谓之神。俗云"拳打不知"，是迅雷不及掩耳。所谓"不招不架，只是一下，犯了招架，就有十下"。博记广学，多算而胜。古今拳家，宋太祖有三十二势长拳，又有六步拳、猴拳、囮拳。名势各有所称，而实大同小异。至今之温家七十二行拳、三十六合锁、二十四弃探马、八闪番、十二短，此亦善之善者也。吕红八下虽刚，未及绵张短打。山东李半天之腿、鹰爪王之拿、千跌张之跌、张伯敬之打、少林寺之棍与青田棍法相兼、杨氏枪法与巴子拳棍，皆今之有名者。虽各有所取，然传有上而无下，有下而无上，就可取胜于人，此不过偏于一隅。若以各家拳法兼而习之，正如常山蛇阵法，击首则尾应，击尾则首应，击其身而首尾相应。

此谓"上下周全，无有不胜"。大抵拳、棍、刀、枪、叉、钯、剑、戟、弓、矢、钩镰、挨牌之类，莫不先有拳法，活动身手，其拳也为武艺之源。今绘之以势，注之以诀，以启后学，既得艺，必试敌，切不可以胜负为愧为奇，当思何以胜之，何以败之，勉而久试。怯敌还是艺浅，善战必定艺精。古云"艺高人胆大"，信不诬矣。

余在舟山公署，得参戎刘草堂打拳，所谓犯了招架，便是十下之谓也，此最妙，即棍中之连打。

按语：

戚继光《纪效新书》卷十四为《拳经》三十二势图诀。清初陈梦雷所辑《图书集成》收有戚氏《拳经》，但仅有三十二势诀，无图。1843年钱塘许乃钊重刻《纪效新书》，《拳经》三十二势仅有二十四势图诀。许氏于凡例中叙明是根据照旷阁、来鹿堂诸本校订重刻的，未见到明代兵部尚书周世选的重刻本。日人平山潜于宽政十年（1798年）所刻戚氏《拳经》，采用明万历二十三年（1595年）周世选重刻《纪效新书》本，附有周世选"重刻纪效新书序"，其序云："是书，余推常时所获，盖善本也。"但平山潜所刻《拳经》，亦仅有二十四势图诀。1958年春，余因教务去杭州，向省立图书馆查阅文澜阁四库全书本《纪效新书》，其中《拳经》亦仅二十四势图诀。其他坊间翻刻本《纪效新书》中《拳经》都仅二十四势图诀。惟上海图书馆所藏明代茅元仪《武备志》卷八十四所辑《拳经》，三十二势图诀俱全。《武备志》刻印后，不几年，明亡，《武备志》遂成禁书，未有翻印本。今据《武备志》所载《拳经》三十二势图诀（由内人张守真摹图）附于本书，一以供爱好戚氏《拳经》者得窥全豹，二以明太极拳博采各家拳法，而以《拳经》为基础。

近从李松福处见《三才图会》，其书刊行在《武备志》之前，收有《拳经》三十二势图诀俱全，惜次序颠倒，显为手民误植，刻书者未校正。益感《武备志》中所辑《拳经》为凤毛麟角也。

据《武备志》中《拳经》三十二势图诀顺序，各家翻刻本所缺八势图诀为：15. 井栏四平，16. 鬼蹴脚，17. 指裆势，18. 兽头势，21. 高四平，22. 倒插势，23. 神拳，24. 一条鞭。

顾留馨　记

1981 年 8 月

第二式

金鸡独立颠起，

装腿横拳相兼，

抢背卧牛双倒，

遭着叫苦连天。

第一式

懒扎衣出门架子，

变下势霎步单鞭，

对敌若无胆向先，

空自眼明手便。

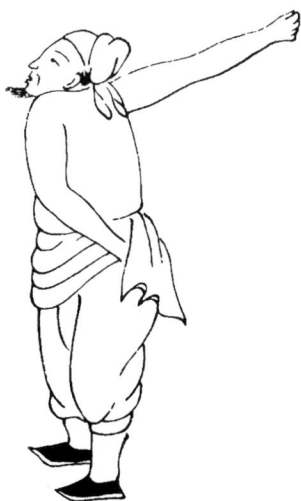

第四式

拗单鞭黄花紧进，

披挑腿左右难防，

抢步上拳连劈揭，

沉香势推倒太山。

第三式

探马传自太祖，

诸势可降可变，

进攻退闪弱生强，

接短拳之至善。

第六式

倒骑龙诈输佯走，
诱追入遂我回冲，
凭伊力猛硬来攻，
怎当我连珠炮动。

第五式

七星拳手足相顾，
挨步逼上下提笼，
饶君手快脚如风，
我自有搅冲劈重。

第八式

邱刘势左搬右掌，

劈来脚入步连心，

挪更拳法探马均，

打人一着命尽。

第七式

悬脚虚饵彼轻进，

二换腿决不饶轻，

赶上一掌满天星，

谁敢再来比并。

第十式

埋伏势窝弓待虎，
犯圈套寸步难移，
就机连发几腿，
他受打必定昏危。

第九式

下插势专降快腿，
得进步搅靠无别，
勾脚锁臂不容离，
上惊下取一跌。

第十二式

拈肘势防他弄腿，

我截短须认高低，

劈打推压要皆依，

切勿手脚忙急。

第十一式

抛架子抢步披挂，

补上腿那怕他识，

右横左採快如飞，

架一掌不知天地。

第十四式

擒拿势封脚套子，

左右压一如四平，

直来拳逢我投活，

凭快腿不得通融。

第十三式

一霎步随机应变，

左右腿冲敌连珠，

凭伊势固手风雷，

怎当我闪惊巧取。

第十六式

鬼蹴脚抢人先着，
补前扫转上红拳，
背弓颠披揭起，
穿心肘靠妙难传。

第十五式

井栏四平直进，
剪臁踢膝当头，
滚穿劈靠抹一钩
铁样将军也走。

第十八式

兽头势如牌挨进，

凭快脚遇我慌忙，

低惊高取他难防，

接短披红冲上。

第十七式

指裆势是个丁法，

他难进我好向前，

踢膝滚躜上面，

急回步颠短红拳。

第二十式

伏虎势侧身弄腿，

但来凑我前撑，

看他立站不稳，

后扫一跌分明。

第十九式

中四平势实推固，

硬攻进快腿难来，

双手逼他单手，

短打以熟为乖。

第二十二式

倒插势不与招架，

靠腿快讨他之赢，

背弓进步莫迟停，

打如谷声相应。

第二十一式

高四平身法活变，

左右短出入如飞，

逼敌人手足无措，

凭我便脚踢拳捶。

第二十四式

一条鞭横直披砍，

两进腿当面伤人，

不怕他力粗胆大，

我巧好打神通。

第二十三式

神拳当面插下，

进步火焰攒心，

遇巧就拿就跌，

举手不得留情。

第二十六式

朝阳手偏身防腿，
无缝锁逼退豪英，
倒阵势弹他一脚，
好教师也丧声名。

第二十五式

雀地龙下盘腿法，
前揭起后进红拳，
他退我虽颠补，
冲来短当休延。

第二十八式

跨虎势那移发脚，

要腿去不使他知，

左右跟扫一连施，

失手剪刀分易。

第二十七式

鹰翅侧身挨进，

快脚走不留停，

追上穿庄一腿，

要加剪劈推红。

第三十式

当头炮势冲人怕，

进步虎直撺两拳，

他退闪我又颠踹，

不跌倒他也茫然。

第二十九式

拗鸾肘出步颠踩，

搬下掌摘打其心，

拿鹰捉兔硬开弓，

手脚必须相应。

第三十二式

旗鼓势左右压进，

近他手横劈双行，

绞靠跌人人识得，

虎抱头要躲无门。

第三十一式

顺鸾肘靠身搬，

打滚快他难遮拦，

复外绞刷回拴，

肚搭一跌谁敢争先。

拳经总歌　陈王廷

纵放屈伸人莫知，诸靠缠绕我皆依。劈打推压得进步，搬撂横采也难敌。钩掤逼揽人人晓，闪惊取巧有谁知，佯输诈走谁云败，引诱回冲致胜归。滚拴搭扫灵微妙，横直劈砍奇更奇，截进遮拦穿心肘，迎风接步红炮捶。二换扫压挂面脚，左右边簪庄跟腿，截前压后无缝锁，声东击西要熟识。上笼下提君须记，进攻退闪莫迟迟，藏头盖面天下有，攒心剁胁世间稀。教师不识此中理，难将武艺论高低。

注： 此歌见于陈氏两仪堂本拳谱，歌词显受戚继光《拳经》影响，为总括太极拳五路、长拳一百〇八势一路及炮捶一路之理法，唐豪考订为陈王廷原著。

山右王宗岳《太极拳论》解　顾留馨

王宗岳是清乾隆年间山西人（故称山右）。1792 年他在河南洛阳教书，1795 年在河南开封教书。他的武术著作有《太极拳论》一篇，解释长拳和十三势内容的残稿一篇，修订了《打手歌》一篇和《阴符枪谱》，共四种。

《太极拳论》以太极两仪立说，解释"十三势"以八卦、五行立说；《阴符枪谱》以阴符立说。阴指暗，符指合，故阴符意为"静处为阴动则符"，正如阴符枪法的原则"静如处女，动如脱兔"。

王宗岳少年时读过经史，也读过《内经》《道德经》及兵法等书，兼通击刺之术（击剑、刺枪），枪法最精。

《太极拳论》实际上是概括性很强的总结推手经验的论文，它所依据的理论是中国古代哲学朴素的阴阳学说"一阴一阳之谓道"，以此作为太极拳的基本理论，就使太极拳在广泛流传中不致练成刚拳、硬拳，也不致练成柔拳、软拳，而是大家公认的有柔有刚、刚柔相济。这应该说是《太极拳论》的主要贡献。

下面，对《太极拳论》逐句逐段试作解释。

（一）"太极者，无极而生，阴阳之母也"——所谓太极，古人谓"天地未分之前，元气混而为一，即太初、太一也"（《易系辞》）。这是中国古代的天体演化论，把太极形容为阴阳两气，混沌未分。也有人解释"太极"是屋中最高处正梁的中心，意为最高、最中心的东西。

《太极图》呈圆形，内含阴和阳两个半弧形的类似鱼形的图案。太极拳这个名称，象征着太极拳是圆转的、弧形的、刚柔相济的拳术。

"无极而生"，周敦颐（1017—1073 年）所著《太极图说》说："无极而太极，太极动而生阳，动极而静；静而生阴，静极复动。一动一静，互为其根。分阴分阳，两仪立焉。……阴阳一太极也，太极本无极也。"王宗岳所说"太极者，无极而生"，是根据《太极图说》而立论的。

"阴阳之母也"意指阴阳两气包含在"太极"之中，所以说"太极"是"阴阳之母"。

（二）"动之则分，静之则合"——古人认为太极是一个混圆体，包含阴阳两气。动时这个混圆体就起变化，分阴分阳，所以说太极生两仪，亦即"动之则分"。静时仍然是一个混圆体，阴阳变化虽然相对静止，但阴阳的道理完全具备，所以叫作"静之则合"。

上面五句话，讲的是太极拳的理论，下面就根据这种理论来阐明太极拳推手的要领和方法。

太极拳创造于清初17世纪70年代，创造人是明末清初河南温县陈家沟人陈王廷。他写的太极拳的原始理论《拳经总歌》有"纵放屈伸人莫知，诸靠缠绕我皆依"两句话，王宗岳据此进行了发挥。

（三）"无过不及，随屈就伸"——推手要根据客观情况的变化来屈伸进退，要随着对方的动作而采取攻防动作，不可主观，不可盲动，要随对方的屈伸而屈伸，人屈我伸，人伸我屈，要和对方的动作密切不离，不要过与不及，要不顶不丢；对方进一寸，我退一寸；进一分，退一分。退得少了成为"顶"，退得多了成为"丢"。

"直来横去，横来直去"是武术各流派的共同经验，太极拳推手还有形象上缠绕绞转的"黏随"特点，可练习皮肤触觉和内体感觉，以利了解对方的动向、力点和快慢，做出判断来克制对方。这比单凭目力来判断对方动向的拳种，多了一种侦察能力——"听劲"。

（四）"人刚我柔谓之走，我顺人背谓之黏"——推手时要放松，攻和防都如此，逐渐练出一股"柔劲"来。刚劲好像一根硬木头，坚实但变化少；柔劲好比钢丝绳，变化多。俗语说软绳能捆硬柴。但从理论上讲，柔能克刚，刚也能克柔。单纯的柔是不够用的，太极拳主张"柔中寓刚""刚柔相济"，黏与走都要以柔为主，柔久则刚在其中。人以刚来，我以刚去对抗，这是两力相抗，不是"引进落空""借力打人"的技巧，而应该"人刚我柔"地把对方力量引开，使之落空不得力。所以学太极拳推手一开始就要放松，心身都要放松。对方刚来，我总是柔应，使对方不得力，有力无处用，这叫"走化"，目的是我走顺劲，造成有利于我的形势，使对方走背劲，造成不利于对方的形势。当对方来劲被我走化形成背劲时，我即用黏劲加力于其身手，使之陷入更不利的地位，从而无力反击。黏好像胶水、生漆黏物一样，黏走相生，刚柔相济，这是推手的重要原则。

"黏"这个字，是三百余年前俞大猷、戚继光等提出来的，武术书上最初见于明朝俞大猷的《剑经》，在他的对打棍法（不是套路的对打）

中有时用黏字。到清初，太极拳推手就完全用黏劲，于是"黏"的用途日广。练黏可使人的反应变快，触觉灵敏，所以能做到随对方来劲黏走相生，克敌制胜。

（五）"动急则急应，动缓则缓随"——动作快慢要决定于对方动作的快慢，不能自作主张。首先，手臂放松，触觉灵敏，才能急应缓随，处处合拍。只有触觉灵敏了，才能做到"彼微动，己先动"，才能制人而不为人所制。

（六）"虽变化万端，而理惟一贯"——动作虽然千变万化，而黏走相生、急应缓随的道理是一贯的。

（七）"由着熟而渐悟懂劲，由懂劲而阶及神明"——这是太极拳推手功夫的三个阶段：即着熟、懂劲、阶及神明。

1. 着熟——着是打法、拳法、拳式，譬如着棋。中国武术各拳种的套路，就是各个不同的"式"连贯组成的，每"式"都有它的主要攻防方法和变化方法，错综互用，这就称作"拳术""拳法""拳套"。不讲技击方法的套路，称作体操、舞蹈、导引或八段锦。有些拳种只讲姿势优美，实用性差，称作花拳绣腿，是表演艺术性的武舞（讲究实用性的称作武艺）。练太极拳推手，首先是身法、手法、步法、眼法和每式的着法（攻击和防御的方法）要练得正确、熟练；特别是练拳架，首先姿势要正确，拳套要连贯熟练和呼吸配合好。然后在推手、散打中进行试用，捉摸每个着法用得上还是用不上，；用上了，用劲对不对等。这是前人教太极拳的次序，即首先要懂得每式的着法和变化，不可瞎练，漫无标准地划圈。

2. 懂劲——着法练熟即可逐渐悟出用劲的黏随、刚柔、虚实、轻重以及屈中求直、蓄而后发等道理。现在有些人学推手好谈懂劲，但不研究着法，这是跳班、越级的方法。只追求劲，不讲求着法，往往无从捉摸，不着边际。因为，"劲附着而行，劲贯着中"，着法如果不从实际出发，舍近就远，劲也就随着"着法"而失去应有的作用。

懂劲以后，着法的使用才能巧妙省力。着法和懂劲都要和呼吸自然结合，不属拳法的动作不可能结合呼吸，例如两个吸或两个呼凑在一起的动作就不可能结合呼吸。

懂劲质量愈高，推手时威胁对方的力量也越大，着法的使用也更能得机得势。

懂劲主要是从推手实践中悟出来的。只练拳不练推手，对懂劲是谈不上的。想象出来的懂劲，一接触实际就不行。

3. 阶及神明——"阶及"意即逐步上升，亦即台阶、梯子，须一步一步爬上去。

"神明"意即神妙高明，随心所欲，形成条件反射，熟能生巧。

"由着熟而渐悟懂劲，由懂劲而阶及神明"这句话，总的意思就是踢、打、跌、摔、拿等着法熟练后，逐渐悟出"劲"贯着中的技巧，掌握"劲"这个总钥匙，不求用着，而着法自然用得巧妙，最后达到"妙手无处不混然"的程度。

（八）"然非用力之久，不能豁然贯通焉"——"用力"系指练功夫，不是指用力气。全句意为：

不经过勤学苦练，就不能豁然贯通（忽然完全悟解）。坚持练拳推手，钻研拳理，会有好几次"豁然贯通"，功夫是没有止境的。青年时期、壮年时期和老年时期，各有一次或多次对拳理的"豁然贯通"。通过向有经验的师友学习、交流和反复研究拳理，功夫才能练到自己身上，对疗病保健，增强体质才有帮助。

太极拳发展至今，主要的传统套路有陈、杨、武、吴、孙共五式，陈式还有老架、新架和赵堡架三种，都是讲究每式的着法的。传统套路都有这种讲究着法、运气的特点。懂得着法，拳套才容易练正确，不致练得千奇百怪，也才能和呼吸结合得好，"气与力合"，疗病健身的效果较高，又可节省练拳的时间。

（九）"虚领顶劲，气沉丹田"——"虚领顶劲"意为头顶要轻轻领起往上顶着，便于中枢神经安静地提起精神来指挥动作。关于气沉丹田，说法不一。这里可能是指腹式深呼吸，吸时小腹内收，膈肌上升，胃部隆起，肺部自然扩张。呼时小腹外凸，膈肌下降，胃部复原，胸廓自然平正。身心兼修，内外并练，着重在内壮，这也是被称作"内功拳"的太极拳的一个特点。

"气沉丹田"不可硬压丹田，也不可一味"沉气"，而要"气宜鼓荡"，并且练拳时的腹式呼吸只能用逆式，不能用顺式。顺式是吸气时小腹外凸（气沉丹田），呼气时小腹内收，结合在拳套内就只能始终"气沉丹田"，有降无升，所以一定要用逆式。如果用顺式腹式呼吸，对练拳推手都是无益的，因为攻的动作都要借地面反作用力，必须气沉丹田，劲才能往前发。哪里有劲要往前发，而呼气时小腹却内收之理？

逆式深呼吸是引进时吸气，小腹内收；发劲时小腹外凸，气沉丹田。内功拳种的"形意""八卦""南拳""内家拳"，都是用腹式逆呼吸的。

王宗岳高度概括了太极拳的理论（那时只有陈式太极拳一种，没有流派），对呼吸运气只讲了一句"气沉丹田"。

"虚领顶劲，气沉丹田"基本上概括了太极拳对立身中正、松静自然地运气练拳和推手的要求。

（十）"不偏不倚，忽隐忽现"——"不偏不倚"是说身体姿势不要歪斜而失去中正。不偏是指形体上、神态上都要自然中正；不倚是不丢不顶，不要依靠什么来维持自己的平衡，而要中正安舒，独立自主。"忽隐忽现"是说行气运劲要似有实无，忽轻忽重，虚实无定，变化多端，使对方难于适应，顾此失彼。

（十一）"左重则左虚，右重则右杳"——承上文，既要做到"不偏不倚，忽隐忽现"，还要做到，对方从左方用力攻来，我左方虚而化之，虚而引之，不与顶抗，使来力落空；如对方从右方用力来攻，则我右方虚而化之，虚而引之，也不与顶抗，使来力落空。这是说不犯双重之病。练到处处能虚而化之、虚而引之，就是棋高一着，从而使对方缚手缚脚。

"虚"和"杳"都是不可捉摸的意思。

（十二）"仰之则弥高，俯之则弥深，进之则愈长，退之则愈促"——"弥"字作"更加"解释。我运用黏化划弧的引进落空的方法，对方往上进攻，我高以引之，使有高不可攀、脚跟浮起、凌空失重的感觉；如对方向下进攻，我低以引之，使有如临深渊、摇摇欲坠、愈陷愈深的感觉；若对方前进，我渐渐引进，使其摸不到我身上，有进之则愈长而不可及的感觉，经我黏逼进攻，对方越退越感觉不能走化。这四种情况都是黏走相生，不丢不顶，我顺人背，我得机、得势，彼不得机、不得势而出现的。

上述推手技巧只要认真实践，人人都可有不同程度的进步。但这种推手技巧可说是无止境的，因之可说是一种活到老、学到老的健身防身的技术。推手双方功力相等，不容易发挥出这样的技巧，如果差距大了（如力量、耐力、速度、灵敏、技巧等相差大了），这种高级技巧就会显示出来。

（十三）"一羽不能加，蝇虫不能落，人不知我，我独知人"——这是形容触觉、内体感觉的灵敏度极高，稍微触及，便能感觉得到，立即走化。

功夫练到技术高了，便能做到一根鸡毛、一只苍蝇或一只小虫轻轻触及人体任何部位，都能感觉得到并立即有行动对付。在推手时，便能做到他不知我，我能知他。

（十四）"英雄所向无敌，盖皆由此而及也"——这句说明王宗岳是唯我独尊的。他生于二百多年前，那时，中国武术家还认为近身搏斗技巧在战场上还能发挥决定性的作用。

（十五）"斯技旁门甚多，虽势有区别，概不外壮欺弱、慢让快耳"——这种拳术技巧的门派是很多的，他们虽然姿势动作不一样，但不外乎是力大打力小、手脚快打手脚慢。

（十六）"有力打无力，手慢让手快，是皆先天自然之能，非关学力而有（为）也"——所谓有力打无力，大力胜小力，手快胜手慢，都是先天赋有的本能，不是学出来的。看来，这两段话，有宗派观点，有形而上学的论点。说其他拳种是"旁门"，而自己是正门、是正宗，这的确是宗派观点。

力大胜力小，有力打无力，手快打手慢，是一种规律，但力量和速度也不是先天自然之能，也需要学习锻炼才能加大力量，加快速度。因此，"非关学力而有（为）也"这句话是错误的。

太极拳从名字的含义来讲是有柔有刚、有轻有重、有快有慢，既要练习"四两拨千斤"，又要练习"浑身合下力千斤"，所以单纯强调一方面，就有片面性，就是知其一而不知其二了。

（十七）"察'四两拨千斤'之句，显非力胜；观耄耋御众之形，快何能为"——《打手歌》里有"四两拨千斤"一句话，显然不是用大力来胜人；看到年纪耄耋的人还能应付众人的围攻，取得胜利，可是老人体力比较差，动作比较迟钝，还能御众取胜，说明"快"也不一定能取胜。

过去认为《打手歌》是王宗岳的作品，有人从拳论中"察四两拨千斤之句"的"察"字来判断，《打手歌》是王宗岳以前人的作品，这是很对的。后来核对了陈家沟原有的四句《打手歌》，才断定现在六句的《打手歌》是经过王宗岳修订的。这四句话是强调小力胜大力的技巧作用。

（十八）"立如秤准，活如车轮，偏沉则随，双重则滞"——始终保持平衡，身法端正，要像秤准一样。身手圆活如车轮旋转，不但不受来力，还能把来力抛出去。无论来力多么重大，要黏着走化，不要顶抗。如果黏着处放松走化不受力，这叫"偏沉"，能做到"偏沉"，就能顺随，使对方有力也不得力，有力无处用，推手时要避免两力相抗。如果两力相抗，不能够"偏沉则随"，动作就会滞钝，结果还是力大者胜力小者。

（十九）"每见数年钝功，不能运化者，率皆自为人制，双重之病未悟耳"——常常见到勤练太极拳推手多年的人，不能很好领会"懂劲"和"黏随走化"的道理，往往不能制人，反而被人所制，这都是用力顶抗，犯了"双重"之病而不自觉所致。

王宗岳这段话是在二百年前讲的，那时候太极拳不作为老弱病人练的拳，而是体格强壮者练的拳，他们不懂双重之病，不能制人，大都为人所制。而现在练推手的大都是力量不大的人，基础薄弱的人，加上不懂"双重"之病、不懂着法，难怪有些练摔跤的人或练拳又硬又快的人说，一般练太极拳的是豆腐架子。

（二十）"欲避此病，须知阴阳；黏即是走，走即是黏，阳不离阴，阴不离阳；阴阳相济，方为懂劲"——要避免这个"用力顶抗，不能走化"的毛病，就要懂得阴阳的变化。阴指柔、虚、轻、合、蓄势、吸气等；阳指刚、实、重、开、发劲、呼气等。

黏逼中随时可以走化，所以黏也是走。走化中随时可以转化为黏逼，所以走也是黏。有开有合，开中有合，合中有开；有虚有实，虚中有实，实中有虚。这样虚实、刚柔、开合、变化灵活，才可以使对方顾此失彼，不知所措，应接不暇，处处被动。

阳刚不能离开阴柔，阴柔不能离开阳刚。有阴有阳，有虚有实，有柔有刚，阴阳相济，虚实互变，柔刚错综，才算是懂劲。

（二十一）"懂劲后，愈练愈精，默识揣摩，渐至从心所欲"——懂劲以后，黏走相生，越练越细巧精密，一面实践，一面多思考，常常默想捉摸其中道理，学思并用，就能逐渐做到从心所欲，身手更为轻灵，威胁力更大，搭手即能判断对方力量的大小、长短、动向、快慢，依着何处即从何处反击。

（二十二）"本是舍己从人，多误舍近求远。所谓差之毫厘，谬之千里。学者不可不详辨焉。是为论"——推手本来是舍己从人的技巧，顺应客观规律，不自作主张。如果自作主张，用固定的手法逆客观规律，必然会出现丢顶、硬撞，不能引进落空，反而引进落实，造成失败，这是多误于舍近求远。差之毫厘，结果是谬以千里。练拳、推手也是这样，学的人要详细辨别这个道理。

十三势　王宗岳

一名长拳，一名十三势。

长拳者，如长江大海，滔滔不绝也。

十三势者，掤、捋、挤、按、採、挒、肘、靠、进、退、顾、盼、定也。掤、捋、挤、按，即坎、离、震、兑，四正方也。採、挒、肘、靠，即乾、坤、艮、巽，四斜角也。此八卦也。进步、退步、左顾、右盼、中定，即金、木、水、火、土也。此五行也。合而言之，曰十三势。

太极拳经谱　陈鑫

太极两仪，天地阴阳，阖辟动静，柔之与刚。屈伸往来，进退存亡，一开一合，有变有常。虚实兼到，忽见忽藏，健顺参半，引进精详。或收或放，忽弛忽张，错综变化，欲抑先扬。必先有事，勿助勿忘，真积力久，质而弥光。盈虚有象，出入无方，神以知来，智以藏往。宾主分明，中道皇皇，经权互用，补短截长。神龙变化，俦测汪洋？沿路缠绵，静运无慌。肌肤骨节，处处开张，不先不后，迎送相当。前后左右，上下四旁，转接灵敏，缓急相将。高擎低取，如愿相偿，不滞于迹，不涉于虚。至诚运动，擒纵由余，天机活泼，浩气流行。佯输诈败，制胜权衡，顺来逆往，令彼莫测。因时制宜，中藏妙诀，上行下打，断不可偏。声东击西，左右威宣，寒往暑来，谁识其端？千古一日，至理循环，上下相随，不可空谈。循序渐进，仔细研究，人能受苦，终跻浑然。至疾至迅，缠绕回旋，离形得似，何非月圆。精练已极，极小亦圈，日中则昃，月满则亏。敌如诈诱，不可紧追，若逾界限，势难转回。况一失势，虽悔何追？我守我疆，不卑不亢，九折羊肠，不可稍让；如让他人，人立我跌，急与争锋，能上莫下；多占一分，我据形胜，一夫当关，万人失勇。沾连黏随，会神聚精，运我虚灵，弥加整重。细腻熨帖，中权后劲，虚笼诈诱，只为一转；来脉得势，转关何难？实中有虚，人己相参；虚中有实，孰测机关？不遮不架，不顶不延（迟也），不软不硬，不脱不沾，突如其来，人莫知其所以然，只觉如风摧倒，跌翻绝妙，灵境难以言传。试一形容：手中有权，宜轻则轻，斟酌无偏；宜重则重，如虎下山。引视彼来，进由我去；来宜听真，去贵神速。一窥其势，一觇其隙，有隙可乘，不敢不入，失此机会，恐难再得！一点灵境，为君指出。至于身法，原无一定，无定有定，在人自用。横竖颠倒，立坐卧挺，前俯后仰，奇正相生。回旋倚侧，攒跃皆中（皆有中气放收，宰乎其中）。千变万化，难绘其形。气不离理，一言可罄，开合虚实，即为拳经。用力日久，豁然贯通，日新不已，自臻神圣。浑然无迹，妙手空空，若有鬼神，助我虚灵，岂知我心，只守一敬。

太极拳发蒙缠丝劲论　陈　鑫

太极拳，缠法也。缠法如螺丝形运于肌肤之上，平时运动恒用此劲，故与人交手，自然此劲行乎肌肤之上，而不自知，非久于其道不能也。其法有：进缠，退缠；左缠，右缠；上缠，下缠；里缠，外缠；顺缠，逆缠；大缠，小缠。而要莫非以中气行乎其间，即引即进，皆阴阳互为其根之理也。或以为软手，手软何能接物应事？若但以迹象视之，似乎不失于硬，故以为软手。其周身规矩，顶劲上领，裆劲下去（要撑圆，要合住），两肩松下，两肘沉下，两手合住，胸向前合；目勿旁视，以手在前者为的；顶不可倒塌，胸中沉心静气；两膝合住劲，腰劲下去；两足常用勾劲，须前后合住劲，外面之形，秀若处女，不可带张狂气，一片幽闲之神，尽是大雅风规。至于手中，其权衡皆本于心，物来顺应，自然合进退、缓急、轻重之宜。此太极之阴阳相停，无少偏倚，而为开合之妙用也。其为道岂浅鲜哉！

太极拳推原解　陈　鑫

拳者，权也；所以权物而知其轻重者也。然其理实根乎太极，而其用不遗乎两拳。且人之一身，浑身上下都是太极，即浑身上下都是拳，不得以一拳目拳也。

其枢纽在一心，心主乎敬，又主乎静；能敬而静，自葆虚灵；天君有宰，百骸听命。动则生阳，静则生阴，一动一静，互为其根。清气上升，浊气下降，百会、中极，一体管键。

初学用功，先求伏应，来脉转关，一气相生；手眼为活，不可妄动。其为气也，至大至刚，直养无害，充塞天地；配义与道，端由集义，浑灏流行，自然一气。

轻如杨花，坚如金石；虎威比猛，鹰扬比疾。行同乎水流，止侔乎山立。进为人所不及知，退亦人所莫名速。

理精法密，条理缕析。放之则弥六合，卷之则退藏于密。其大无外，其小无内。中和元气，随意所之；意之所向，全神贯注。变化犹龙，人莫能测，运用在心，此是真诀。

不偏不倚，无过不及，内以修身，外以制敌。临时制宜，只因素裕。不即不离，不黏不脱，接骨斗榫，细心揣摩，真积力久，升堂入室。

太极拳总论　陈 鑫

纯阴无阳是软手，纯阳无阴是硬手。一阴九阳根头棍，二阴八阳是散手，三阴七阳犹觉硬，四阴六阳显好手，惟有五阴并五阳，阴阳无偏称妙手。妙手一着一太极，空空迹化归乌有。

太极拳十大要论　陈　鑫

第一章　理

夫物，散必有统，分必有合，天地间四面八方，纷纷者各有所属，千头万绪，攘攘者自有其源。盖一本可散为万殊，而万殊咸归于一本，拳术之学，亦不外此公例。夫太极拳者，千变万化，无往非劲，势虽不侔，而劲归于一，夫所谓一者，自顶至足，内有脏腑筋骨，外有肌肤皮肉，四肢百骸相连而为一者也。破之而不开，撞之而不散，上欲动而下自随之，下欲动而上自领之，上下动而中部应之，中部动而上下和之，内外相连，前后相需，所谓一以贯之者，其斯之谓欤！而要非勉强以致之，袭焉而为之也。当时而动，如龙如虎，出乎而尔，急如电闪。当时而静，寂然湛然，居其所而稳如山岳。且静无不静，表里上下全无参差牵挂之意；动无不动，前后左右均无游疑抽扯之形，洵乎若水之就下，沛然莫能御之也。若火机之内攻，发之而不及掩耳。不假思索，不烦拟议，诚不期然而已然。盖劲以积日而有益，工以久练而后成。观圣门一贯之学，必俟多闻强识，格物致知，方能有功。是知事无难易，功惟自进，不可躐等，不可急就，按步就序，循次渐进，夫而后百骸筋节，自相贯通，上下表里，不难联络，庶乎散者统之，分者合之，四肢百骸总归于一气矣。

第二章　气

天地间未有一往而不返者，亦未常有直而无曲者矣。盖物有对待，势有回还，古今不易之理也。常有世之论捶者，而兼论气者矣。夫主于一，何分为二？所谓二者，即呼吸也。呼吸即阴阳也，捶不能无动静，气不能无呼吸。呼则为阳，吸则为阴；上升为阳，下降为阴；阳气上升而为阳，阳气下行而为阴；阴气上升即为阳，阴气下行仍为阴，此阴阳之所以分也。何谓清浊？升而上者为清，降而下者为浊；清者为阳，浊者为阴。然分而言之为阴阳，浑而言之统为气。气不能无阴阳，即所谓人不能无动静，鼻不能无呼吸，口不能无出入，而所以为对待回还之理也。然则气分为二，而贯于一，有志于是途者，甚勿以是为拘拘焉耳。

第三章　三节

夫气本诸身，而身节部甚繁，若逐节论之，则有远乎拳术之宗旨，惟分为三节而论，可谓得其截法：三节上、中、下，或根、中、梢也。以一身言之，头为上节，胸为中节，腿为下节。以头面言之，额为上节，鼻为中节，口为下节。以中身言之，胸为上节，腹为中节，丹田为下节。以腿言之，胯为根节，膝为中节，足为梢节。以臂言之，膊为根节，肘为中节，手为梢节。以手言之，腕为根节，掌为中节，指为梢节。观于此，而足不必论矣。然则自顶至足，莫不各有三节也。要之，既莫非三节之所，即莫非着意之处。盖上节不明，无依无宗；中节不明，满腔是空；下节不明，颠覆必生。由此观之，身三节部，岂可忽也？至于气之发动，要从梢节起、中节随、根节催之而已。此固分而言之。若合而言之，则上自头顶，下至足底，四肢百骸，总为一节，夫何为三节之有哉！又何三节中之各有三节云乎哉！

第四章　四梢

试于论身之外，而进论四梢。夫四梢者，身之余绪也。言身者初不及此，言气者亦所罕闻。然捶以由内而发外，气本诸身而发梢。气之为用，不本诸身，则虚而不实；不行于梢，则实而仍虚。梢亦可弗讲乎！若手指足特论身之梢耳，而未及梢之梢也。四梢惟何？发其一也，夫发之所系，不列于五行，无关于四体，是无足论矣。然发为血之梢，血为气之海，纵不本诸发而论气，要不可离乎血以生气；不离乎血，即不得不兼乎发，发欲冲冠，血梢足矣。抑舌为肉之梢，而肉为气之囊，气不能行诸肉之梢，即气无以充其气之量；故必舌欲催齿，而肉梢足矣。至于骨梢者，齿也；筋梢者，指甲也，气生于骨而连于筋，不及乎齿，即不及乎骨之梢，不及乎指甲，即不及乎筋之梢，而欲足尔者，要非齿欲断筋，甲欲透骨不能也。果能如此，则四梢足矣。四梢足，而气自足矣，岂复有虚而不实，实而仍虚之弊乎！

第五章　五脏

夫捶以言势，势以言气，人得五脏以成形，即由五脏而生气。五脏实为性命之源，生气之本，而名为心、肝、脾、肺、肾也。心属火，而有炎上之象。肝属木，而有曲直之形。脾属土，而有敦厚之势。肺属金，而有从革之能。肾属水，而有润下之功。此及五脏之义而犹准之于气，皆有所配合焉。凡世之讲拳术者，要不能离乎斯也。其在于内胸廓为肺经之位，而肺为五脏之华盖，故肺经动，而诸脏不能不动也。两乳之中为心，而肺抱护之。肺之下膈之上，心经之位也。心为君，心火动，而相火无不奉命焉；而两乳之下，右为肝，左为脾，背之十四骨节为肾，至于腰为两肾之本位，而为先天之第一，又为诸脏之根源；故肾足，则金木、水、火、土，无不各显生机焉。此论五脏之部位也。然五脏之存乎内者，各有定位，而见于身者，亦有专属，但地位甚多，难以尽述，大约身之所系，中者属心，窝者属肺，骨之露处属肾，筋之联处属肝，肉之厚处属脾。想其意，心如猛，肝如箭，脾之力大甚无穷，肺经之位最灵变，肾气之动快如风，是在当局者自为体验，而非笔墨所能尽罄者也。

第六章　三合

五脏既明，再论三合。夫所谓三合者，心与意合、气与力合、筋与骨合，内三合也。手与足合、肘与膝合、肩与胯合，外三合也。若以左手与右足相合、左肘与右膝相合、左肩与右胯相合，右三与左亦然。以头与手合、手与身合、身与步合，孰非外合。心与目合、肝与筋合、脾与肉合、肺与身合、肾与骨合，孰非内合。然此特从变而言之也。总之，一动而无不动，一合而无不合，五脏百骸悉在其中矣。

第七章　六进

既知三合，犹有六进。夫六进者何也？头为六阳之首，而为周身之主，五官百骸莫不体此为向背，头不可不进也。手为先锋，根基在膊，膊不进，则手却不前矣；是膊亦不可不进也。气聚于腕，机关在腰，腰不进则气馁，而不实矣；此所以腰贵于进者也。意贯周身，运动在步，步不进而意则索然无能为矣，此所以必取其进。以及上左必进右，上右必进左，共为六进。此六进者，孰非着力之地欤！要之：未及其进，合周身毫无关动之意，一言其进，统全体全无抽扯之形，六进之道如是而已。

第八章　身法

夫发手击敌，全赖身法之助，身法为何？纵、横、高、低、进、退、反、侧而已。纵，则放其势，一往而不返。横则理其力，开拓而莫阻。高，则扬其身，而身有增长之意；低，则抑其身，而身有攒促之形。当进则进，殚其力而勇往直前。当退则退，速其气而回转扶势。至于反身顾后，后即前也。侧顾左右，左右恶敢当我哉。而要非拘拘焉而为之也。察夫人之强弱，运乎己之机关，有忽纵而忽横，纵横因势而变迁，不可一概而推。有忽高而忽低，高低随时以转移，岂可执一而论。时而宜进不可退，退以馁其气。时而宜退，即以退，退以鼓其进。是进固进也，即退亦实以助其进。若反身顾后，而后不觉其为后。侧顾左右，而左右不觉其为左右。总之，观在眼，变化在心，而握其要者，则本诸身。身而前，则四体不命而行矣。身而怯，则百骸莫不冥然而处矣。身法顾可置而不论乎。

第九章　步法

今夫四肢百骸主于动，而实运以步。步者，乃一身之根基，运动之枢纽也。以故应战，对战，本诸身。而所以为身之砥柱者，莫非步。随机应变在于手。而所以为手之转移者，又在于步。进退反侧，非步何以作鼓动之机，抑扬伸缩，非步何以示变化之妙。即谓观察在眼，变化在心，而转变抹角，千变万化，不至穷迫者，何莫非步之司命，而要非勉强可致之也。动作出于无心，鼓舞出于不觉，身欲动而步以为之周旋，手将动而步亦早为之催迫。不期然而已然，莫之驱而若驱，所谓上欲动而下自随之，其斯之谓欤！且步分前后，有定位者，步也。无定位者，亦步也。如前步进，而后步亦随之，前后自有定位也。若前步作后步，后步作前步，更以前步作后步之前步，后步作前步之后步，前后亦自有定位矣。总之，捶以论势而握要者，步也。活与不活在于步，灵与不灵亦在于步，步之为用大矣哉！

第十章　刚柔

夫拳术之为用，气与势而已矣。然而气有强弱，势分刚柔，气强者取乎势之刚，气弱者取乎势之柔。刚者以千钧之力而扼百钧，柔者以百钧之力而破千钧。尚力尚巧，刚柔之所以分也。然刚柔既分，而发用亦自有别，四肢发动，气行诸外，而内持静重，刚势也。气屯于内，而外现轻和，柔势也。用刚不可无柔，无柔则环绕不速。用柔不可无刚，无刚则催逼不捷。刚柔相济，则黏、游、连、随、腾、闪、折、空、掤、捋、挤、按，无不得其自然矣。刚柔不可偏用，用武岂可忽耶。

用武要言

要诀云：捶自心出，拳随意发。总要知己知彼，随机应变。

心气一发，四肢皆动。足起有地，动转有位。或黏而游，或连而随，或腾而闪，或折而空，或掤而捋，或挤而按。

拳打五尺以内，三尺以外。远不发肘，近不发手。无论前后左右，一步一捶。遇敌以得人为准，以不见形为妙。

拳术如战术，击其无备，袭其不意，乘击而袭，乘袭而击，虚而实之，实而虚之，避实击虚，取本求末。出遇众围，如生龙活虎之状，逢击单敌，似巨炮直轰之势。

上中下一气把定，身手足规距绳束。手不向空起，亦不向空落，精敏神巧全在活。

古人云：能去，能就，能刚，能柔，能进，能退。不动如山岳，难知如阴阳，无穷如天地，充实如太仓，浩渺如四海，眩耀如三光。察来势之机会，揣敌人之短长，静以待动，动以处静。然后可言拳术也。

要诀云：借法容易上法难，还是上法最为先。

战斗篇云：击手勇猛，不当击梢，迎面取中堂。抢上抢下势如虎，类似鹰鹞下鸡场；翻江拨海不须忙，丹凤朝阳最为强；云背日月天交地，武艺相争见短长。

要诀云：发步进入须进身，身手齐到是为真。法中有诀从何取，解开其理妙如神。

古有闪进打顾之法。何为闪，何为进，进即闪，闪即进，不必远求。何为打，何为顾，顾即打，打即顾，发手便是。

古人云：心如火药手如弹，灵机一动鸟难逃。身似弓弦手似箭，弦响鸟落显奇神。起手如闪电，电闪不及合眸。袭敌如迅雷，雷发不及掩耳。左过右来，右过左来。手从心内发，落向前落。力从足上起，足起犹火作。

上左须进右，上右须进左。发步时，足跟先着地，十趾要抓地。步要稳当，身要庄重，去时撒手，着人成拳。上下气要均停，出入以身为主宰。不贪，不欠，不即，不离。拳由心发，以身催手，一肢动百骸皆随。一屈，统身皆屈；一伸，统身皆伸。伸要伸得尽，屈要屈得紧。如卷炮卷得紧，崩得有力。

战斗篇云：不拘提打、按打、击打、冲打、膊打、肘打、胯打、腿打、头打、手打、高打、低打、顺打、横打、进步打、退步打、截气打、借气打，以及上下百般打法，总要一气相贯。

出身先占巧地，是为战斗要诀。骨节要对，不对则无力，手把要灵，不灵则生变。发手要快，不快则迟误。打手要狠，不狠则不济。脚手要活，不活则担险。存心要精，不精则受愚。

发身：要鹰扬猛勇，泼皮胆大，机智连环，勿畏惧迟疑。如关临白马，赵临长板，神威凛凛，波开浪裂。静如山岳，动如雷发。

要诀云：人之来势，务要审察。足踢头前，拳打膊下，侧身进步，伏身起发。

足来提膝，拳来肘发，顺来横击，横来棒压；左来右接，右来左迎，远便上手，近便用肘。远便足踢，近便加膝。

拳打上风，审顾地形。手要急，足要轻，察势如猫行。心要整，目要清，身手齐到始成功。手到身不到，击敌不得妙；手到身亦到，破敌如摧草。

战斗篇云：善击者，先看步位，后下手势。上打咽喉下打阴，左右两肋并中心。前打一丈不为远，近打只在一寸间。

要诀云：操演时，面前如有人；对敌时，有人如无人。面前手来不见手，胸前肘来不见肘。手起足要落，足落手要起。

心要占先，意要胜人。身要攻人，步要过人。头须仰起，胸须现起。腰须竖起，丹田须运起。自顶至足，一气相贯。

战斗篇云：胆战心寒者，必不能取胜；不能察形势者，必不能防人。

先动为师，后动为弟。能教一思进，莫教一思退，胆欲大而心欲小。运用之妙，存乎一心而已。一理运乎二气，行乎三节，现乎四梢，统乎五行。时时操演，朝朝运化；始而勉强，久而自然。拳术之道学，终于此而已矣。

按语：

此论原为形意拳谱，经陈鑫以太极拳理法加以修订约十之二三。定名为《三三拳谱》。1935年，陈照丕编著《陈氏太极拳汇宗》，收入此论，但标为陈长兴所著。又对陈王廷《拳经总歌》及长拳一百〇八势谱，俱标为陈长兴所著，谬矣。按，炮捶练至刚快发劲阶段，近似形意拳、心意拳，其理法亦颇多相通处，故为编入，供练习炮捶者参考。

顾留馨　记
1981年8月

太极拳绪言　许禹生

年来研究陈氏太极拳术，自觉顿有心得。陈氏拳，家传原有三种：太极长拳、太极炮拳、太极十三势架子是也。十三势共有五路，多失传，现能演之拳，仅为十三势中之头路；与杨氏所传大致相同，而稍有出入，即炮拳一路（陈氏现名为第二路），统计所存不过两路，余仅存拳谱而已。到陈长兴先生之长拳一路，有山西洪洞县樊君为之绘图立说，改名通背拳，数典忘祖，颇可惋惜。去秋曾与陈氏后人研究，将所失传之五路，一一照谱为之推演，并参以戚南塘三十二长拳姿势，重谱拳路，加以说明，先将十三势第五路架子编成付印，俾世之研究太极拳术者，得有所本，是余之志愿也。

练习架子，当先事开展，以灵活关节，顺遂筋肉（如习害者之先写大字，以明其横平、竖直、点、撇、钩、捺，并得练腕力、笔力，转折肩架，是也。缘笔画放大，于字之转折处，起笔落笔处，均易看清，均易摹仿，均易用笔是也。如力透中央，旋转如意）。继乃力求收缩紧凑，俾劲能蓄而后发，由中达外，庶收放在我，发必中的，所谓放之则弥六合，卷之则退藏于密也，至势高则骨节灵活，利于运转，势矮则肌肉收缩常致拘挛，非功深者不能自如，故势应先高后低，俾下肢所负之力，处之裕如，则运用不致迟滞，庶能节节贯串。

太极拳运劲，先柔后刚，先慢后快，质量调均，虚实分清，行动陡重陡轻，轻似鹅毛，重若泰山，桩步稳固，动静咸宜，静时如处女，动时如脱兔。气之鼓荡，如水上行舟；精神照澈，如猫之捕鼠。老子曰："其犹龙乎。"斯可以语太极拳也夫。

太极拳于应用上，可分四点：走化、擒拿（指拿人的劲，非专拿人骨节）、掠击、掷发（亦曰跌），四者是也。至于练法，于姿势之展舒卷缩，则有大架、小架之别；于身段高低，则有上、中、下三盘之分；于运劲，则有抽丝、缠丝、绵冷、刚柔之不同；于转变，则有折叠、进退、快慢、续断之歧异；于步法，则有原地行步、跳跃之区分；于造诣浅深，则有用力、用着、用劲、用气、用神五者之程序。必于行动坐卧，时刻存心，须臾莫离，运有工夫，始可称之为练。必心到神随，乃能每一动作，悉中肯綮，始可谓之成功。必得心应手，纯任自然，不假顾盼拟合，始可谓之懂劲。非如他拳可一蹴而就也。学者，或浅尝辄止，或仅得一偏，便自满足，其不贻笑于人者几希。时为己卯（1939 年）夏编于体育研究社中。

陈王廷传

陈王廷（家谱作庭，墓碑、族谱、《温县志》作廷），河南温县陈家沟人，陈家沟陈氏九世。生于小地主官僚家庭，善长武术。据《陈氏家谱》所记："明末武庠生，清初文庠生，在山东称名手，扫荡群匪千余人。陈氏拳手刀枪创始之人也，天生豪杰，有战大刀可考。"

王廷好友武攀李际遇以地主武装反抗明廷逼粮纳税，结寨于登封县嵩山少林寺之前的御砦，王廷曾只身入寨，劝说际遇勿叛明室。登寨前与际遇部将蒋发作战，蒋发不敌，徒步脱逃，王廷鞭马追之不及。际遇事败降清，后被借故族诛。蒋发投奔陈王廷为仆，陈氏家嗣，今尚存王廷遗像，旁立持大刀者即为蒋发。

甲申年（1644 年）明皇朝覆亡后，陈王廷隐居消极，晚年造拳自娱，教授弟子儿孙。遗词上半首有"叹当年，披坚执锐，扫荡群氛，几次颠险！蒙恩赐，枉徒然！到而今，年老残喘，只落得《黄庭》一卷随身伴。闷来时造拳，忙来时耕田，趁余闲，教下些弟子儿孙，成龙成虎任方便。……"据《陈氏拳械谱》，陈王廷所造拳套，有太极拳（一名十三势）五路、长拳一百〇八势一路、炮捶一路。戚继光《拳经》三十二势，被吸取了二十九势。陈氏后人于康熙五十八年（1719 年）为王廷立墓碑而无碑文，《家谱》所记王廷"明末武庠生，清初文庠生"。

陈王廷是戚继光（1528—1587 年）以后民间武术的杰出人物，他和戚继光同样是身为武将，接触和罗致的武师较多，有利于较其同异，汇合众长，加以继承和创新。编拳的目的同样是为民族生存斗争而服务。

戚继光于南方抗倭功成后，调防北边，于明穆宗隆庆二年（1568

年）"总理蓟、昌、辽、保练兵事务，节制四镇，与总督同"（见戚祚国《戚少保年谱》），到 1583 年方才调镇广东。《明史》谓："继光在镇十六年，边备修饬，蓟门晏然，继之者踵其成法，数十年得无事。"

陈王廷仅晚于戚继光三十多年，在整理武术套略上，也显然受到戚氏的影响很大。戚氏《拳经》三十二势，综合民间古今十六家拳法，取精去粗，以三十二个姿势编成拳套，作为士兵活动身手的"武艺之源"。陈王廷吸取了其中二十九势编入太极拳套路，仅是"长拳"，就汇集了一百〇八个不同姿势，可见其吸收拳种之多。《拳经》三十二势以"懒扎衣"为起势，陈王廷所造七套拳路，也都以"懒扎衣"为起势（圆领而腰带的衣服，自殷代一直沿用到明代。明人长服束腰，演拳时须将长服卷起塞于腰带中，以便动步踢腿。戚氏《拳经》起势"懒扎衣"，左手撩衣塞于背部腰带，右拳横举向后，目视左前方。称作"懒扎衣"者，表示临敌时随意撩衣应战，乃武艺高强，临敌不慌不忙之意。戚氏"懒扎衣"歌诀所谓"对敌若无胆向先，空自眼明手便"），所制拳谱和《拳经总歌》，也撷取戚氏《拳经》歌诀文辞。陈王廷造拳的创造性成就，是结合了导引、吐纳，使能在练拳时汗流而不气喘，加强柔化刚发的爆发力量；缠绕运转的缠丝劲练法则是结合了经络学说；阴阳、虚实、柔刚具备的拳理则是采取了中国古典哲学阴阳学说。双人推手和双人粘枪的方法，是陈王廷独创性的成就，以沾连黏随，不丢不顶，柔中寓刚，无过不及为基本原则，成为太极拳学派独有的竞技方法，解决了不用护具设备也可以练习徒手搏击技巧和提高刺枪技术的问题。这是中国武术史上具有时代意义的创造性成就。

陈王廷《拳经总歌》开头两句话"纵放屈伸人莫知，诸靠缠绕我皆依"（"诸靠"是指的两人以手臂互靠，运用"掤、捋、挤、按、採、挒、肘、靠"八种方法和劲别），概括地说明了"推手"的特点和方法。到 18 世纪末叶，王宗岳、武禹襄和李亦畬据以发挥太极拳推手的理论和练法，各自写下了总结性的太极拳论文。陈家沟陈氏十六世的陈鑫，阐发累代积累的练拳经验，自 1908 年起，用 13 年时间，写成《陈氏太极拳图说》，逐势详其理法，以易理说拳理，结合经络学说，其拳法以柔刚相济、快慢相间、蓄发相变为原则，始终贯穿有缠丝劲，并以内劲为统驭。这些都成为练习太极拳和练习推手的指导性理论。

陈家沟陈氏世代传习陈王廷所造拳套，经五代传至十四世陈长兴（1771—1853 年）这一代，陈氏已仅专精于太极拳第一路和炮捶一路，亦即今日尚在传习的陈式太极拳第一路和第二路。杨式太极拳和武式太极拳，即是直接从陈长兴这一代的陈式太极拳第一路演变而来。

太极拳今日风行国内，在疗病、保健方面做出了贡献，并已引起国际体育界、医学家的重视，推本溯源，陈王廷在继承整理和研究祖国武术方面有不少贡献。

陈王廷以故国遗老，苟全生命，家谱讳言其事迹，致其生卒年份亦不可考。据《温县志》陈王廷于 1641 年任温县乡兵守备，随县长率乡兵击退攻城"流贼"，到"年老残喘"犹能耕余造拳来推断，陈王廷创造太极拳，当在 17 世纪 60 年代前后的清初。

王宗岳传

王宗岳，山西人，著有《阴符枪谱》，佚名氏于 1795 年（乾隆六十年乙卯岁）序云："盖自易有太极，始生两仪，而阴阳之义以名。……山右王先生，自少时经史而外，黄帝、老子之书及兵家言，无书不读，而兼通击刺之术，枪法其尤精者也。盖先生深观于盈虚消息之机，熟悉于止齐步伐之节，简练揣摩，自成一家，名曰"阴符枪"。……辛亥岁（1791 年），先生在洛（洛阳），即以示余，余但观其大略，而未得深悉其蕴，每以为憾！余应乡试居汴（开封），而先生适馆于汴，退食之余，复出其稿示余，乃悉心观之……先生常谓余曰，余本不欲谱，但悉心于此中数十年，而始少有所得……于是将枪法集成为诀，而明其进退变化之法，嘱序于余，因志其大略而为之序云。"据此序，王宗岳晚年以教书为职业，衣食奔走于洛阳、开封两地，1795 年（乾隆六十年）仍健在。因此，可以推测王宗岳可能生于乾隆初年。洛阳、开封与温县陈家沟仅隔一黄河，王宗岳得陈家沟太极拳之传，当在寄寓洛阳、开封期间。

王宗岳约当与陈长兴（1771—1853 年）之父陈秉旺、伯父陈秉壬、堂叔父陈秉奇同一时期，秉壬、秉旺、秉奇为当时陈家沟著名拳手，人称三雄，与族人陈公兆、陈大兴齐名，而陈大兴则外游。秉壬、秉旺、父善志、公兆父节，俱以家传太极拳著名，同时有族人陈继夏善肘、陈敬柏善靠，而王廷之曾孙甲第亦为好手。盖自陈家沟陈氏九世祖陈王廷创造太极拳后，经三四代传至十二、十三世，名手辈出，王宗岳处于陈氏太极拳家鼎盛时期，较易得其理法。惟王宗岳从何人习得太极拳，以及所传何人，今已不可考。

王宗岳的太极拳著作有《太极拳论》一篇，长拳、十三势解各一篇，修订陈氏旧有《打手歌》一首四句为六句。武式太极拳创造人武禹襄之兄武澄清于 1852 年官河南舞阳县知县时，于盐店得其拳谱。

王宗岳太极拳论文的哲学观点，吸取了 1757 年（乾隆二十二年）出版于江西的《周子全书》，这是一部 11 世纪到 18 世纪时人阐发周敦颐（1017—1073 年）哲学《太极图说》的结集。《太极拳论》中"太极者，无极而生，阴阳之母也""无过不及""不偏不倚""动之则分，静之则合""阴不离阳，阳不离阴，阴阳相济，方为懂劲"等句，是来源于《周子全书》中"无极而太极""太极生阴阳""无过不及""不偏不倚""阳主动而阴主合，故阳曰变而阴曰合""阴阳不相离，又有相须相互之妙"等句。末句为胡熙（1655—1736 年）语。根据胡熙卒年和《周子全书》出版期，可以确定王宗岳的《太极拳论》作于 1757 年（乾隆二十二年）以后。

王宗岳得太极拳、长拳一百〇八势及推手之传，这从他所写的《太极拳论》《打手歌》及"长拳者，如长江大海，滔滔不绝"等句可以看出。

过去某些太极拳书，误以山右王宗岳即明代内家拳家关中王宗，并有附会王宗岳传蒋发之说。蒋发为明末清初太极拳创造人陈王廷之仆，上距王宗岳约百年。至于张三丰传王宗岳之说，《明史》及《太和山（武当山）志》都只字未提及张三丰会武术，何况张三丰为元末明初人，与王宗岳相去约四百年，妄加牵连，不值一驳。

王宗岳的《太极拳论》和《十三势解》以太极两仪立说，《长拳解》以五行八卦立说，枪法则以阴符立说。阴，暗也；符，合也。阴符者，"静处为阴动则符"也。阴符枪诀主张阴阳、刚柔、虚实互用，黏随不脱，如蛇缠物，与太极四粘枪的缠绕黏随相一致。唐豪著有《王宗岳阴符枪谱、太极拳经》，1936 年于上海出版。

陈鑫传

陈鑫，字品三（1849—1929 年），河南温县陈家沟人。祖父陈有恒、叔祖陈有本，俱以家传太极拳著名。有本并创造陈氏新架。父陈仲甡（1809— 1871 年）、叔陈季甡（1809—1865 年），有恒中年溺于洞庭湖，仲甡，季甡遂故从叔父有本学拳。

仲甡猿背虎项，魁伟异于常儿，三岁即习武，及长与弟季甡同入武庠。咸同年间，陈家沟拳家以仲甡、季甡与陈长兴（1771—1853 年）子耕云为功夫最好，仲甡能运使铁枪重十五公斤左右，尤称武勇。陈鑫和兄垚从父习拳。垚十九入武庠，每年练拳万遍，二十年如一日，故功夫纯厚，躯干短小，不知者不信其能武。尝与县衙护勇斗，连击六七人踣地，余皆畏怯遁去。

鑫自幼从父习拳，备明理法，故于太极拳亦精微入妙。以父命读书，而仅得岁贡生，晚年顿悔习文，以为兄习武多成就。于是发愤著书，其志尤在阐发陈氏世代相传之太极拳理法。著有《陈氏家乘》五卷、《安愚轩诗文集》若干卷、《陈氏太极拳图说》四卷、《太极拳引蒙入路》一卷及《三三拳谱》。

《陈氏太极拳图说》写自光绪戊申（1908 年）至民国己未（1919年），手自抄写，虽严寒盛暑不懈。其抄本先后有四本，阐发陈氏累代积累的练拳经验，洋洋二三十万言，逐势详其着法、运劲和周身规矩；以易理说拳理，引证经络学说，贯串于缠丝劲的核心作用，而以内劲为统驭。鑫无子，老且病，乃召兄子椿元于湘南，以《陈氏太极拳图说》授之曰："若可传则传之，不则焚之，毋与妄人也。"1932 年 3 月 2 日，唐豪约陈子明去陈家沟搜集太极拳史料，见其遗稿而善之。归途便道访问河南国术馆馆长关百益，建议购其书，关氏遂集资七百元向椿元购得一本，交开封开明书局于 1933 年出版，线装四册。陈鑫殁后，以家贫停柩多年未葬，椿元得稿费后始为营葬。1935 年陈绩甫（照丕）编著《陈氏太极拳汇宗》（南京版，两册）亦采入其图说，惟所采为别一稿本，内容较前书略少，文字亦间有不同。《太极拳引蒙入路》为《陈氏太极拳图说》简明本；《三三拳谱》则为以太极拳理法修订形意拳谱者。唐豪于椿元处曾翻阅其书，仅许抄存目录，其所修订者约为形意拳原谱十之三云。椿元于 1949 年去世，陈鑫遗稿不知藏于何人之手。自陈家沟陈氏九世陈王廷创造太极拳以来，陈氏世代习其拳，名手辈出，而著述极少。经七代传至陈鑫始重视文字记录。

（此传资料系据陈子明《陈氏世传太极拳术》、张嘉谋《温县陈君墓铭》、陈鑫《陈氏家乘》和唐豪生前所述编写而成。）

陈式太极拳第二路——炮捶

人文武术精品书系
北京科学技术出版社

武学名家典籍丛书

杨澄甫武学辑注 《太极拳使用法》《太极拳体用全书》	杨澄甫 著 邵奇青 校注
孙禄堂武学集注 《形意拳学》《八卦拳学》《太极拳学》 《八卦剑学》《拳意述真》	孙禄堂 著 孙婉容 校注
陈微明武学辑注 《太极拳术》《太极剑》《太极答问》	陈微明 著 二水居士 校注
薛颠武学辑注 《形意拳术讲义上编》《形意拳术讲义下编》 《象形拳法真诠》《灵空禅师点穴秘诀》	薛颠 著 王银辉 校注
陈鑫陈氏太极拳图说（配光盘）	陈鑫著 陈东山 陈晓龙 陈向武 校注
李存义武学辑注 《岳氏意拳五行精义》 《岳氏意拳十二形精义》《三十六剑谱》	李存义 著 阎伯群 李洪钟 校注
董英杰太极拳释义	董英杰 著 杨志英 校注
刘殿琛形意拳术抉微	刘殿琛 著 王银辉 校注
李剑秋形意拳术	李剑秋 著 王银辉 校注
许禹生武学辑注 《太极拳势图解》 《陈氏太极拳第五路·少林十二式》	许禹生 著 唐才良 校注
张占魁形意武术教科书	张占魁著 王银辉 吴占良 校注
王茂斋太极功	季培刚 辑校
太极拳正宗	杜元化著 王海洲 点校

武学古籍新注丛书

王宗岳太极拳论	李亦畬著 二水居士 校注
太极功源流支派论	宋书铭著 二水居士 校注
太极法说	二水居士 校注
手战之道	赵晔 沈一贯 唐顺之 何良臣 戚继光 黄百家 黄宗羲 著 王小兵 校注

百家功夫丛书

张策传杨班侯太极拳108式（配光盘）	张喆 著　韩宝顺 整理
河南心意六合拳（配光盘）	李洳波 李建鹏 著
形意八卦拳	贾保寿 著　武大伟 整理
王映海传戴氏心意拳精要（配光盘）	王映海 口述　王喜成 主编
张鸿庆传形意拳练用法释秘	邵义会 著
华岳心意六合八法拳	张长信 著
戴氏心意拳功理秘技	王毅 编著
传统吴氏太极拳入门诀要（配光盘）	张全亮 著
吴式太极拳八法（配光盘）	张全亮 马永兰 著
拳疗百病——39式杨氏养生太极拳（配光盘）	戈金刚 戈美葳 著
尚济形意拳练法打法实践	马保国 马晓阳 著
非视觉太极——太极拳劲意图解	万周迎 著
轻敲太极门——太极拳理法与势法	万周迎 著
冯志强混元太极拳48式	冯志强 编著　冯秀芳 冯秀茜 助编
刘晚苍传内家功夫与手抄老谱	刘晚苍 刘光鼎 刘培俊 著
赵堡太极拳拳理法拳法秘笈	王海洲 著
京东程式八卦掌	奎恩凤 著
功夫架——太极拳实用训练	朱利尧 著
道宗九宫八卦拳	杨树藩 著
三十七式太极拳劲意直指	张耀忠 张林 厉勇 著
说手——太极拳静思录（全四卷）	赵泽仁 张云 著
太极拳心法体用——验证与释秘	宋保年 杨光 著
宋氏形意拳及内功四经精解	车润田 著　车铭君 车强 编著
陈式太极拳第二路——炮捶	顾留馨 著

民间武学藏本丛书

守洞尘技	崔虎刚 校注
通背拳	崔虎刚 校注
心一拳术	李泰慧 著　崔虎刚 校注
少林论郭氏八翻拳	崔虎刚 校注
拳谱志三	崔虎刚 点校
少林秘诀	崔虎刚 校注
拳法总论	崔虎刚 点校
少林拳法总论	崔虎刚 点校
母子拳	崔虎刚 点校

绘像罗汉短打	升霄道人 编著　崔虎刚 点校
六合拳谱	崔虎刚 点校
单打粗论	崔虎刚 点校

拳道薪传丛书

三爷刘晚苍——刘晚苍武功传习录	刘源正 季培刚 编著
乐传太极与行功	乐匋 原著　钟海明 马若愚 编著
慰苍先生金仁霖太极传心录	金仁霖 著
中道皇皇——梅墨生太极拳理念与心法	梅墨生 著
杨振基传太极拳内功心法	胡贯涛 著
卢式心意拳传习录	余江 编著
习练太极拳之见闻与体悟	陈惠良 著
廉让堂太极拳传谱精解	李志红等 编著
武当叶氏太极拳	叶绍东 何基洪 蔡光复 著
功夫上手——传统内功太极拳拳学笔记	陈耀庭 著 霍用灵 整理
会练气养得真功	邵义会 著

功夫探索丛书

内家拳的正确打开方式	刘杨 著

编辑推荐

扫码一键购

非视觉太极
——太极拳劲意图解
　　　　　　定价：158 元

万周迎　著

轻敲太极门
——太极拳理法与势法
　　　　　　定价：108 元

万周迎　著

冯志强混元太极拳48式
　　　　　　定价：75 元
冯志强　编著
冯秀芳　冯秀茜　助编

功夫架
——太极拳实用训练
　　　　　　定价：78 元

朱利尧　著